辽宁统计调查年鉴

LIAONINGTONGJIDIAOCHANIANJIAN

2015

国家统计局辽宁调查总队　编

中国统计出版社
China Statistics Press

图书在版编目（CIP）数据

辽宁统计调查年鉴. 2015 / 国家统计局辽宁调查总队编. -- 北京：中国统计出版社，2015.11
ISBN 978-7-5037-7681-6

Ⅰ. ①辽… Ⅱ. ①国… Ⅲ. ①统计资料－辽宁省－2015－年鉴 Ⅳ. ①C832.31-54

中国版本图书馆CIP数据核字(2015)第251413号

辽宁统计调查年鉴—2015

作　　者/ 国家统计局辽宁调查总队
责任编辑/ 佘竞雄
封面设计/ 李晓庆
出版发行/ 中国统计出版社
地　　址/ 北京市丰台区西三环南路甲6号　邮政编码/ 100073
电　　话/ 邮购(010)63376909　书店(010)68783171
网　　址/ http://www.zgtjcbs.com
印　　刷/ 辽宁省印刷技术研究所
经　　销/ 新华书店
开　　本/ 880mm×1230mm　1/16
字　　数/ 500千字
印　　张/ 15.75
版　　别/ 2015年11月第1版
版　　次/ 2015年11月第1次印刷
定　　价/ 260.00元

如有印装差错，由本社发行部调换。

编辑委员会

编 辑 说 明

《辽宁统计调查年鉴2015》是一部全面反映辽宁城乡居民收入、消费、市场价格、农(牧)业生产和农民工调查的重要统计资料。由国家统计局辽宁调查总队编辑,中国统计出版社出版发行。《辽宁统计调查年鉴2015》刊载的统计资料,除2015年数据外,还有过去主要年份统计资料,同时,还增加了部分全国统计数据资料。

《辽宁统计调查年鉴2015》共分七个部分,即:1.消费价格统计资料;2.生产资料投资价格统计资料;3.新口径城乡居民生活统计资料;4.旧口径城乡居民生活统计资料;5.农牧业生产统计资料;6.农民工统计调查资料;7.附录。

由于国家统计局对城乡人民生活调查统计方法进行了改革,实行城乡一体化调查,为了方便各界使用,我们分别刊载了与以往制度可比的老口径数据和改革后按新制度方法计算的新口径数据。

本年鉴中所使用的计量单位均采用国际统一标准计量单位。

目　　录

CONTENTS

1. Statistical Data about Price Index

2. Statistical Data about Producer Price Indices(2000–2014)

3. Statistical Data about Urban and Rural Households' Living Conditions According to New Caliber

4. Statistical Data about Urban and Rural Households' According to Old Caliber

5. Statistical Data about Agriculture

6. Statiscical Data about Migrant Worker Basic Conditions of Migrant Workers

7.Appendix

一、消费价格统计资料

LIAONINGTONGJIDIAOCHANIANJIAN

LIAONINGTONGJIDIAOCHANIANJIAN

各种价格指数

（上年价格为100）

年份	居民消费价格指数	其中:城市居民消费价格指数	其中:农村居民消费价格指数	商品零售价格指数
1980		104.4		105.9
1985	110.7	111.4	106.7	110
1986	106.7	107	105	106
1987	108.6	109.8	105.6	109
1988	119.3	119.6	115.9	119.3
1989	118.2	117.2	120.1	118.4
1990	103.3	103.1	104.1	102.7
1991	105.6	106	104.2	104.1
1992	106.7	108.1	102.3	106
1993	115.2	116.7	110.9	113.5
1994	124.3	126.1	120.9	120.6
1995	116.1	116.1	116	114
1996	107.9	108.2	106.8	105.4
1997	103.1	103.8	102.1	101
1998	99.3	99.8	98.7	97.6
1999	98.6	98.7	98.3	96.1
2000	99.9	100	99.7	98.4
2001	100	99.9	100.2	99.4
2002	98.9	98.9	98.7	97.4
2003	101.7	101.2	103.7	98.9
2004	103.5	102.8	106.3	101.9
2005	101.4	100.8	104	100.1
2006	101.2	101.1	101.6	101.3
2007	105.1	104.6	107	104.4
2008	104.6	104.4	105.5	105.3
2009	100	100	100.3	99.8
2010	103.0	102.8	104.0	103.2
2011	105.2	105.1	105.5	105.0
2012	102.8	102.9	102.5	102.0
2013	102.4	102.4	102.4	101.6
2014	101.7	101.8	101.4	101.0

各种价格定基指数(一)

年份	居民消费价格指数(1984=100)	其中:城市居民消费价格指数(1978=100)	其中:农村居民消费价格指数(1984=100)	商品零售价格总指数(1978=100)
1979		101.7		101.4
1980		106.2		105.4
1981		112.3		108.8
1982		113.9		110.1
1983		115.8		111.8
1984		120		116.2
1985	110.7	133.7	106.7	127.8
1986	118.1	143.1	112	135.5
1987	128.3	157.1	118.3	147.7
1988	153	187.9	137.1	176.2
1989	180.9	220.2	164.7	208.6
1990	186.8	227	171.4	214.3
1991	197.3	240.6	178.6	223
1992	210.5	260.1	182.7	236.4
1993	242.5	303.6	202.7	268.3
1994	301.4	382.8	245	323.6
1995	350	444.4	284.2	368.9
1996	377.6	480.8	303.5	388.8
1997	389.3	499.1	309.9	392.7
1998	386.6	498.1	305.9	383.3
1999	381.2	491.6	305	368.4
2000	380.8	491.6	304.1	362.5
2001	380.8	491.1	304.7	360.3
2002	376.6	485.7	300.7	350.9
2003	383	494	311.9	347
2004	396.4	507.8	331.5	353.6
2005	401.9	511.9	344.8	354
2006	406.7	517.5	350.3	358.6
2007	427.4	541.3	374.8	374.4
2008	447.2	565	395.5	394.4
2009	447.2	565	396.7	393.6
2010	460.6	580.8	412.6	406.2
2011	484.6	610.4	435.3	426.5
2012	498.2	628.1	446.2	435.9
2013	510.2	643.2	456.9	442.9
2014	518.9	654.8	463.3	447.3

各种价格定基指数(二)

年份	居民消费价格指数(2000=100)	其中:		商品零售价格总指数(2000=100)
		城市居民消费价格指数(2000=100)	农村居民消费价格指数(2000=100)	
2001	100	99.9	100.2	99.4
2002	98.9	98.8	98.9	96.8
2003	100.6	99.9	102.6	95.7
2004	104.1	102.7	109.1	97.5
2005	105.6	103.5	113.5	97.6
2006	106.9	104.6	115.3	98.9
2007	112.4	109.4	123.4	103.3
2008	117.6	114.2	130.1	108.8
2009	117.6	114.2	130.5	108.6
2010	121.1	117.4	135.7	112.1
2011	127.4	123.4	143.2	117.7
2012	131	127	146.8	120.1
2013	134.1	130	150.3	112
2014	136.4	132.3	152.4	113.1

各种价格定基指数(三)

年 份	居民消费价格指数(2005=100)	其中:城市居民消费价格指数(2005=100)	农村居民消费价格指数(2005=100)	商品零售价格总指数(2005=100)
2006	101.2	101.1	101.6	101.3
2007	106.4	105.8	108.7	105.8
2008	111.3	110.5	114.7	111.4
2009	111.3	110.5	115	111.2
2010	114.7	113.6	119.6	114.8
2011	120.7	119.4	126.2	120.5
2012	124.1	122.9	129.4	123.2
2013	127.1	125.8	132.5	125.2
2014	129.3	128.1	134.4	126.5

各种价格定基指数(四)

年 份	居民消费价格指数(2010=100)	其中:城市居民消费价格指数(2010=100)	农村居民消费价格指数(2010=100)	商品零售价格总指数(2010=100)
2011	105.2	105.1	105.5	105.0
2012	108.1	108.1	108.1	107.3
2013	110.7	110.7	110.7	109.0
2014	112.6	112.7	112.2	110.1

全省居民消费价格分类指数

（2014年，上年价格=100）

项　　目	全 省	城 市	农 村
居民消费价格总指数	101.7	101.8	101.4
一、食品	102.7	102.9	101.7
1.粮食	103.6	104.1	102.7
2.淀粉及制品	102.1	102.9	100.6
3.干豆类及豆制品	102.6	102.7	102.1
4.油脂	95.4	94.4	97.8
5.肉禽及其制品	99.4	99.5	98.9
6.蛋	112.5	113.3	110.2
7.水产品	103.7	103.6	103.9
8.菜	95.5	95.3	96.6
9.调 味 品	101.7	102.0	101.1
10.糖	100.4	100.9	99.5
11.茶及饮料	101.3	101.3	101.4
12.干鲜瓜果	114.6	115.0	111.7
13.糕点饼干面包	102.5	102.8	101.3
14.液体乳及乳制品	111.3	111.8	107.6
15.在外用膳食品	103.3	103.4	102.4
16.其他食品	102.3	102.4	101.8
二、烟酒	100.3	100.1	100.8
1.烟草	99.9	99.8	100.1
2.酒	100.8	100.6	101.6
三、衣着	102.2	102.1	102.7
1.服　装	103.3	103.5	102.7
2.衣着材料	102.2	102.0	102.5
3.鞋袜帽	99.7	99.0	102.5
4.衣着加工服务费	106.8	108.3	103.5
四、家庭设备用品及维修服务	100.3	100.3	100.5
1.耐用消费品	99.5	99.3	100.1
2.室内装饰品	101.1	101.2	100.6
3.床上用品	98.5	98.2	100.3
4.家庭日用杂品	100.5	100.5	100.4
5.家庭服务及加工维修服务	106.8	107.2	104.0
五、医疗保健和个人用品	101.6	101.7	101.1
1.医疗保健	101.2	101.1	101.5
2.个人用品及服务	102.4	102.8	100.3
六、交通和通信	100.4	100.4	100.3
1.交通	100.9	100.9	101.0
2.通信	99.9	99.9	99.5
七、娱乐教育文化用品及服务	101.1	101.1	101.1
1.文娱用耐用消费品及服务	96.8	96.6	97.9
2.教育	101.8	101.8	101.7
3.文化娱乐类	101.1	101.2	100.3
4.旅游	102.0	101.8	103.3
八、居住	101.3	101.3	101.2
1.建房及装修材料	100.3	100.0	100.9
2.住房租金	101.8	101.8	101.2
3.自有住房	102.0	102.0	101.9
4.水、电、燃料	100.3	100.3	99.8

各市居民消费

（2014年，上年价格=100）

分类名称	沈阳	大连	鞍山	抚顺	本溪	丹东
居民消费价格总指数	102.2	102.0	101.6	101.4	101.4	100.5
一、食品	104.7	102.5	102.5	101.5	102.7	100.0
1.粮　食	106.6	107.5	102.7	104.5	106.3	102.8
大　米	100.8	103.1	100.7	100.2	102.3	100.5
面　粉	105.3	105.7	100.7	106.0	105.3	106.3
2.淀粉及制品	105.6	102.8	100.9	101.5	100.7	100.0
3.干豆类及豆制品	103.2	102.4	103.2	104.1	103.2	100.4
4.油脂	91.7	95.2	95.0	89.6	98.1	96.6
5.肉禽及其制品	101.5	98.8	98.2	99.6	101.1	100.8
（1）食用畜肉及副产品	101.4	98.3	96.5	99.1	101.0	100.0
猪　肉	95.6	96.4	90.4	91.7	97.4	100.8
（2）禽	102.0	99.3	108.8	102.2	103.0	100.4
（3）加工肉禽	101.4	100.6	101.3	100.6	100.9	100.9
6.蛋	114.4	111.6	118.8	107.9	111.4	102.4
鲜　蛋	115.1	112.0	119.9	107.6	112.3	99.5
7.水产品	110.6	97.7	100.8	103.6	107.4	102.8
（1）鱼	104.5	99.9	96.1	101.7	103.3	93.8
（2）其他水产品	115.2	96.5	106.6	105.9	110.8	116.4
8.菜	95.8	91.0	99.3	89.0	95.3	103.1
鲜　菜	94.3	90.0	97.2	87.7	93.7	101.5
9.调味品	102.4	103.5	98.0	101.3	100.4	101.9
10.糖	101.8	101.1	100.3	99.7	99.2	104.7
11.茶及饮料	101.7	103.9	99.9	96.3	100.2	100.1

价 格 分 类 指 数

锦州	营口	阜新	辽阳	盘锦	铁岭	朝阳	葫芦岛
101.4	101.7	101.3	101.9	101.4	101.0	101.5	100.5
102.5	104.6	101.5	102.2	102.1	101.0	100.8	100.3
104.3	101.9	105.4	102.5	104.5	101.6	102.9	102.5
102.1	99.7	102.7	100.5	101.7	101.3	100.2	100.5
105.3	99.1	101.8	100.4	101.4	101.9	101.6	100.2
100.2	100.0	100.0	106.2	104.9	100.0	105.8	101.1
102.6	102.3	100.6	105.5	104.5	100.1	101.2	102.5
96.1	96.0	97.9	98.1	95.6	98.4	94.8	100.8
97.5	98.9	97.7	101.5	99.0	98.6	96.1	96.0
96.6	98.2	96.8	100.3	98.3	98.1	93.0	94.6
93.6	96.2	91.1	92.4	93.6	92.9	89.8	89.7
102.3	104.1	101.7	108.2	99.1	100.4	108.8	98.4
99.3	99.3	100.0	103.0	102.0	99.7	100.1	103.2
114.3	113.7	112.9	113.1	113.2	113.7	115.9	112.1
116.0	114.9	113.9	114.1	114.1	114.9	116.6	113.6
102.4	107.6	101.9	100.7	106.8	102.7	100.9	96.0
97.4	107.4	95.8	101.1	102.9	98.9	100.3	99.3
106.2	107.8	108.9	100.2	110.9	106.2	102.7	93.4
97.5	106.3	95.0	95.9	92.7	93.6	96.5	95.0
96.9	106.0	94.8	95.2	91.0	93.0	95.1	94.6
109.6	101.6	100.0	100.0	99.5	100.5	100.4	99.6
101.8	100.2	100.0	97.1	103.1	100.0	98.4	100.6
100.5	100.6	100.0	100.0	100.3	100.0	105.1	103.7

各市居民消费

（2014年，上年价格=100）

分类名称	沈阳	大连	鞍山	抚顺	本溪	丹东
（1）茶叶	102.5	110.6	101.6	97.2	100.0	102.1
（2）饮料	101.1	100.0	98.9	95.9	100.2	98.8
12.干鲜瓜果	118.5	111.0	115.0	111.7	112.5	115.2
鲜瓜果	124.2	114.6	116.8	115.3	116.1	118.2
13.糕点饼干面包	104.7	101.0	96.9	101.6	103.0	103.1
14.液体乳及乳制品	112.3	116.9	108.0	109.0	105.1	112.4
15.在外用膳食品	103.7	104.6	101.9	103.3	100.0	100.8
16.其他食品	101.8	105.3	102.0	101.0	99.5	100.3
二、烟酒	100.5	100.6	99.9	99.4	100.1	99.8
1.烟草	99.8	100.0	100.0	99.8	100.0	99.1
2.酒	101.3	101.3	99.8	98.8	100.3	100.9
三、衣着	101.9	103.9	102.6	100.9	100.8	100.4
1.服　装	104.2	105.8	102.9	100.1	101.1	101.2
（1）男式服装	104.2	105.2	103.2	100.2	101.6	96.7
（2）女式服装	104.6	107.0	102.6	99.7	100.9	104.7
（3）儿童服装	100.2	103.0	104.3	101.8	100.0	98.1
2.衣着材料	102.1	106.9	100.1	100.6	100.0	101.1
3.鞋袜帽	96.1	99.1	102.2	102.6	100.0	98.4
（1）鞋	95.2	99.0	102.4	102.0	100.0	97.2
（2）袜子	105.5	100.6	98.8	110.2	100.0	107.2
（3）帽子	94.6	96.5	102.0	101.3	100.0	110.9
4.衣着加工服务费	110.1	110.6	100.0	101.3	106.7	102.5
四、家庭设备用品及维修服务	99.2	101.1	103.1	100.5	99.0	101.5

价 格 分 类 指 数（续表一）

锦州	营口	阜新	辽阳	盘锦	铁岭	朝阳	葫芦岛
99.7	100.8	100.0	100.0	100.0	100.0	103.0	100.0
100.8	100.5	100.0	100.0	100.3	100.0	105.9	105.4
109.9	130.5	111.9	106.1	109.6	109.8	107.9	107.7
112.8	137.7	115.2	108.5	110.8	112.0	110.3	110.0
107.0	100.2	101.3	100.5	104.2	100.0	99.1	102.6
112.0	101.3	113.4	107.0	104.3	106.2	113.8	110.1
103.0	98.2	98.5	104.5	102.4	100.6	100.9	101.1
102.4	100.0	100.0	100.0	100.0	105.3	109.8	101.6
99.9	98.5	99.8	101.7	100.7	100.3	102.2	97.3
100.0	99.6	99.6	102.3	100.0	100.0	100.1	96.9
99.7	97.0	100.0	100.5	101.5	100.8	104.4	98.1
100.0	101.3	101.7	100.0	104.0	102.2	100.7	101.8
98.3	101.8	102.3	99.2	103.7	101.5	101.3	102.8
98.1	101.7	102.1	100.8	102.5	101.1	101.3	104.6
98.4	102.2	102.8	97.5	104.5	102.0	101.8	101.6
98.0	100.3	99.6	105.0	104.8	100.0	100.0	100.0
98.9	100.0	100.0	100.0	105.9	100.0	100.1	100.0
103.9	100.1	100.1	100.3	104.2	104.2	98.9	98.5
104.5	100.0	100.1	100.3	104.4	104.5	99.1	98.4
97.7	100.0	100.0	100.0	101.3	101.4	96.7	100.0
106.5	104.8	100.0	100.0	100.0	104.5	100.0	100.0
104.8	100.0	107.7	110.1	113.9	100.2	111.9	111.4
99.4	99.2	100.1	101.1	102.1	100.5	100.6	100.3

各市居民消费

（2014年，上年价格=100）

分类名称	沈阳	大连	鞍山	抚顺	本溪	丹东
1.耐用消费品	97.6	101.4	100.0	99.3	98.1	101.0
（1）家　具	97.7	101.9	100.6	100.4	97.3	104.4
（2）家庭设备	97.6	101.0	99.6	98.7	98.6	99.0
2.室内装饰品	100.5	106.2	98.2	102.1	97.0	100.3
3.床上用品	99.0	94.0	100.0	101.9	100.2	100.3
4.家庭日用杂品	99.9	101.5	102.1	100.3	99.5	100.8
5.家庭服务及加工维修服务	103.1	110.6	128.0	104.1	100.0	109.9
五、医疗保健和个人用品	102.8	101.3	101.2	100.4	101.2	102.4
1.医疗保健	100.9	101.1	101.7	101.0	102.5	102.8
（1）医疗器具及用品	101.1	101.1	101.6	98.7	103.4	96.5
（2）中药材及中成药	101.4	103.2	104.0	103.6	108.1	110.4
（3）西药	101.4	100.3	102.5	100.7	103.5	100.7
（4）保健器具及用品	101.5	100.7	101.5	100.0	104.2	100.3
（5）医疗保健服务	100.0	100.7	100.0	100.0	100.0	100.7
2.个人用品及服务	105.9	101.5	100.1	99.3	98.8	101.6
（1）化妆美容用品	102.0	100.8	100.5	98.4	100.5	99.5
（2）清洁类化妆品	100.4	103.2	102.7	98.0	100.9	100.3
（3）个人饰品	96.1	96.9	93.8	95.1	94.1	98.4
（4）个人服务	113.9	103.3	101.6	102.0	100.0	104.3
六、交通和通信	100.3	100.7	100.2	100.4	99.6	100.6
1.交通	100.7	100.3	100.5	101.3	100.5	100.6
（1）交通工具	100.4	100.0	100.3	99.9	100.3	100.0
（2）车用燃料及零配件	99.7	100.0	98.9	98.4	100.0	99.7

价 格 分 类 指 数（续表二）

锦州	营口	阜新	辽阳	盘锦	铁岭	朝阳	葫芦岛
97.4	100.0	98.7	100.0	100.4	100.0	101.0	99.4
99.6	100.0	96.4	100.0	100.5	100.0	101.8	100.8
96.7	100.0	100.0	100.0	100.4	100.0	100.4	98.7
100.5	100.0	100.0	100.0	100.0	107.0	99.3	100.0
100.7	99.6	100.0	100.0	100.0	100.1	100.1	94.1
99.3	97.8	100.0	100.6	104.1	100.0	100.2	100.0
105.0	100.0	106.1	111.3	107.7	100.0	102.5	114.7
102.5	99.4	101.3	101.5	101.2	102.0	100.8	101.9
100.6	99.7	101.3	100.7	100.6	100.9	100.9	102.4
100.0	100.0	103.1	100.0	100.0	100.0	100.0	95.1
99.7	100.7	101.6	99.3	103.9	101.6	102.0	105.5
100.9	101.1	100.1	102.4	99.7	100.0	100.6	103.6
103.0	102.2	102.2	100.0	100.0	99.5	100.6	100.0
100.0	95.7	101.7	100.0	100.0	101.8	100.3	100.0
106.6	98.8	101.2	103.0	102.8	104.4	100.5	100.5
105.7	100.0	100.3	98.9	99.9	99.6	100.0	100.9
102.7	99.0	98.6	99.9	102.5	100.9	100.5	100.0
96.7	95.4	97.4	95.9	97.7	101.2	93.9	89.8
112.4	100.0	103.5	110.0	108.6	109.5	105.7	105.5
100.3	101.7	100.7	101.6	99.8	100.2	99.7	99.7
100.3	103.8	101.5	102.8	100.5	100.7	100.3	100.4
100.8	100.0	100.0	101.5	100.0	100.0	100.0	100.0
98.7	99.2	99.1	99.6	99.7	99.0	99.0	99.1

各市居民消费

（2014年，上年价格=100）

分类名称	沈阳	大连	鞍山	抚顺	本溪	丹东
（3）车辆使用及维修费	103.9	100.5	100.1	100.3	100.0	100.5
（4）市区公共交通费	100.0	101.6	100.0	103.1	100.0	100.0
（5）城市间交通费	103.0	100.0	102.2	101.2	101.9	102.8
2.通信	99.7	101.3	99.8	99.5	98.7	100.5
（1）通信工具	97.1	110.0	98.2	93.6	91.9	106.3
（2）通信服务	100.0	100.5	100.0	100.0	100.0	100.0
七、娱乐教育文化用品及服务	99.7	102.4	102.6	100.6	100.6	100.4
1.文娱用耐用消费品及服务	94.9	96.4	97.7	96.0	94.9	96.6
2.教育	100.1	103.6	101.9	101.3	100.5	100.8
（1）教材及参考书	101.6	104.0	100.0	102.1	104.5	100.0
（2）教育服务	100.0	103.6	102.1	101.2	100.1	100.8
3.文化娱乐类	102.1	101.3	102.2	102.2	100.4	100.4
（1）文化娱乐用品	101.4	99.3	100.7	102.4	100.4	100.9
（2）书报杂志	100.3	100.7	100.0	100.6	101.4	102.4
（3）文娱费	102.9	102.8	103.8	102.4	100.0	99.5
4.旅游	98.0	104.0	117.2	99.3	106.4	102.8
宾馆住宿	104.7	107.3	100.3	101.4	104.0	93.8
其他住宿	100.0	107.2	104.1	100.0	100.0	116.4
八、居住	101.0	101.4	100.0	104.2	101.7	103.1
1.建房及装修材料	98.1	102.2	100.1	100.1	99.8	101.5
2.住房租金	103.0	101.0	100.0	106.0	101.1	101.9
3.自有住房	101.6	101.6	100.0	106.6	103.1	104.7
4.水、电、燃料	100.2	100.1	100.0	100.0	100.0	100.1

价格分类指数（续表三）

锦州	营口	阜新	辽阳	盘锦	铁岭	朝阳	葫芦岛
100.7	100.0	109.6	100.0	100.0	103.7	100.0	100.0
100.0	103.7	100.0	101.9	100.9	100.0	101.7	100.0
100.9	109.3	103.8	108.5	101.6	102.3	100.7	102.0
100.2	99.8	99.8	100.0	99.4	99.7	99.2	99.1
102.7	97.7	96.4	100.0	89.7	96.4	94.2	84.2
100.0	100.0	100.0	100.0	100.0	100.0	100.0	100.5
100.0	99.9	102.9	103.5	100.0	101.6	108.2	100.6
96.5	98.3	98.2	98.7	98.4	98.1	99.1	95.1
100.1	100.0	104.6	107.0	100.4	100.8	111.1	103.6
99.8	100.0	100.4	100.1	100.5	100.0	100.0	100.0
100.1	100.0	105.0	107.6	100.4	100.9	111.6	104.0
100.4	100.1	100.0	101.8	99.7	100.3	99.4	100.5
101.5	100.4	100.0	100.7	100.0	101.1	98.9	100.0
100.0	100.0	100.0	106.0	100.4	100.0	100.0	100.0
100.0	100.0	100.0	99.6	99.2	100.0	100.0	101.1
104.4	101.6	102.5	112.6	101.1	111.2	101.6	89.5
105.3	100.0	100.0	94.0	102.0	100.0	100.0	102.8
108.8	100.0	100.0	101.8	102.3	100.0	100.0	100.0
101.9	100.0	100.6	102.1	99.7	100.2	100.3	100.2
104.3	99.9	100.0	100.0	100.9	101.5	100.4	100.6
102.9	100.0	100.0	101.2	97.6	100.3	99.3	100.0
102.0	100.0	100.8	103.5	99.8	100.0	100.7	100.0
99.9	100.0	100.7	102.3	99.9	99.7	98.5	100.1

各县居民消费价格分类指数

（2014年，上年价格=100）

分类名称	辽中	瓦房店	海城	新宾	凤城	昌图	建平	北票	绥中
居民消费价格总指数	104.5	101.0	101.7	100.6	101.6	101.0	101.5	100.4	100.9
一、食品	109.6	102.0	101.7	99.9	101.6	100.3	100.8	100.1	100.9
1.粮　食	110.4	102.3	101.8	103.4	104.1	101.6	102.9	103.2	100.2
大　米	100.7	100.8	100.0	102.2	100.9	100.7	100.2	100.2	99.8
面　粉	117.9	100.1	100.1	104.7	102.7	101.4	101.6	99.3	95.6
2.淀粉及制品	99.8	96.5	106.3	100.0	99.6	100.8	105.8	100.0	104.4
3.干豆类及豆制品	108.4	101.2	100.8	97.1	101.1	103.1	101.2	103.1	105.4
4.油脂	95.7	98.8	100.5	93.0	95.6	99.4	94.8	95.9	98.8
5.肉禽及其制品	101.4	99.1	100.2	97.8	101.6	96.9	96.1	96.4	98.5
（1）食用畜肉及副产品	99.2	99.8	97.9	96.0	101.1	94.8	93.0	93.5	98.3
猪　肉	94.4	96.9	93.8	90.2	97.9	90.7	89.8	89.4	93.9
（2）禽	108.0	96.0	106.6	104.1	101.2	104.2	108.8	103.7	96.0
（3）加工肉禽	106.2	98.0	103.3	100.6	104.7	101.5	100.1	102.0	101.9
6.蛋	114.4	108.9	109.0	108.9	112.7	105.6	115.9	117.1	102.9
鲜　蛋	115.7	110.1	110.0	110.0	113.6	106.3	116.6	119.2	102.5
7.水产品	132.4	106.6	101.3	104.9	99.9	103.8	100.9	92.3	102.9
（1）鱼	111.5	104.3	100.0	102.0	99.1	104.1	100.3	89.9	100.9
（2）其他水产品	159.7	111.9	105.9	111.9	101.8	103.0	102.7	100.6	108.9
8.菜	108.3	100.4	96.0	91.1	90.0	95.0	96.5	92.3	96.7
鲜　菜	108.6	100.4	95.1	87.4	86.8	93.4	95.1	90.7	94.2
9.调味品	99.6	99.7	106.4	100.4	100.6	100.3	100.4	100.0	98.7
10.糖	100.0	100.5	97.7	98.8	102.5	98.5	98.4	97.7	100.0
11.茶及饮料	99.8	100.1	102.2	100.0	101.0	103.0	105.1	102.1	100.2

各县居民消费价格分类指数（续表一）

（2014年，上年价格=100）

分类名称	辽中	瓦房店	海城	新宾	凤城	昌图	建平	北票	绥中
（1）茶叶	100.0	100.1	100.0	100.0	100.0	102.1	103.0	102.8	102.8
（2）饮料	99.7	100.1	103.0	100.0	101.3	103.3	105.9	101.8	101.8
12.干鲜瓜果	144.4	111.9	105.9	104.3	110.3	105.4	107.9	113.5	113.5
鲜瓜果	154.0	117.1	107.7	107.0	113.9	107.1	110.3	118.0	118.0
13.糕点饼干面包	101.7	100.1	100.9	100.0	103.0	105.0	99.1	101.8	101.8
14.液体乳及乳制品	108.7	103.7	114.2	111.0	104.3	109.2	113.8	104.1	104.1
15.在外用膳食品	111.9	101.6	103.3	99.9	102.6	101.9	100.9	101.6	101.6
16.其他食品	99.8	103.6	97.6	100.0	101.1	100.0	109.8	100.0	100.0
二、烟酒	100.3	99.9	101.9	100.2	100.5	100.0	102.2	102.0	102.0
1.烟草	100.0	100.0	100.0	100.0	99.8	100.0	100.1	102.2	102.2
2.酒	100.7	99.9	104.3	100.5	101.3	100.0	104.4	101.8	101.8
三、衣着	104.7	102.1	103.5	101.0	102.5	104.7	100.7	101.2	101.2
1.服　装	103.5	101.6	103.7	101.0	103.5	104.5	101.3	101.6	101.6
（1）男式服装	104.6	102.8	103.5	102.5	104.5	103.4	101.3	100.3	100.3
（2）女式服装	102.2	101.0	104.3	100.1	103.6	103.7	101.8	103.0	103.0
（3）儿童服装	104.6	101.2	102.4	100.9	101.6	107.3	100.0	100.4	100.4
2.衣着材料	103.7	103.3	102.9	101.1	102.9	102.7	100.1	100.6	100.6
3.鞋袜帽	107.5	102.6	103.3	100.8	100.4	105.7	98.9	100.6	100.6
（1）鞋	108.4	102.1	103.9	101.0	99.6	106.0	99.1	100.6	100.6
（2）袜子	101.4	103.5	100.7	100.0	103.6	102.3	96.7	100.0	100.0
（3）帽子	106.1	108.3	100.0	99.9	103.4	111.3	100.0	101.8	101.8
4.衣着加工服务费	103.6	106.3	100.9	100.0	101.9	103.5	111.9	100.0	100.0
四、家庭设备用品及维修服务	100.5	100.3	100.9	100.4	100.1	101.0	100.6	100.0	100.0

各县居民消费价格分类指数（续表二）

（2014年，上年价格=100）

分类名称	辽中	瓦房店	海城	新宾	凤城	昌图	建平	北票	绥中
1.耐用消费品	98.8	100.0	100.7	99.5	100.0	100.4	101.0	99.6	99.8
（1）家　具	99.3	100.0	101.9	100.1	98.4	100.1	101.8	100.7	100.0
（2）家庭设备	98.4	100.0	100.1	99.2	100.8	100.6	100.4	98.9	99.8
2.室内装饰品	101.2	99.3	103.6	100.4	100.2	101.5	99.3	100.0	100.0
3.床上用品	104.4	99.0	100.0	100.1	100.7	101.9	100.1	98.4	100.0
4.家庭日用杂品	100.8	100.0	101.0	101.1	99.6	100.1	100.2	100.5	101.8
5.家庭服务及加工维修服务	104.5	106.6	101.4	103.4	101.7	108.0	102.5	102.4	100.5
五、医疗保健和个人用品	100.0	99.8	103.0	100.4	101.6	101.7	100.8	101.4	101.9
1.医疗保健	99.9	100.2	103.1	100.6	102.2	102.0	100.9	103.5	101.3
（1）医疗器具及用品	98.4	100.9	100.0	100.0	100.0	100.0	100.0	100.0	101.7
（2）中药材及中成药	101.1	100.0	107.4	102.5	105.3	104.8	102.0	103.4	102.6
（3）西药	99.2	100.4	103.5	100.2	103.0	101.8	100.6	105.9	101.9
（4）保健器具及用品	100.9	101.8	100.0	100.0	98.7	100.3	100.6	101.1	100.0
（5）医疗保健服务	99.5	100.0	100.0	100.0	100.0	100.0	100.3	100.6	100.0
2.个人用品及服务	100.3	98.6	102.8	99.9	100.3	101.0	100.5	96.8	103.4
（1）化妆美容用品	104.2	100.0	98.7	101.1	100.9	100.3	100.0	100.0	102.1
（2）清洁类化妆品	100.0	100.0	102.6	100.7	102.7	100.0	100.5	90.5	99.1
（3）个人饰品	94.3	95.3	95.6	97.5	97.7	96.3	93.9	92.2	94.9
（4）个人服务	104.3	99.9	110.6	101.0	100.8	105.2	105.7	101.2	110.8
六、交通和通信	100.9	100.3	100.5	99.9	100.7	100.6	99.7	98.7	101.0
1.交通	101.2	100.8	101.1	99.9	101.8	101.4	100.3	99.5	102.4
（1）交通工具	100.6	99.3	100.0	99.8	100.7	100.0	100.0	99.6	101.2
（2）车用燃料及零配件	98.5	99.1	98.6	98.8	99.7	98.8	99.0	98.2	101.1

各县居民消费价格分类指数（续表三）

（2014年，上年价格=100）

分类名称	辽中	瓦房店	海城	新宾	凤城	昌图	建平	北票	绥中
（3）车辆使用及维修费	101.9	100.0	107.7	100.0	106.3	103.5	100.0	102.9	100.0
（4）市区公共交通费	100.0	100.0	105.0	100.0	105.3	100.0	101.7	95.5	100.0
（5）城市间交通费	103.5	104.6	100.5	100.4	100.9	104.0	100.7	100.8	106.8
2.通信	100.6	99.6	99.9	99.9	99.4	99.8	99.2	97.9	99.4
（1）通信工具	100.0	97.5	99.3	99.0	98.9	97.8	94.2	84.6	96.1
（2）通信服务	100.7	100.0	100.0	100.0	99.4	100.0	100.0	100.0	100.0
七、娱乐教育文化用品及服务	101.5	100.3	100.8	99.7	100.4	99.6	108.2	100.9	99.0
1.文娱用耐用消费品及服务	97.7	98.7	99.6	97.6	99.5	93.1	99.1	98.3	95.0
2.教育	101.8	100.3	100.8	100.1	100.6	100.4	111.1	101.2	99.4
（1）教材及参考书	100.0	104.3	100.0	102.0	101.3	100.1	100.0	100.6	100.0
（2）教育服务	101.9	100.0	100.9	100.0	100.6	100.4	111.6	101.2	99.3
3.文化娱乐类	100.0	99.9	100.2	100.0	100.7	100.5	99.4	101.1	101.4
（1）文化娱乐用品	100.6	99.9	99.5	100.0	100.3	100.9	98.9	101.0	102.0
（2）书报杂志	99.1	100.0	100.0	100.0	100.0	100.0	100.0	100.9	100.0
（3）文娱费	99.7	100.0	102.4	100.0	102.3	100.0	100.0	101.4	101.3
4.旅游	108.9	106.3	106.0	99.6	99.0	100.7	101.6	104.1	101.2
宾馆住宿	111.5	100.0	99.1	100.0	94.9	100.0	100.0	100.0	96.0
其他住宿	105.9	100.0	100.0	100.0	100.0	100.0	100.0	106.2	100.0
八、居住	103.6	100.0	101.3	102.4	102.8	101.0	100.3	100.4	100.5
1.建房及装修材料	100.0	100.0	103.1	100.9	100.3	100.9	100.4	101.3	99.9
2.住房租金	101.2	100.3	100.0	105.9	102.1	102.2	99.3	100.0	102.3
3.自有住房	108.3	100.2	100.0	104.1	105.5	101.5	100.7	99.9	101.3
4.水、电、燃料	98.6	99.5	99.4	100.3	102.2	99.8	98.5	99.2	99.3

全省商品零售价格分类指数

（2014年，上年价格=100）

项目	全省	城市	农村
商品零售价格总指数	101.0	101.0	100.9
一、食品	102.6	102.7	102.2
1.粮食	103.9	104.1	103.3
2.淀粉及制品	102.5	102.8	101.4
3.干豆类及豆制品	102.7	102.7	102.6
4.油脂	94.9	93.8	97.9
5.肉禽及其制品	99.2	99.3	99.0
6.蛋	112.4	112.9	110.3
7.水产品	103.8	103.6	105.0
8.菜	95.4	95.1	97.1
9.调味品	102.1	102.3	101.3
10.糖	100.4	100.7	99.4
11.干鲜瓜果	114.0	114.1	113.2
12.糕点饼干面包	102.6	102.9	101.2
13.液体乳及乳制品	111.8	112.0	108.6
14.在外用膳食品	103.5	103.6	102.8
15.其他食品	102.3	102.5	101.7
二、饮料、烟酒	100.5	100.4	100.8
1.茶及饮料	101.4	101.4	101.4
2.烟草	99.7	99.7	100.0
3.酒	100.7	100.6	101.5
三、服装、鞋帽	102.3	102.3	102.6
1.服装	103.5	103.7	102.7
2.鞋袜帽	99.9	99.2	102.7
3.其他	99.8	99.4	100.8
四、纺织品	100.0	99.6	101.6
1.衣着材料	102.0	101.8	102.4
2.床上用品	98.5	98.0	100.6
五、家用电器及音像器材	98.0	97.8	99.1
1.家庭设备	99.1	98.9	99.9
2.文娱用耐用消费品	96.3	96.0	98.0
3.专业音像器材	100.0	100.0	100.0

全省商品零售价格分类指数（续表一）

（2014年，上年价格=100）

项　目	全省	城市	农村
六、文化办公用品	99.6	99.5	99.7
七、日用品	100.8	100.9	100.6
1.日用百货	101.2	101.3	100.6
2.日用杂品	100.8	100.8	100.4
3.洗涤用品	100.6	100.7	100.4
4.其他日用品	100.7	100.6	101.3
八、体育娱乐用品	100.4	100.5	99.9
1.体育用品	100.5	100.7	99.9
2.娱乐用品	100.3	100.4	100.0
九、交通、通信用品	100.5	100.7	99.2
1.交通运输机械	101.3	101.3	100.8
2.通信器材	99.1	99.4	97.5
十、家具	99.9	99.9	100.4
十一、化妆品	101.0	101.2	100.1
十二、金银珠宝	90.5	91.1	88.4
十三、中西药品及医疗保健用品	101.7	101.6	102.3
1.医疗器具及用品	100.6	100.7	100.2
2.中药材及中成药	102.8	102.6	103.7
3.西药	101.2	101.0	101.9
4.保健器具及用品	100.9	101.0	100.6
十四、书报杂志及电子出版物	101.0	101.1	100.5
1.教材及参考书	101.8	102.0	101.2
2.书报杂志	100.5	100.6	100.0
3.电子音像制品	100.3	100.4	100.1
十五、燃料	98.7	98.7	98.3
1.煤炭及制品	93.4	92.9	94.6
2.石油及制品	99.9	99.8	100.0
十六、建筑材料及五金电料	99.8	99.6	100.6
1.建筑装璜材料	99.8	99.5	100.8
2.五金电料	99.9	99.9	100.2

各 市 商 品 零 售

（2014年，上年价格=100）

分类名称	沈阳	大连	鞍山	抚顺	本溪	丹东
商品零售价格总指数	101.3	101.0	100.7	100.2	100.8	100.8
一、食品	104.6	102.5	102.4	101.3	102.7	101.8
1.粮食	106.6	107.5	102.6	104.6	106.5	104.7
2.淀粉及制品	105.6	102.8	100.9	101.5	100.7	102.1
3.干豆类及豆制品	103.2	102.4	103.2	104.1	103.2	100.9
4.油脂	91.7	95.2	95.0	89.6	98.1	94.9
5.肉禽及其制品	101.5	98.8	98.1	99.6	101.1	97.7
6.蛋	114.4	111.6	118.8	107.9	111.4	109.5
7.水产品	110.6	97.7	100.8	103.6	107.4	101.2
8.菜	95.8	91.0	99.5	89.0	95.3	95.6
9.调味品	102.4	103.1	98.0	101.3	100.4	100.8
10.糖	101.8	101.1	100.5	99.7	99.3	98.3
11.干鲜瓜果	118.5	111.0	115.0	111.7	112.5	114.6
12.糕点饼干面包	104.8	101.0	97.1	101.6	103.0	103.1
13.液体乳及乳制品	112.3	116.9	107.5	109.0	105.1	111.9
14.在外用膳食品	103.7	104.6	101.9	103.3	100.0	100.9
15.其他食品	101.8	105.3	102.0	101.0	99.5	100.3
二、饮料、烟酒	100.8	101.4	99.8	98.6	100.1	99.9
1.茶及饮料	101.5	103.9	99.6	96.3	100.1	99.8
2.烟草	99.8	100.0	100.0	99.8	100.0	99.1
3.酒	101.4	101.3	99.8	98.8	100.3	100.9
三、服装、鞋帽	102.2	104.3	102.5	100.7	100.7	100.6
1.服装	104.2	105.9	102.9	100.1	101.1	101.4
2.鞋袜帽	96.0	99.1	101.9	102.8	100.0	98.4
3.其他	100.9	100.0	100.0	94.7	100.0	101.4
四、纺织品	100.0	95.7	100.0	101.9	100.2	100.5
1.衣着材料	102.1	106.6	100.1	100.6	100.0	101.1
2.床上用品	99.0	94.7	100.0	103.0	100.2	100.0
五、家用电器及音像器材	96.2	98.2	99.4	97.6	96.8	98.1
1.家庭设备	97.5	101.1	99.8	98.7	98.6	99.0
2.文娱用耐用消费品	93.8	94.2	98.9	95.6	94.0	96.3
3.专业音像器材	101.4	100.3	100.0	95.7	99.4	100.0

价 格 分 类 指 数

锦州	营口	阜新	辽阳	盘锦	铁岭	朝阳	葫芦岛
100.3	101.7	100.4	100.4	101.1	100.3	100.7	99.6
101.9	105.2	101.3	101.5	101.8	100.9	102.4	100.1
103.9	101.6	105.2	102.2	104.2	101.6	101.6	102.4
100.2	100.0	100.0	106.2	104.9	100.0	104.9	101.1
102.6	102.2	100.7	105.5	104.5	100.1	101.8	102.5
96.1	95.9	99.1	97.9	96.2	99.3	95.4	100.8
97.5	99.0	97.2	100.5	98.4	98.3	96.6	96.0
114.3	113.6	113.0	113.0	113.4	113.7	112.2	112.1
102.4	107.5	102.0	100.2	106.9	102.7	110.0	96.0
97.5	106.3	95.0	96.3	92.7	93.7	97.5	95.0
109.6	101.7	100.0	100.0	99.5	100.5	105.9	99.7
101.8	100.2	100.0	96.3	103.1	100.0	100.6	100.6
109.9	131.0	111.0	105.0	110.0	109.3	112.4	107.7
107.0	100.2	101.4	100.5	104.2	100.0	100.6	102.7
112.0	101.4	113.8	105.9	104.3	105.8	109.8	110.0
103.1	98.1	98.6	103.7	102.9	100.7	103.9	101.1
102.4	100.0	100.0	100.0	100.0	105.3	100.6	101.6
100.0	98.6	99.7	101.2	100.7	100.3	100.9	97.5
100.5	100.7	100.0	100.0	100.8	100.0	100.1	102.4
100.0	99.3	99.2	102.3	100.0	100.0	99.9	96.9
99.7	96.9	100.0	100.7	101.2	100.8	102.4	96.6
100.0	101.4	102.2	100.0	103.8	102.3	101.9	99.8
98.3	101.9	102.4	99.9	103.6	101.6	105.7	102.6
103.9	100.1	100.1	100.3	104.2	103.8	94.0	98.5
104.2	100.0	114.4	100.0	100.0	106.2	100.0	71.5
100.4	99.7	100.0	100.0	103.0	100.1	100.4	96.3
98.9	100.0	100.0	100.0	105.9	100.0	100.4	100.0
101.1	99.5	100.0	100.0	100.0	100.2	100.4	92.8
96.0	99.9	100.0	100.0	99.7	99.8	96.6	96.9
96.7	100.0	100.0	100.0	100.4	100.0	98.3	98.3
94.9	99.9	100.0	100.0	98.6	99.5	93.6	93.8
93.8	99.7	100.0	100.0	98.9	100.0	98.6	100.0

各市商品零售

（2014年，上年价格=100）

分类名称	沈阳	大连	鞍山	抚顺	本溪	丹东
六、文化办公用品	98.9	99.5	98.6	100.0	98.4	99.6
七、日用品	100.7	102.3	99.6	99.1	100.3	99.7
1.日用百货	100.6	105.1	98.8	98.5	102.0	97.0
2.日用杂品	98.3	103.3	101.5	101.4	100.0	99.0
3.洗涤用品	101.8	99.6	99.1	97.3	100.7	102.3
4.其他日用品	100.7	101.3	99.5	100.5	98.1	100.4
八、体育娱乐用品	100.1	98.8	101.4	101.6	102.7	96.5
1.体育用品	99.9	100.0	102.7	101.1	106.9	102.9
2.娱乐用品	100.2	97.9	100.9	102.0	100.0	92.8
九、交通、通信用品	101.1	101.8	100.5	99.3	97.5	100.5
1.交通运输机械	101.4	101.3	101.1	101.0	101.3	99.4
2.通信器材	97.4	107.9	98.8	96.4	93.8	102.8
十、家具	97.6	101.9	100.6	100.4	97.3	104.5
十一、化妆品	101.6	101.9	100.4	98.2	100.7	100.3
十二、金银珠宝	90.9	92.3	88.0	89.4	98.8	94.4
十三、中西药品及医疗保健用品	101.4	101.0	102.8	101.7	104.9	104.2
1.医疗器具及用品	101.1	101.1	101.6	98.7	103.4	96.5
2.中药材及中成药	101.8	103.2	104.0	103.6	108.1	110.3
3.西药	101.4	100.3	102.5	100.7	103.5	100.8
4.保健器具及用品	101.2	100.6	101.5	100.0	104.2	100.2
十四、书报杂志及电子出版物	100.9	101.7	100.0	100.8	102.4	101.0
1.教材及参考书	101.6	104.0	100.0	102.1	104.5	100.0
2.书报杂志	100.2	100.6	100.0	100.6	101.4	102.4
3.电子音像制品	101.4	100.0	100.0	99.0	100.0	100.0
十五、燃料	99.6	98.5	99.2	98.7	99.1	99.6
1.煤炭及制品	86.2	92.8	100.4	97.3	100.1	97.0
2.石油及制品	100.4	99.0	99.1	99.0	98.9	100.0
十六、建筑材料及五金电料	99.4	99.4	99.6	101.7	100.0	100.2
1.建筑装璜材料	98.1	100.2	99.5	100.6	99.7	101.4
2.五金电料	100.7	98.5	100.0	103.4	100.7	99.2

价 格 分 类 指 数（续表一）

锦州	营口	阜新	辽阳	盘锦	铁岭	朝阳	葫芦岛
100.0	99.3	99.0	99.3	99.1	99.8	98.3	98.9
101.8	100.8	100.0	100.3	100.5	100.2	101.4	100.4
106.4	99.6	100.0	101.1	100.6	100.4	100.5	100.5
99.1	99.8	100.0	100.3	101.7	100.0	102.2	96.4
100.1	104.1	100.0	100.0	100.0	100.0	102.4	102.3
99.0	99.8	100.0	100.0	100.1	100.2	100.5	100.1
103.2	99.7	100.0	100.2	100.0	101.1	99.7	100.4
101.2	99.1	100.0	100.0	100.0	100.0	101.9	100.8
103.9	100.0	100.0	100.4	100.0	101.8	98.2	100.0
101.4	99.0	100.4	101.0	98.4	100.2	99.6	97.5
101.4	99.2	101.2	101.7	101.1	101.2	101.1	101.1
101.5	98.6	98.5	100.0	96.1	98.2	95.9	91.9
99.2	100.0	96.2	100.0	100.5	100.0	98.0	100.9
101.4	100.0	98.9	98.1	100.5	100.3	101.1	100.7
89.9	91.8	92.3	91.3	91.9	89.5	88.6	92.0
100.5	101.2	101.1	100.7	101.1	100.7	100.2	103.9
100.0	100.0	103.1	100.0	100.0	100.0	101.7	95.1
99.6	100.7	101.7	99.3	103.9	101.6	100.5	105.8
100.9	101.5	100.1	102.4	99.7	100.0	100.2	103.6
102.6	101.9	101.9	100.0	100.0	99.6	99.1	100.0
99.8	100.0	100.2	103.2	100.3	100.0	101.6	100.1
99.8	100.0	100.4	100.1	100.4	100.0	101.7	100.0
100.0	100.0	100.0	108.7	100.3	100.0	102.2	100.0
99.4	100.0	100.0	100.0	100.0	100.0	100.0	100.8
98.4	99.2	99.3	98.2	99.4	97.2	97.7	99.4
95.6	98.9	100.0	96.6	95.0	87.0	90.2	92.4
99.2	99.2	99.2	99.4	99.8	98.9	99.4	99.7
102.9	99.8	100.0	99.6	100.3	100.3	98.6	100.9
103.8	99.8	100.0	99.3	100.1	100.4	98.3	100.6
100.4	99.6	100.0	100.0	100.6	100.0	99.2	101.7

各县商品零售价格分类指数

（2014年，上年价格=100）

分类名称	辽中	瓦房店	海城	新宾	凤城	昌图	建平	北票	绥中
商品零售价格总指数	103.2	100.7	101.2	100.0	101.1	100.7	100.0	99.7	100.3
一、食品	110.0	102.3	101.4	99.5	101.5	100.2	100.7	99.9	101.1
1.粮食	111.6	102.3	101.9	103.4	104.6	101.7	102.7	102.4	100.4
2.淀粉及制品	99.8	96.5	106.3	100.0	99.6	100.8	105.8	100.0	104.4
3.干豆类及豆制品	108.4	101.2	100.4	96.9	101.1	103.1	101.1	103.5	105.3
4.油脂	95.7	98.8	100.5	93.0	95.6	99.4	94.8	96.0	97.7
5.肉禽及其制品	101.3	99.1	100.0	97.9	101.6	96.8	95.5	96.4	98.5
6.蛋	114.1	108.9	108.9	108.9	112.7	105.6	116.1	117.7	102.9
7.水产品	124.4	106.6	101.4	105.0	100.0	103.8	101.0	92.5	103.2
8.菜	108.6	100.4	95.7	90.3	90.0	94.9	96.2	92.3	96.1
9.调味品	99.6	99.7	106.5	100.4	100.6	100.3	100.4	100.0	98.7
10.糖	100.0	100.5	97.8	98.8	102.5	98.5	98.7	97.6	100.0
11.干鲜瓜果	143.8	111.9	105.8	104.3	110.3	105.4	107.8	113.5	117.9
12.糕点饼干面包	102.0	100.1	100.9	100.0	103.0	105.0	99.0	101.8	99.6
13.液体乳及乳制品	108.9	103.7	114.1	110.8	104.3	109.2	114.0	105.0	104.9
14.在外用膳食品	111.6	101.6	103.2	99.9	102.6	101.9	100.9	101.3	100.6
15.其他食品	99.8	103.6	97.6	100.0	101.1	100.0	109.8	100.0	102.5
二、饮料、烟酒	100.2	100.0	101.7	100.2	100.6	100.6	102.6	101.7	100.4
1.茶及饮料	99.8	100.1	102.0	100.0	100.9	103.0	104.6	102.0	100.3
2.烟草	100.0	100.0	100.0	100.0	99.8	100.0	100.1	102.0	100.0
3.酒	100.7	99.9	103.6	100.6	101.3	100.0	104.1	101.3	101.0
三、服装、鞋帽	104.3	101.9	103.6	100.9	102.3	104.6	100.3	100.9	102.5
1.服装	103.3	101.7	103.7	101.0	103.5	104.3	101.2	101.3	103.0
2.鞋袜帽	107.4	102.6	103.2	100.9	100.4	105.8	98.7	100.6	101.6
3.其他	96.0	100.0	106.6	100.0	99.3	99.0	100.0	100.0	101.5
四、纺织品	104.8	101.3	101.4	100.6	101.8	101.8	100.1	100.3	101.0
1.衣着材料	103.7	103.1	102.8	101.2	102.9	102.7	100.1	100.7	101.9
2.床上用品	106.3	98.7	100.0	100.0	101.0	101.2	100.2	100.0	100.0
五、家用电器及音像器材	98.3	99.5	100.0	98.7	100.0	97.8	99.9	98.0	97.3
1.家庭设备	98.6	100.0	100.1	99.2	100.8	100.6	100.4	99.1	99.8
2.文娱用耐用消费品	97.8	98.6	100.0	97.9	98.8	92.7	99.1	96.0	93.9
3.专业音像器材	100.0	100.0	100.0	100.0	100.4	100.0	100.0	100.0	100.0

各县商品零售价格分类指数（续表一）

（2014年，上年价格=100）

分类名称	辽中	瓦房店	海城	新宾	凤城	昌图	建平	北票	绥中
六、文化办公用品	101.5	99.4	99.9	99.4	100.1	99.7	98.3	100.2	99.2
七、日用品	100.9	100.4	101.4	100.7	100.4	100.9	99.6	99.9	100.7
1.日用百货	100.4	99.5	101.7	100.3	100.7	102.1	99.7	99.9	101.2
2.日用杂品	100.0	100.0	101.4	101.7	100.0	100.0	99.8	100.1	100.8
3.洗涤用品	102.0	101.6	100.0	100.7	100.0	98.9	99.7	99.7	100.0
4.其他日用品	101.0	99.9	103.5	100.2	100.7	103.0	99.2	100.0	101.2
八、体育娱乐用品	100.6	100.2	98.9	100.5	100.5	102.3	100.0	98.4	97.6
1.体育用品	100.9	100.0	97.7	101.0	100.0	103.0	100.0	101.1	96.9
2.娱乐用品	100.4	100.3	100.0	100.1	100.9	101.7	99.9	95.7	98.2
九、交通、通信用品	99.8	99.4	100.3	100.1	100.1	99.0	97.6	94.8	98.7
1.交通运输机械	99.6	101.0	101.1	101.0	100.7	100.3	100.1	101.1	101.3
2.通信器材	100.0	98.0	99.5	99.0	99.0	97.9	94.5	88.0	96.1
十、家具	99.4	100.0	101.5	100.1	98.5	100.1	102.0	100.7	100.0
十一、化妆品	102.2	100.1	98.8	100.3	101.4	100.7	100.2	97.9	101.0
十二、金银珠宝	78.1	87.6	87.5	97.2	90.7	94.5	91.0	87.9	94.1
十三、中西药品及医疗保健用品	100.1	100.5	104.8	100.9	103.2	102.5	101.0	104.3	102.0
1.医疗器具及用品	98.4	100.9	100.0	100.0	100.0	100.0	100.0	100.0	101.7
2.中药材及中成药	101.2	100.0	107.9	102.4	105.3	104.7	102.0	102.7	102.7
3.西药	99.3	100.4	103.6	100.2	102.9	101.8	100.6	106.5	101.9
4.保健器具及用品	100.9	101.8	100.0	100.0	98.6	100.3	100.6	101.1	100.0
十四、书报杂志及电子出版物	99.7	101.4	100.0	100.8	100.3	100.0	100.5	100.6	100.7
1.教材及参考书	100.0	104.1	100.0	102.0	100.8	100.1	100.0	100.6	100.0
2.书报杂志	99.2	100.0	100.0	100.0	100.0	100.0	100.0	100.8	100.0
3.电子音像制品	100.0	98.7	100.0	100.0	100.0	100.0	102.6	100.0	103.6
十五、燃料	96.3	98.2	98.6	99.9	103.7	99.0	96.8	98.3	97.4
1.煤炭及制品	91.1	92.3	96.2	100.0	99.7	98.5	90.9	96.3	92.3
2.石油及制品	99.1	100.7	99.6	99.8	105.3	99.3	99.6	99.2	99.9
十六、建筑材料及五金电料	100.2	100.0	102.4	100.8	100.3	100.7	100.0	100.9	98.9
1.建筑装璜材料	99.9	100.0	103.3	100.7	100.4	100.9	100.1	101.2	98.4
2.五金电料	101.0	100.0	100.0	101.0	100.0	100.0	99.8	100.0	100.0

全省主要年份居民零售价格指数

（上年价格=100）

	2006年	2007年	2008年	2009年	2010年	2011年	2012年	2013年	2014年
全省	101.3	104.4	105.3	99.8	103.2	105.0	102.2	101.6	101.0
城市	101.2	104.1	105.2	99.7	102.9	105.0	102.3	101.6	101.0
农村	101.9	106.1	105.9	100.3	104.8	105.4	101.6	101.7	100.9
一、食品	102.5	114.0	112.6	103.3	108.7	111.3	105.0	104.7	102.6
1.粮食	102.4	105.8	104.8	109.9	112.5	111.6	103.8	106.0	103.9
2.淀粉及制品	102.1	106.4	116.1	103.7	103.3	119.2	108.3	101.3	102.5
3.干豆类及豆制品	100.0	111.3	144.2	95.0	109.6	103.9	101.4	107.1	102.7
4.油脂	99.6	130.9	124.6	78.0	102.7	114.6	105.0	100.0	94.9
5.肉禽及其制品	96.1	138.9	123.0	92.5	101.3	125.5	102.4	107.2	99.2
6.蛋	91.9	126.6	102.0	104.0	111.0	114.7	96.5	104.1	112.4
7.水产品	99.0	103.3	109.8	104.4	107.7	112.0	107.6	101.8	103.8
8.菜	110.2	107.2	100.8	120.5	124.1	93.6	118.0	104.9	95.4
9.调味品	100.3	102.2	107.6	102.5	105.6	106.8	105.0	104.2	102.1
10.糖	112.6	102.2	105.1	102.7	106.4	111.5	103.9	102.1	100.4
11.干鲜瓜果	116.7	102.9	104.6	111.5	109.0	111.7	98.0	100.8	114.0
12.糕点饼干面包	102.7	103.8	110.3	101.6	102.4	109.8	103.2	102.0	102.6
13.液体乳及乳制品	101.8	101.5	124.2	99.4	103.5	104.2	103.7	106.2	111.8
14.在外用膳食品	100.3	105.4	110.5	100.8	102.5	107.4	106.3	105.8	103.5
15.其他食品	102.4	104.5	108.4	101.9	100.7	107.6	105.4	103.3	102.3
二、饮料、烟酒	100.6	101.1	104.5	101.6	101.0	102.6	103.1	100.8	100.5
1.茶及饮料	101.3	100.2	104.7	102.1	101.3	104.4	104.9	101.5	101.4
2.烟草	99.9	100.3	99.8	99.8	100.2	100.3	100.2	99.9	99.7
3.酒	100.9	102.7	109.9	103.4	101.7	104.3	105.4	101.3	100.7
三、服装、鞋帽	101.3	98.5	93.5	92.9	95.6	102.0	101.7	101.9	102.3
1.服装	101.1	98.3	94.0	93.2	96.0	102.8	102.6	101.9	103.5
2.鞋袜帽	101.9	99.0	92.4	92.0	94.1	100.4	99.9	102.1	99.9
3.其他	100.8	98.2	93.9	95.6	99.4	102.3	100.7	99.7	99.8
四、纺织品	100.1	100.1	99.0	98.7	101.7	110.2	103.7	101.2	100.0
1.衣着材料	100.5	100.8	100.7	100.6	103.2	110.1	103.4	101.8	102.0
2.床上用品	99.8	99.5	97.6	97.0	100.4	110.2	103.9	100.8	98.5
五、家用电器及音像器材	95.4	95.3	95.7	93.7	95.7	95.5	96.3	98.1	98.0
1.家庭设备	100.3	100.2	101.0	98.3	97.1	99.3	99.4	99.6	99.1

全省主要年份居民零售价格指数（续表一）

（上年价格=100）

	2006年	2007年	2008年	2009年	2010年	2011年	2012年	2013年	2014年
2.文娱用耐用消费品	88.6	88.0	88.1	86.9	93.5	90.8	92.1	95.9	96.3
3.专业音像器材	97.4	99.8	97.4	96.8	97.5	100.6	100.6	99.3	100.0
六、文化办公用品	96.7	95.9	96.4	96.0	97.3	97.5	99.1	99.5	99.6
七、日用品	100.6	101.1	105.4	102.2	100.4	102.7	103.0	101.1	100.8
1.日用百货	99.6	100.3	103.5	102.6	101.3	102.4	102.2	100.7	101.2
2.日用杂品	101.6	102.3	104.3	102.6	99.2	102.5	101.9	101.6	100.8
3.洗涤用品	101.0	102.2	112.4	103.2	99.9	104.1	105.8	101.8	100.6
4.其他日用品	100.9	100.4	101.3	100.2	100.3	101.8	101.8	100.5	100.7
八、体育娱乐用品	96.6	97.2	95.7	97.4	97.4	100.5	99.6	100.6	100.4
1.体育用品	99.1	99.6	98.3	102.1	100.2	101.5	100.0	101.3	100.5
2.娱乐用品	95.0	95.7	94.1	94.4	95.6	99.8	99.4	100.2	100.3
九、交通、通信用品	90.6	90.5	92.3	93.4	95.2	95.3	95.9	97.8	100.5
1.交通运输机械	97.6	97.3	99.6	98.7	99.6	99.9	99.7	100.1	101.3
2.通信器材	80.5	79.8	80.7	84.9	88.2	89.1	90.3	94.1	99.1
十、家具	99.9	100.7	103.1	98.6	100.9	104.2	103.3	100.8	99.9
十一、化妆品	98.8	99.2	102.7	101.0	100.1	101.9	102.7	101.6	101.0
十二、金银珠宝	119.8	108.5	117.4	93.2	114.6	115.4	101.0	91.9	90.5
十三、中西药品及医疗保健用品	100.0	102.4	102.5	102.1	104.3	104.4	102.1	101.8	101.7
1.医疗器具及用品	99.6	100.1	98.6	99.9	101.9	102.8	102.7	101.2	100.6
2.中药材及中成药	99.3	105.4	105.0	103.8	109.0	112.1	104.6	102.7	102.8
3.西药	100.4	101.1	101.8	101.6	102.3	100.3	100.6	101.6	101.2
4.保健器具及用品	100.5	99.7	99.5	99.4	99.6	102.6	100.9	100.1	100.9
十四、书报杂志及电子出版物	100.0	99.5	101.6	105.8	101.1	100.9	101.5	101.2	101.0
1.教材及参考书	100.7	98.5	100.6	102.4	100.1	100.9	102.0	102.2	101.8
2.书报杂志	100.2	100.4	104.7	112.9	102.2	101.3	101.4	101.1	100.5
3.电子音像制品	98.3	99.3	96.8	96.3	100.7	100.1	100.9	99.6	100.3
十五、燃料	110.9	104.0	115.4	98.6	111.6	111.4	103.1	99.6	98.7
1.煤炭及制品	108.1	105.4	126.6	110.1	108.9	105.1	104.0	99.1	93.4
2.石油及制品	111.6	103.6	112.4	95.2	112.5	112.9	102.9	99.8	99.9
十六、建筑材料及五金电料	103.5	103.9	104.8	100.2	101.2	105.5	101.9	100.4	99.8
1.建筑装璜材料	103.8	104.2	104.8	99.7	101.5	105.5	101.1	100.2	99.8
2.五金电料	102.7	103.2	104.8	101.2	100.5	105.4	103.7	100.8	99.9

全省城市主要年份零售价格指数

（上年价格=100）

	2006年	2007年	2008年	2009年	2010年	2011年	2012年	2013年	2014年
总　指　数	101.2	104.1	105.2	99.7	102.9	105.0	102.3	101.6	101.0
一、食品	102.5	113.7	112.8	103.4	108.1	111.2	105.3	104.9	102.7
1.粮食	102.2	105.4	104.4	110.5	112.1	111.8	104.1	106.7	104.1
2.淀粉及制品	102.3	106.3	116.1	104.1	103.4	122.9	108.4	101.0	102.8
3.干豆类及豆制品	99.6	110.9	147.2	94.6	108.9	104.2	101.2	107.2	102.7
4.油脂	100.1	130.0	122.8	77.5	102.7	114.3	105.2	100.3	93.8
5.肉禽及其制品	96.0	138.6	123.4	92.3	100.8	125.7	103.0	107.2	99.3
6.蛋	91.5	126.7	101.6	104.2	111.4	114.6	96.4	104.4	112.9
7.水产品	98.7	103.1	110.2	104.9	107.2	112.0	107.8	101.7	103.6
8.菜	110.2	106.2	100.9	120.5	122.1	93.1	119.5	104.9	95.1
9.调味品	99.9	102.4	108.5	102.0	105.9	107.5	105.7	103.9	102.3
10.糖	112.7	102.6	105.2	102.9	106.0	110.3	104.8	101.9	100.7
11.干鲜瓜果	116.3	102.6	104.2	112.6	109.0	110.9	97.8	100.9	114.1
12.糕点饼干面包	103.1	104.1	110.0	101.1	102.6	110.9	102.9	101.7	102.9
13.液体乳及乳制品	101.9	101.5	125.1	99.2	103.7	104.3	103.9	106.5	112.0
14.在外用膳食品	100.3	105.4	110.5	100.7	102.4	107.6	106.3	105.9	103.6
15.其他食品	102.6	105.0	108.6	101.0	99.9	108.2	105.7	103.7	102.5
二、饮料、烟酒	100.8	101.3	104.8	101.7	101.0	102.8	103.4	100.7	100.4
1.茶及饮料	101.4	99.9	105.2	102.2	101.4	104.9	105.4	101.5	101.4
2.烟草	99.9	100.5	99.9	99.7	99.9	100.5	100.1	99.8	99.7
3.酒	101.3	103.1	110.4	103.6	101.9	104.5	106.1	101.1	100.6
三、服装、鞋帽	101.8	98.2	93.0	92.4	94.9	102.1	101.6	101.6	102.3
1.服装	101.6	98.0	93.8	92.8	95.5	102.9	102.7	101.7	103.7
2.鞋袜帽	102.3	98.7	91.3	91.1	93.1	100.2	99.2	101.6	99.2
3.其他	100.9	97.4	93.0	95.7	98.8	103.2	101.6	100.6	99.4
四、纺织品	99.8	99.3	99.2	98.8	101.6	111.1	104.5	101.0	99.6
1.衣着材料	99.8	99.8	100.8	101.7	103.1	109.9	103.7	101.6	101.8
2.床上用品	99.8	98.9	97.9	96.6	100.3	111.9	105.1	100.7	98.0
五、家用电器及音像器材	95.0	94.8	95.2	93.2	95.6	95.2	96.1	98.1	97.8
1.家庭设备	100.5	100.3	101.0	98.2	97.0	99.3	99.4	99.6	98.9
2.文娱用耐用消费品	87.2	86.4	86.4	85.4	93.4	90.1	91.7	95.9	96.0

全省城市主要年份零售价格指数（续表一）

（上年价格=100）

	2006年	2007年	2008年	2009年	2010年	2011年	2012年	2013年	2014年
3.专业音像器材	96.9	99.8	96.8	96.1	96.9	100.7	100.7	99.2	100.0
六、文化办公用品	96.5	95.3	95.5	95.2	97.0	96.9	99.1	99.4	99.5
七、日用品	100.8	101.0	105.6	102.3	100.3	103.1	103.3	101.0	100.9
1.日用百货	99.6	100.2	103.8	103.0	101.5	102.7	102.6	100.8	101.3
2.日用杂品	102.0	102.3	103.9	102.9	99.1	102.3	101.8	101.7	100.8
3.洗涤用品	101.1	101.8	113.5	103.1	99.8	105.3	106.6	101.4	100.7
4.其他日用品	101.1	100.6	101.5	100.3	100.3	102.0	102.0	100.4	100.6
八、体育娱乐用品	96.3	96.9	94.8	96.8	96.8	100.3	99.7	100.5	100.5
1.体育用品	99.2	99.9	97.4	102.7	99.5	101.1	100.2	100.9	100.7
2.娱乐用品	94.6	95.2	93.3	93.3	95.1	99.9	99.3	100.3	100.4
九、交通、通信用品	89.5	89.7	91.6	92.8	94.9	95.3	96.1	97.8	100.7
1.交通运输机械	97.2	97.1	99.3	98.5	99.9	100.0	99.6	100.0	101.3
2.通信器材	78.7	77.9	79.3	83.8	87.1	88.6	90.4	93.8	99.4
十、家具	99.9	100.6	103.5	98.6	101.1	104.8	103.7	101.0	99.9
十一、化妆品	98.6	99.2	103.3	101.0	100.2	102.4	102.9	101.7	101.2
十二、金银珠宝	119.2	108.0	117.0	92.7	114.2	114.7	100.8	91.6	91.1
十三、中西药品及医疗保健用品	100.2	102.0	102.4	102.2	104.4	104.3	101.8	101.8	101.6
1.医疗器具及用品	99.9	99.8	97.7	100.1	101.1	102.9	102.7	101.3	100.7
2.中药材及中成药	99.2	105.0	104.8	104.2	108.8	111.7	104.3	102.6	102.6
3.西药	100.8	100.6	101.8	101.6	102.6	100.3	100.3	101.7	101.0
4.保健器具及用品	100.3	99.6	99.3	99.3	99.5	103.0	101.0	100.1	101.0
十四、书报杂志及电子出版物	99.9	99.4	101.8	106.2	101.2	101.2	101.9	101.3	101.1
1.教材及参考书	100.7	98.3	100.7	102.9	100.1	101.1	102.3	102.3	102.0
2.书报杂志	100.1	100.3	105.1	113.5	102.2	101.4	101.6	101.2	100.6
3.电子音像制品	98.1	99.5	96.5	95.7	100.8	101.0	102.2	100.0	100.4
十五、燃料	110.4	103.6	114.8	98.8	112.0	111.3	103.2	99.7	98.7
1.煤炭及制品	107.8	103.6	128.2	108.5	111.0	103.5	105.0	100.1	92.9
2.石油及制品	110.9	103.6	111.8	96.2	112.3	112.9	102.8	99.6	99.8
十六、建筑材料及五金电料	103.4	104.2	104.8	99.8	101.1	105.6	101.9	100.4	99.6
1.建筑装璜材料	103.4	104.6	104.8	99.3	101.4	105.7	100.7	100.2	99.5
2.五金电料	103.3	103.2	104.9	101.1	100.3	105.4	104.2	100.7	99.9

全省农村主要年份零售价格指数

（上年价格=100）

	2006年	2007年	2008年	2009年	2010年	2011年	2012年	2013年	2014年
总 指 数	101.9	106.1	105.9	100.3	104.8	105.4	101.6	101.7	100.9
一、食品	102.9	115.7	111.7	102.9	111.6	111.5	103.2	104.1	102.2
1.粮食	102.9	106.9	105.9	108.1	113.3	111.1	103.1	104.3	103.3
2.淀粉及制品	100.8	106.6	116.3	102.0	102.7	103.7	107.6	102.7	101.4
3.干豆类及豆制品	101.3	112.8	132.0	96.5	112.0	102.8	102.3	106.6	102.6
4.油脂	98.2	133.8	130.0	79.6	102.8	115.2	104.5	99.3	97.9
5.肉禽及其制品	96.2	140.8	120.7	93.6	103.5	124.2	99.8	107.2	99.0
6.蛋	93.8	125.9	103.6	103.0	109.2	115.0	97.2	103.1	110.3
7.水产品	101.7	104.1	107.4	100.6	111.4	111.9	106.6	102.0	105.0
8.菜	110.0	112.1	100.3	120.7	133.6	96.1	111.7	104.7	97.1
9.调味品	101.5	101.4	104.5	104.1	104.5	104.5	102.5	105.1	101.3
10.糖	112.0	100.3	104.4	101.8	108.1	115.0	101.1	102.8	99.4
11.干鲜瓜果	119.3	104.5	106.6	104.6	110.2	116.6	99.2	100.4	113.2
12.糕点饼干面包	100.6	102.3	112.3	104.4	101.3	103.9	105.3	103.7	101.2
13.液体乳及乳制品	100.8	101.6	113.8	101.0	102.2	102.5	101.5	102.6	108.6
14.在外用膳食品	100.7	105.5	110.1	101.6	103.0	104.9	105.5	104.6	102.8
15.其他食品	101.6	102.4	107.7	104.7	103.1	105.5	104.5	102.2	101.7
二、饮料、烟酒	99.7	100.3	103.0	101.2	100.9	101.3	101.7	101.3	100.8
1.茶及饮料	101.1	101.4	102.4	101.1	100.5	102.1	102.6	101.2	101.4
2.烟草	99.7	99.6	99.7	100.0	101.2	99.3	100.7	100.4	100.0
3.酒	98.9	100.7	107.5	102.6	100.8	103.3	102.4	102.3	101.5
三、服装、鞋帽	98.8	100.2	96.2	95.8	99.2	101.8	102.3	103.0	102.6
1.服装	97.7	100.0	95.1	95.8	99.1	102.2	102.5	102.9	102.7
2.鞋袜帽	100.2	100.4	97.9	95.7	98.9	101.2	102.7	104.1	102.7
3.其他	100.3	100.8	97.0	95.5	101.2	99.8	97.8	96.8	100.8
四、纺织品	101.3	103.1	98.4	97.9	102.2	107.4	100.9	101.9	101.6
1.衣着材料	102.9	104.3	100.3	96.8	103.4	110.7	102.7	102.5	102.4
2.床上用品	99.8	101.9	96.3	99.2	101.0	104.0	99.0	101.2	100.6
五、家用电器及音像器材	97.5	98.1	98.7	96.9	96.3	97.3	97.4	98.2	99.1
1.家庭设备	98.7	99.8	100.8	99.2	98.1	99.2	99.3	99.5	99.9
2.文娱用耐用消费品	96.1	96.1	96.2	94.0	94.0	94.8	94.6	96.2	98.0

全省农村主要年份零售价格指数（续表一）

（上年价格=100）

	2006年	2007年	2008年	2009年	2010年	2011年	2012年	2013年	2014年
3.专业音像器材	100.0	100.0	100.0	100.0	100.0	99.9	99.9	99.6	100.0
六、文化办公用品	97.5	98.6	100.7	99.7	98.8	100.4	99.4	99.9	99.7
七、日用品	99.9	101.8	104.1	101.5	100.4	101.1	101.7	101.6	100.6
1.日用百货	99.8	101.0	102.3	100.5	100.6	101.1	100.7	100.3	100.6
2.日用杂品	99.8	102.4	106.1	101.4	99.6	103.1	102.0	101.3	100.4
3.洗涤用品	100.7	104.0	106.9	103.4	100.6	100.5	103.1	103.0	100.4
4.其他日用品	98.5	98.8	99.6	99.7	100.9	100.3	100.7	101.9	101.3
八、体育娱乐用品	98.0	98.6	99.5	100.2	100.1	101.0	99.4	101.0	99.9
1.体育用品	98.9	98.7	101.2	100.2	102.3	102.8	99.5	102.3	99.9
2.娱乐用品	97.2	98.5	97.9	100.1	98.2	99.6	99.4	99.8	100.0
九、交通、通信用品	96.3	94.8	95.9	96.2	96.6	95.1	94.7	98.2	99.2
1.交通运输机械	99.9	98.2	101.2	99.5	98.5	99.0	99.9	100.5	100.8
2.通信器材	90.7	89.3	87.4	90.5	93.5	91.6	89.8	95.9	97.5
十、家具	99.9	101.7	100.4	98.8	99.6	101.2	101.3	100.1	100.4
十一、化妆品	99.8	99.2	98.9	101.0	99.9	99.6	101.7	101.4	100.1
十二、金银珠宝	122.7	110.8	119.1	95.8	116.1	118.3	101.5	92.8	88.4
十三、中西药品及医疗保健用品	99.2	104.0	103.1	101.4	103.8	104.9	103.4	101.7	102.3
1.医疗器具及用品	98.5	101.3	102.7	99.3	105.2	102.1	102.3	100.9	100.2
2.中药材及中成药	99.7	107.5	106.1	101.5	110.1	114.3	106.1	103.1	103.7
3.西药	98.7	103.0	101.8	101.8	100.6	100.3	102.2	101.1	101.9
4.保健器具及用品	101.3	100.1	100.6	100.1	100.4	101.0	100.5	100.4	100.6
十四、书报杂志及电子出版物	100.5	99.9	100.8	103.1	100.6	99.6	99.8	100.6	100.5
1.教材及参考书	100.7	99.4	100.3	100.2	99.9	100.2	101.1	102.1	101.2
2.书报杂志	100.5	101.2	102.5	109.0	102.0	100.9	100.7	100.6	100.0
3.电子音像制品	99.9	98.8	98.7	99.4	99.8	96.3	95.6	97.4	100.1
十五、燃料	113.4	105.7	118.1	97.5	109.7	111.7	102.8	99.5	98.3
1.煤炭及制品	108.7	110.4	122.1	114.2	103.5	109.0	101.7	96.9	94.6
2.石油及制品	115.8	103.3	116.1	88.7	113.9	113.1	103.4	100.7	100.0
十六、建筑材料及五金电料	104.1	102.5	104.7	101.7	101.6	104.9	102.1	100.6	100.6
1.建筑装璜材料	105.8	102.2	105.0	101.6	101.8	104.8	102.5	100.4	100.8
2.五金电料	99.8	103.2	104.1	101.8	101.1	105.2	101.1	101.0	100.2

全省主要年份农业生产资料价格指数

（上年价格=100）

项　目	2005年	2006年	2007年	2008年	2009年	2010年	2011年	2012年	2013年	2014年
农业生产资料价格指数	110	100.5	114.2	128.1	96.7	103.7	112.8	106.9	99.9	98.9
1.农用手工工具		104.6	105.6	112.0	102.5	104.9	105.0	106.8	101.8	103.1
2.饲　　料	106.4	101.8	109.6	120.9	104.7	112.8	108.1	106.4	103.8	100.7
3.产 品 畜		76.6	196.6	157.9	71.3	99.6	135.5	104.2	91.6	97.9
4.半机械化农具	101.6	100.2	102.1	107.2	100.4	102.9	102.2	101.3	100.1	100.1
5.机械化农具	98.6	100	102	106.5	101.4	103.4	103.3	102.0	100.3	101.4
6.化 学 肥 料	117	100.6	100.9	134.3	94.1	95.3	116.4	108.5	98.0	96.1
7.农药及农药械	102.5	101.6	102	108.7	103.1	99	102.9	102.9	102.0	101.0
8.农 机 用 油	115.6	114.3	105.5	114.8	87.3	112.5	111.7	104.4	99.8	97.6
9.其他农业生产资料	108.6	103.4	105.4	115.1	101.9	103.6	108.2	111.6	104.2	101.8
10.农业生产服务		109.1	118.1	121.1	112.6	108.4	108.2	106.6	104.0	102.9

各县农业生产资料价格分类指数

（2014年，上年价格=100）

	辽中	瓦房店	海城	新宾	凤城	昌图	建平	北票	绥中
累计比指数	99.3	100.3	99.1	99.6	97.0	98.1	97.4	100.4	99.5
一、农用手工工具	114.5	100.6	100.0	101.1	102.3	100.0	100.0	104.4	100.0
二、饲料	101.9	101.1	97.4	100.4	104.0	100.0	99.7	103.5	105.5
三、产品畜	109.1	99.0	92.1	98.8	100.3	94.0	92.9	115.5	88.6
四、半机械化农具	100.0	100.0	100.0	101.0	98.6	100.0	101.8	98.4	100.0
五、机械化农具	100.0	100.7	103.4	100.4	111.0	102.7	93.0	99.7	100.1
六、化学肥料	95.7	100.1	96.8	97.8	88.9	95.2	94.0	89.2	100.0
七、农药及农药械	101.8	100.8	103.1	100.0	100.0	100.4	100.0	100.0	100.5
八、农用机油	97.0	98.0	98.0	98.0	100.5	98.7	95.9	98.4	96.9
九、其他农业生产资料	100.0	100.8	108.5	102.5	100.2	100.1	102.0	109.5	101.2
十、农业生产服务	102.3	101.7	103.1	103.1	100.4	104.0	105.6	105.6	100.0

二、生产资料价格统计资料

LIAONINGTONGJIDIAOCHANIANJIAN

全省工业生产者出厂价格定基指数（2002-2014年）

（2000年价格为100）　　单位：%

指　标	2002年	2003年	2004年	2005年	2006年	2007年	2008年	2009年	2010年	2011年	2012年	2013年	2014年
总指数	96.5	99.9	107.0	112.5	117.1	122.3	135.6	127.5	136.9	145.8	145.7	144.2	141.6
一、按轻重工业分													
1.轻工业	96.8	96.5	99.5	101.2	101.6	104.5	111.1	109.8	113.0	118.3	119.9	119.9	118.9
以农产品为原料	98.0	98.9	103.7	103.7	104.0	109.1	118.8	117.0	121.5	128.2	130.7	131.1	130.1
以非农产品为原料	91.8	90.7	92.7	95.2	95.7	96.5	100.0	99.1	101.1	102.8	101.9	100.8	99.7
2.重工业	97.5	103.2	112.8	121.0	127.2	133.4	149.6	138.0	150.7	161.6	160.5	158.5	155.3
采掘	93.5	103.2	114.7	136.5	147.8	148.4	170.3	146.2	175.8	193.7	185.0	180.0	173.8
原料	98.1	105.1	117.0	125.8	135.5	143.9	164.0	150.7	173.6	193.9	197.6	195.6	190.5
加工	98.2	100.4	106.5	110.3	111.2	115.4	125.7	117.9	122.0	127.6	126.6	125.1	123.0
二、按生产、生活资料类分													
1.生产资料	97.3	101.6	110.4	117.6	123.1	128.6	143.2	133.5	144.4	154.5	154.1	152.2	149.1
采掘	94.2	103.9	115.5	137.6	148.6	149.8	173.4	151.9	181.0	199.4	190.4	185.3	178.8
原料	98.0	104.7	116.2	124.6	134.4	142.7	162.2	148.6	172.1	192.6	196.0	193.9	188.7
加工	97.4	98.4	104.5	108.4	109.3	112.9	122.1	116.0	119.6	125.3	124.4	123.1	121.1
2.生活资料	98.6	98.2	98.6	98.3	97.9	101.9	109.3	108.1	111.4	116.0	117.4	117.1	116.2
食品	99.4	100.4	103.9	103.6	104.0	111.3	123.4	120.4	125.6	134.1	136.6	136.6	135.6
衣着	100.2	100.1	100.4	100.0	101.7	102.5	105.1	107.1	107.9	110.4	112.7	113.5	111.9
一般日用品	94.3	93.7	94.7	94.7	95.1	95.3	98.4	96.3	97.7	99.7	99.5	99.2	98.4

全省工业生产者出厂价格定基指数（2002-2014年）（续表）

（2000年价格为100） 单位：%

指　标	2002年	2003年	2004年	2005年	2006年	2007年	2008年	2009年	2010年	2011年	2012年	2013年	2014年
耐用消费品	100.1	96.0	90.4	90.0	84.4	82.4	82.4	83.3	85.3	85.8	85.9	85.1	84.6
三、按工业部门分													
1.冶金工业	97.9	108.2	133.6	140.7	140.7	152.4	178.9	152.0	166.3	180.1	170.4	165.9	158.8
2.电力工业	102.1	101.9	102.6	106.0	109.1	113.0	115.0	117.8	120.3	121.3	125.7	125.7	124.8
3.煤炭及炼焦工业	107.4	111.8	120.8	148.2	158.2	162.0	194.6	212.1	239.2	262.2	262.4	249.0	235.4
4.石油工业	96.0	110.2	121.9	143.1	168.2	175.4	205.4	178.7	223.6	266.9	281.4	279.7	270.5
5.化学工业	93.0	97.2	107.5	117.8	118.4	122.4	133.3	125.6	136.2	144.3	141.5	139.2	137.2
6.机械工业	97.9	95.3	95.6	97.1	98.0	98.6	101.1	100.9	100.2	102.7	102.8	102.2	101.5
7.建筑材料工业	95.9	95.1	97.0	99.5	101.3	102.7	107.8	108.1	111.1	116.0	120.1	120.0	119.3
8.森林工业	97.9	94.3	93.8	95.0	96.0	97.9	100.7	100.3	104.4	109.2	112.6	112.0	112.0
9.食品工业	99.4	100.9	107.3	106.8	106.5	114.6	129.0	125.5	130.4	139.0	141.9	142.6	141.6
10.纺织工业	91.3	95.7	101.5	103.2	104.5	105.6	106.7	104.2	115.9	123.9	122.0	121.8	120.8
11.缝纫工业	100.8	100.5	100.9	101.7	102.7	102.9	104.3	105.6	106.2	108.6	110.9	111.6	109.8
12.皮革工业	104.7	105.8	104.6	100.0	102.8	105.4	113.1	118.4	122.2	121.3	122.6	123.4	125.0
13.造纸工业	103.5	98.8	101.6	103.8	103.2	104.1	111.8	109.5	113.4	117.0	117.5	116.0	114.6
14.文教艺术用品工业	98.4	98.3	99.8	99.2	98.0	97.7	98.0	96.6	98.6	97.9	98.0	94.9	93.5
15.其它工业	112.7	115.3	117.8	120.4	122.8	123.6	130.1	128.2	132.0	137.7	137.3	132.9	134.1

全省工业生产者出厂价格大类定基指数（2002-2014年）

（2000年价格为100） 单位：%

指　标	2002年	2003年	2004年	2005年	2006年	2007年	2008年	2009年	2010年	2011年	2012年	2013年	2014年
1.煤炭开采和洗选业	107.2	112.0	121.6	157.9	169.2	173.3	208.8	237.5	263.7	291.1	292.0	273.6	257.4
2.石油和天然气开采业	87.0	100.4	111.2	133.1	147.5	145.4	164.7	139.1	187.5	219.9	221.2	215.2	212.7
3.黑色金属矿采选业	95.9	113.2	175.6	183.7	177.1	184.2	223.6	158.8	178.9	192.1	168.8	161.6	153.5
4.有色金属矿采选业	101.6	105.6	127.7	174.2	192.5	210.0	227.7	185.2	200.8	210.9	207.5	203.1	199.3
5.非金属矿采选业	100.3	99.6	102.3	111.3	113.8	118.9	132.8	128.3	143.6	157.3	164.4	166.8	166.6
6.其他采矿业	—	—	—	—	—	—	—	—	—	—	—	—	–
7.农副食品加工业	100.7	106.4	120.3	118.6	118.3	130.7	150.6	144.6	150.9	162.0	165.6	166.6	164.6
8.食品制造业	97.5	97.8	103.9	106.0	105.8	105.5	116.8	120.0	124.4	129.8	132.1	133.0	135.9
9.饮料制造业	96.1	92.7	90.8	90.1	89.4	90.8	94.5	93.4	94.4	98.3	100.4	99.3	98.4
10.烟草制品业	103.6	104.4	105.7	105.7	105.7	105.7	105.9	108.3	111.7	111.8	112.7	111.8	111.7
11.纺织业	92.2	95.7	100.6	102.4	103.5	104.5	105.7	103.7	113.2	120.6	120.2	120.5	120.1
12.纺织服装、鞋、帽制造业	97.3	96.6	96.2	96.4	97.7	97.8	99.0	100.5	100.9	103.0	105.0	105.6	103.4
13.皮革、毛皮、羽毛(绒)及其制品业	102.4	103.2	102.0	98.1	101.1	103.9	111.7	117.0	120.9	120.0	121.2	122.1	123.5
14.木材加工及木、竹、藤、棕、草制品业	97.0	92.3	91.5	92.7	94.0	96.9	99.8	97.3	98.9	105.4	107.2	107.0	106.9
15.家具制造业	97.1	96.3	96.9	97.9	97.3	96.7	100.2	102.0	109.1	110.9	116.3	115.6	115.7
16.造纸及纸制品业	103.2	98.5	101.3	103.5	102.9	103.8	111.4	109.2	113.0	116.6	117.1	115.7	114.3
17.印刷业和记录媒介的复制	98.0	97.5	99.6	98.5	98.3	98.5	99.1	97.4	98.7	99.0	99.1	97.5	96.6
18.文教体育用品制造业	100.2	100.8	95.1	94.3	90.3	89.3	88.3	87.1	88.5	91.3	92.0	87.6	85.3
19.石油加工、炼焦及核燃料加工业	99.8	117.1	131.4	154.4	183.9	194.0	229.3	200.1	246.6	295.0	312.7	312.1	300.8
20.化学原料及化学制品制造业	94.1	99.8	112.5	125.2	125.2	130.5	145.5	133.3	152.3	164.9	159.3	155.3	152.0

全省工业生产者出厂价格大类定基指数（2002-2014年）（续表）

（2000年价格为100） 单位：%

指 标	2002年	2003年	2004年	2005年	2006年	2007年	2008年	2009年	2010年	2011年	2012年	2013年	2014年
21.医药制造业	83.7	82.2	79.1	78.0	78.7	79.1	82.2	82.8	80.3	80.5	79.8	80.5	81.1
22.化学纤维制造业	80.0	84.6	92.3	96.9	98.6	101.6	107.4	100.7	124.6	134.7	116.7	106.7	101.8
23.橡胶制品业	96.2	94.9	95.7	101.0	103.6	107.1	112.7	113.9	117.7	125.6	125.6	121.7	120.0
24.塑料制品业	92.2	91.0	97.6	103.0	103.9	105.6	107.5	104.4	105.0	108.1	108.7	108.8	108.4
25.非金属矿物制品业	95.2	94.4	96.6	98.6	100.0	100.7	106.2	106.0	108.9	113.3	116.7	115.9	115.4
26.黑色金属冶炼及压延加工业	98.9	111.9	137.8	142.2	137.7	149.8	181.8	152.6	166.6	183.7	171.6	167.3	158.0
27.有色金属冶炼及压延加工业	92.8	96.7	120.3	130.5	164.7	181.7	171.7	148.0	173.6	187.1	183.2	174.9	169.5
28.金属制品业	98.5	97.6	111.8	116.2	117.4	119.8	129.4	126.2	126.0	130.6	131.1	130.4	129.4
29.通用设备制造业	99.1	98.6	102.0	103.4	103.8	104.9	109.0	108.0	108.8	111.6	112.5	111.9	111.5
30.专用设备制造业	97.8	94.5	92.7	92.9	93.5	95.0	96.4	95.6	95.7	99.4	100.7	100.7	99.6
31.交通运输设备制造业	99.7	98.1	95.6	95.7	95.9	95.6	98.5	100.6	95.5	97.1	96.2	95.2	94.6
32.电气机械及器材制造业	98.0	96.0	102.0	107.5	114.4	117.9	119.6	114.2	121.8	126.5	125.5	124.0	122.9
33.通信设备、计算机及其他电子设备制造业	96.2	91.9	90.6	91.6	89.8	88.3	88.1	87.4	86.0	86.0	85.3	85.9	85.3
34.仪器仪表及文化、办公用机械制造业	94.6	95.0	95.7	96.1	95.1	93.8	96.6	96.8	95.7	94.0	93.5	91.9	91.3
35.工艺品及其他制造业	92.2	97.8	98.6	100.5	104.0	106.7	116.5	112.5	119.3	124.7	125.6	124.7	122.9
36.废弃资源和废旧材料回收加工业	98.3	98.3	98.3	98.3	76.7	82.3	94.2	95.4	99.7	115.9	115.6	105.9	97.9
37.电力、热力的生产和供应业	102.4	102.2	102.9	106.3	109.4	113.3	115.4	118.1	120.7	121.0	126.0	126.0	125.2
38.燃气生产和供应业	103.0	102.0	104.2	108.1	112.3	113.4	118.8	132.4	136.4	144.3	146.9	147.3	146.9
39.水的生产和供应业	114.1	116.3	117.9	121.5	125.8	128.8	130.2	131.7	135.5	137.0	137.5	136.3	136.5

全省工业生产者购进价格定基指数（2002-2014年）

（2000年价格为100）

单位：%

项目名称	2002年	2003年	2004年	2005年	2006年	2007年	2008年	2009年	2010年	2011年	2012年	2013年	2014年
总指数	98.3	103.3	115.8	125.2	130.4	136.7	152.4	142.3	154.6	167.4	165.7	163.2	160.0
（一）燃料、动力类	99.1	103.2	109.4	123	135.6	140.8	157.3	152.8	171.8	188.3	190.3	184.6	181.1
（二）黑色金属材料类	99.2	109.3	134.9	145.9	142	149.7	180.6	154.4	164.8	179.2	171.8	166.7	160.2
其中：钢材	97.5	105.2	127.0	134.6	131.1	137.5	159.7	139.3	144.9	157.0	151.0	145.9	141.7
（三）有色金属材料及电线类	94.7	101.8	128.3	144.8	176.8	196.7	195.0	164.4	182.7	198.9	193.8	184.1	178.8
（四）化工原料类	97.3	101.1	112.7	124.4	127.4	132.1	141.4	128.1	138.4	148.5	143.3	140.2	138.6
（五）木材及纸浆类	100.8	101.1	103.0	104.1	104.6	108.8	116.3	115.2	116.6	122.0	124.2	124.8	125.7
（六）建筑材料及非金属类	99.4	99.0	101.4	107.0	108.2	112.1	131.3	129.3	136.1	148.9	153.8	153.5	152.7
（七）其它工业原材料及半成品类	98.3	99.6	108.2	111.7	113.1	119.1	128.8	125.6	131.1	135.0	134.6	135.3	132.4
（八）农副产品类	99.4	107.1	122.2	127.0	131.0	138.8	159.6	152.6	169.1	193.8	192.5	193.6	191.3
（九）纺织原料类	96.6	99.3	103.2	106.1	109.0	110.9	114.7	114.7	120.6	128.2	127.8	127.6	126.7

全省固定资产投资价格定基指数（2001–2014年）

（2000年价格为100）　　单位：%

分组名称	2001年	2002年	2003年	2004年	2005年	2006年	2007年	2008年	2009年	2010年	2011年	2012年	2013年	2014年
固定资产投资价格总指数	100.4	101.1	103.6	108.6	111.6	114.0	118.9	129.7	125.8	130.0	138.5	139.9	139.9	139.5
1.建筑安装、装饰工程	100.4	101.4	106.3	114.2	118.5	121.8	129.2	146.4	139.7	145.5	158.8	160.7	160.5	159.4
2.设备、工器具购置	99.6	98.9	96.6	96.5	98.2	99.0	99.2	100.1	98.7	99.0	100.6	99.9	99.1	98.7
3.其他费用	101.4	103.1	104.4	106.4	107.4	109.0	113.6	119.5	120.7	126.5	131.7	135.9	138.9	141.2
建筑安装、装饰工程中：														
1.人工费	103.9	110.4	115.9	121.2	129.4	142.5	161.2	186.8	195.0	212.6	246.1	271.3	291.1	305.8
2.材料费	99.7	100.6	105.9	115.7	119.6	121.0	128.4	145.6	134.6	139.0	150.1	148.3	145.5	142.1
3.机械使用费	100.7	102.1	102.2	103.3	105.3	108.5	112.0	120.8	123.4	126.5	132.8	135.6	137.9	139.5
材料价格中：														
1.钢材	99.0	97.7	110.2	129.3	132.9	130.1	138.8	169.4	143.3	148.9	168.2	158.6	148.3	141.2
2.木材	101.3	103.8	103.7	105.9	108.8	111.9	120.4	132.6	132.3	137.7	147.5	152.0	155.0	158.0
3.水泥	100.6	101.4	102.4	105.2	107.2	109.2	114.6	121.8	121.4	123.5	132.1	136.4	137.5	135.7
4.地方建筑材料	99.0	101.7	101.8	102.6	106.2	112.0	119.9	129.6	132.4	136.5	145.0	149.5	153.1	152.2
5.化工材料	99.7	100.0	103.5	106.9	113.1	122.7	125.6	134.3	127.5	131.8	140.4	143.2	145.6	145.3
6.电料	100.0	101.1	102.5	106.4	112.1	117.4	125.3	135.3	131.7	135.8	144.7	146.6	148.6	149.1
7.其他材料	101.9	103.6	103.1	103.8	104.6	108.2	110.4	115.6	114.9	118.6	123.9	126.5	127.5	128.4

各市工业生产者出厂价格总指数（2000-2014年）

（上年价格为100）

单位：%

地区	2000年	2002年	2003年	2004年	2005年	2006年	2007年	2008年	2009年	2010年	2011年	2012年	2013年	2014年
沈阳	101.1	98.0	99.5	102.8	102.0	102.92	103.52	104.05	98.67	104.8	104.7	100.1	99.3	98.8
大连	104.9	97.9	102.7	104.6	104.2	102.67	103.27	108.08	99.93	103.6	107.7	100.0	98.0	97.6
鞍山	105.8	97.5	112.0	117.1	105.5	96.52	106.26	118.91	82.94	110.8	103.0	97.2	99.3	95.9
抚顺	106.2	97.4	104.6	110.9	113.9	111.25	105.42	115.99	93.54	112.5	111.7	98.4	97.9	96.5
丹东	–	100.7	100.4	102.8	102.4	101.70	102.45	104.57	99.83	103.0	104.8	100.8	98.2	99.3
锦州	–	103.2	109.8	114.1	112.4	109.52	105.85	117.21	96.24	110.6	108.5	99.7	97.7	98.2
葫芦岛	–		109.3	120.6	115.4	114.26	103.98	103.47	95.71	112.4	111.7	101.8	99.4	97.9
本溪	–	98.8	118.9	123.1	106.3	92.53	111.57	117.19	85.16	115.9	107.1	89.5	96.8	89.6
营口	–		102.4	103.5	103.2	100.58	101.35	101.80	96.06	107.6	107.5	100.5	99.3	98.5
辽阳	–	95.1	106.5	127.7	109.7	107.09	105.52	108.19	95.14	108.3	104.0	103.2	97.7	96.1
阜新	–		101.2	105.5	104.2	102.44	103.06	109.19	99.38	104.7	107.3	100.0	98.6	98.9
铁岭	–	100.9	100.2	106.7	105.0	101.74	104.24	111.37	97.91	103.2	105.9	101.5	98.0	99.5
朝阳	–		104.3	117.3	105.7	99.68	108.86	117.90	91.75	107.7	107.0	93.7	98.2	93.6
盘锦	–	94.2	116.9	111.0	118.6	112.86	98.24	116.46	85.75	127.8	116.2	102.5	98.6	98.1

各市工业生产者购进价格总指数（2000-2014年）

（上年价格为100）

单位：%

地区	2000年	2003年	2004年	2005年	2006年	2007年	2008年	2009年	2010年	2011年	2012年	2013年	2014年
沈阳	103.4	105.5	116.0	109.6	107.1	105.0	111.0	93.5	111.5	109.6	99.3	97.2	96.9
大连	109.7	108.4	116.7	116.0	108.3	105.4	117.7	90.5	113.0	110.4	98.3	97.7	97.6
鞍山	109.0	107.0	115.6	109.2	104.3	104.8	116.8	92.1	109.0	109.8	97.5	98.3	96.9
抚顺	103.6	104.9	113.9	117.5	111.8	104.8	117.9	78.8	127.7	118.6	94.4	96.9	95.6
丹东	–	–	–	–	–	–	118.4	102.2	107.0	104.4	99.5	97.3	98.1
锦州	–	120.2	125.0	121.6	117.8	103.4	115.3	76.4	123.3	113.0	102.6	101.4	96.7
葫芦岛	–	111.8	123.5	120.0	105.6	105.4	117.0	91.9	109.9	117.4	96.3	96.5	97.5
本溪	98.4	111.4	124.9	110.9	96.1	106.3	129.8	86.3	112.9	112.5	94.9	92.2	95.3
营口	–	108.7	111.5	108.5	103.3	104.5	107.0	94.6	109.4	109.9	100.1	97.5	97.5
辽阳	–	–	114.2	112.6	111.6	110.0	115.9	84.7	112.6	105.5	96.0	96.6	98.5
阜新	–	–	–	–	–	–	–	–	105.7	107.8	100.7	98.9	98.1
铁岭	–	–	–	–	101.7	104.3	114.8	100.2	102.9	107.8	101.7	98.7	99.1
朝阳	–	104.5	113.2	108.1	101.2	104.6	113.2	98.2	107.7	107.4	96.1	96.4	97.0
盘锦	–	104.8	106.7	109.6	105.4	104.2	113.5	93.1	115.6	107.6	104.1	96.3	98.7

全省工业生产者出厂价格指数（2002-2014年）

（上年价格为100）

单位：%

指　标	2002年	2003年	2004年	2005年	2006年	2007年	2008年	2009年	2010年	2011年	2012年	2013年	2014年
总指数	97.8	103.6	107.1	105.1	104.1	104.4	110.9	94.0	107.4	106.5	99.9	99.0	98.2
一、按轻重工业分													
1.轻工业	98.2	99.6	103.1	101.7	100.4	102.9	106.3	98.8	102.9	104.7	101.4	100.0	99.2
以农产品为原料	98.8	100.9	104.9	100.0	100.3	104.9	108.9	98.5	103.8	105.5	102.0	100.3	99.2
以非农产品为原料	95.9	98.8	102.1	102.7	100.6	100.8	103.6	99.2	102.0	101.7	99.1	98.9	99.0
2.重工业	97.8	105.8	109.3	107.3	105.1	104.9	112.1	92.2	109.2	106.9	99.6	98.8	97.9
采掘	96.9	110.3	111.2	119.0	108.3	100.4	114.7	85.8	120.3	110.2	95.5	97.3	96.5
原料	98.0	107.1	111.4	107.5	107.7	106.2	114.0	91.9	115.2	111.7	101.9	99.0	97.4
加工	98.3	102.3	106.0	103.6	100.8	103.8	108.9	93.8	103.5	104.6	99.2	98.8	98.3
二、按生产、生活资料类分													
1.生产资料	97.7	104.5	108.6	106.5	104.7	104.5	111.3	93.2	108.2	107.0	99.7	98.8	98.0
采掘	97.1	110.3	111.2	119.1	108.0	100.8	115.8	87.6	119.1	110.2	95.5	97.3	96.5
原料	97.9	106.9	111.0	107.2	107.8	106.2	113.7	91.6	115.8	111.9	101.8	98.9	97.3
加工	97.8	101.0	106.1	103.7	100.9	103.3	108.1	95.0	103.2	104.7	99.3	99.0	98.4
2.生活资料	99.3	99.6	100.4	99.7	99.6	104.0	107.3	98.9	103.0	104.1	101.2	99.8	99.2
食品	100.0	101.0	103.5	99.8	100.3	107.1	110.9	97.6	104.3	106.8	101.9	100.0	99.3
衣着	99.8	99.9	100.2	99.6	101.7	100.8	102.6	101.8	100.8	102.3	102.1	100.7	98.6
一般日用品	98.3	99.3	101.0	100.0	100.5	100.2	103.2	97.9	101.5	102.1	99.8	99.6	99.2

全省工业生产者出厂价格指数（2002—2014年）（续表）

（上年价格为100）

单位：%

指 标	2002年	2003年	2004年	2005年	2006年	2007年	2008年	2009年	2010年	2011年	2012年	2013年	2014年
耐用消费品	98.6	95.9	94.2	99.6	93.8	97.5	100.1	101.0	102.4	100.6	100.1	99.1	99.4
三、按工业部门分													
1.冶金工业	98.8	110.5	123.5	105.3	100.0	108.3	117.4	84.9	109.4	108.3	94.6	97.4	95.7
2.电力工业	100.3	99.8	100.7	103.3	102.9	103.6	101.8	102.4	102.2	100.8	103.6	100.0	99.4
3.煤炭及炼焦工业	104.8	104.1	108.0	122.8	106.7	102.4	120.1	109.0	112.8	109.6	100.1	94.9	94.5
4.石油工业	95.3	114.9	110.5	117.4	117.6	104.3	117.1	87.0	125.1	119.4	105.4	99.4	96.7
5.化学工业	95.9	104.5	110.6	109.6	100.5	103.4	108.9	94.3	108.4	106.0	98.0	98.4	98.6
6.机械工业	98.0	97.3	100.4	101.5	100.9	100.6	102.6	99.9	99.3	102.5	100.1	99.4	99.3
7.建筑材料工业	96.9	99.2	101.9	102.6	101.8	101.4	105.0	100.3	102.8	104.4	103.5	100.0	99.4
8.森林工业	98.3	96.2	99.6	101.3	101.0	102.0	102.9	99.6	104.1	104.6	103.1	99.5	100.0
9.食品工业	100.0	101.5	106.3	99.5	99.7	107.6	112.6	97.3	103.9	106.6	102.1	100.5	99.3
10.纺织工业	93.3	104.9	106.0	101.7	101.3	101.0	101.1	97.7	111.2	106.9	98.4	99.9	99.1
11.缝纫工业	100.0	99.7	100.4	100.8	101.0	100.2	101.4	101.2	100.5	102.3	102.1	100.7	98.4
12.皮革工业	102.4	101.1	98.9	95.6	102.8	102.5	107.3	104.7	103.3	99.2	101.1	100.7	101.2
13.造纸工业	99.4	95.4	102.9	102.2	99.4	100.9	107.3	98.0	103.5	103.2	100.4	98.8	98.8
14.文教艺术用品工业	99.9	99.9	101.5	99.5	98.8	99.7	100.3	98.5	102.1	99.3	100.1	96.8	98.6
15.其它工业	105.4	102.4	102.2	102.2	102.0	100.7	105.2	98.6	103.0	104.3	99.7	96.8	100.9

全省工业生产者出厂价格大类指数（2002-2014年）

（上年价格为100）　　单位：%

指　标	2002年	2003年	2004年	2005年	2006年	2007年	2008年	2009年	2010年	2011年	2012年	2013年	2014年
1.煤炭开采和洗选业	105.2	104.5	108.5	129.8	107.2	102.4	120.5	113.7	111.0	110.4	100.3	93.7	94.1
2.石油和天然气开采业	92.9	115.4	110.8	119.7	110.8	98.6	113.3	84.4	134.8	117.3	100.6	97.3	98.8
3.黑色金属矿采选业	98.0	118.1	155.1	104.6	96.4	104.0	121.4	71.0	112.6	107.4	87.9	95.7	95.0
4.有色金属矿采选业	102.9	103.9	121.0	136.4	110.5	109.1	108.4	81.4	108.4	105.0	98.4	97.9	98.1
5.非金属矿采选业	100.0	99.3	102.7	108.8	102.2	104.5	111.7	96.6	112.0	109.5	104.5	101.5	99.8
6.其他采矿业	—	—	—	—	100.0	100.0	107.6	117.0	—	—	—	—	-
7.农副食品加工业	100.9	105.7	113.1	98.5	99.8	110.5	115.2	96.0	104.3	107.4	102.2	100.6	98.8
8.食品制造业	98.5	100.4	106.2	102.1	99.8	99.7	110.7	102.8	103.6	104.4	101.7	100.7	102.2
9.饮料制造业	97.9	96.5	98.0	99.2	99.2	101.6	104.0	98.9	101.1	104.1	102.1	98.9	99.1
10.烟草制品业	101.9	100.8	101.2	100.1	100.0	100.0	100.1	102.3	103.2	100.1	100.8	99.2	99.9
11.纺织业	94.1	103.8	105.1	101.8	101.0	101.0	101.1	98.1	109.2	106.5	99.7	100.2	99.7
12.纺织服装、鞋、帽制造业	98.4	99.2	99.6	100.2	101.4	100.1	101.2	101.6	100.4	102.1	101.9	100.6	98.0
13.皮革、毛皮、羽毛(绒)及其制品业	100.3	100.8	98.8	96.1	103.1	102.8	107.5	104.7	103.3	99.3	101.0	100.7	101.2
14.木材加工及木、竹、藤、棕、草制品业	97.8	95.2	99.2	101.3	101.4	103.1	102.9	97.5	101.6	106.6	101.7	99.8	99.9
15.家具制造业	98.2	99.2	100.7	100.9	99.4	99.4	103.6	101.8	107.0	101.6	104.9	99.4	100.1
16.造纸及纸制品业	99.1	95.4	102.9	102.2	99.4	100.9	107.3	98.0	103.5	103.2	100.4	98.8	98.8
17.印刷业和记录媒介的复制	100.7	99.5	102.1	99.0	99.8	100.2	100.6	98.3	101.3	100.3	100.1	98.3	99.1
18.文教体育用品制造业	97.7	100.7	94.3	99.2	95.8	98.8	98.9	98.6	101.6	103.2	100.8	95.2	97.4
19石油加工、炼焦及核燃料加工业	96.4	117.3	112.2	117.5	119.1	105.5	118.2	87.2	123.3	119.6	106.0	99.8	96.4
20.化学原料及化学制品制造业	96.4	106.0	112.7	111.2	100.0	104.3	111.5	91.6	114.2	108.3	96.6	97.5	97.9

全省工业生产者出厂价格大类指数（2002—2014年）（续表）

（上年价格为100） 单位：%

指　标	2002年	2003年	2004年	2005年	2006年	2007年	2008年	2009年	2010年	2011年	2012年	2013年	2014年
21.医药制造业	94.7	98.3	96.2	98.7	100.9	100.4	104.0	100.7	97.0	100.3	99.1	100.8	100.7
22.化学纤维制造业	90.9	105.7	109.2	105.0	101.7	103.1	105.7	93.7	123.8	108.1	86.6	91.5	95.4
23.橡胶制品业	98.8	98.6	100.8	105.5	102.6	103.4	105.2	101.1	103.4	106.7	100.0	96.9	98.6
24.塑料制品业	95.1	98.7	107.2	105.6	100.8	101.7	101.8	97.1	100.6	102.9	100.6	100.1	99.6
25.非金属矿物制品业	96.6	99.1	102.4	102.0	101.4	100.7	105.5	99.8	102.7	104.1	103.0	99.3	99.6
26.黑色金属冶炼及压延加工业	99.3	113.1	123.2	103.2	96.8	108.8	121.4	83.9	109.2	110.3	93.4	97.5	94.4
27.有色金属冶炼及压延加工业	96.3	104.2	124.4	108.6	126.2	110.3	94.5	86.2	117.3	107.8	97.9	95.5	96.9
28.金属制品业	98.1	99.1	114.6	103.9	101.0	102.1	108.0	97.5	99.9	103.6	100.4	99.5	99.2
29.通用设备制造业	99.5	99.6	103.4	101.3	100.4	101.1	103.9	99.1	100.7	102.6	100.8	99.5	99.6
30.专用设备制造业	98.3	96.6	98.1	100.2	100.6	101.6	101.5	99.2	100.1	103.8	101.3	100.0	98.9
31.交通运输设备制造业	98.8	98.4	97.5	100.1	100.2	99.7	103.0	102.2	94.9	101.7	99.1	98.9	99.4
32.电气机械及器材制造业	100.0	98.0	106.2	105.5	106.4	103.0	101.5	95.5	106.6	103.9	99.2	98.8	99.1
33.通信设备、计算机及其他电子设备制造业	97.4	95.5	98.7	101.0	98.0	98.4	99.7	99.3	98.4	100.0	99.2	100.7	99.3
34.仪器仪表及文化、办公用机械制造业	95.0	100.4	100.8	100.4	99.0	98.6	103.0	100.2	98.9	98.2	99.5	98.3	99.3
35.工艺品及其他制造业	98.2	106.0	100.9	101.9	103.5	102.6	109.2	96.6	106.1	104.5	100.7	99.3	98.5
36.废弃资源和废旧材料回收加工业	98.3	100.0	100.0	100.0	78.1	107.2	114.5	101.2	104.6	116.2	99.7	91.6	92.5
37.电力、热力的生产和供应业	100.2	99.8	100.7	103.3	102.9	103.6	101.8	102.4	102.2	100.8	103.6	100.0	99.4
38.燃气生产和供应业	103.0	99.0	102.2	103.8	103.8	101.0	104.8	111.5	103.0	105.8	101.8	100.3	99.7
39.水的生产和供应业	106.6	102.0	101.4	103.1	103.5	102.4	101.1	101.1	102.9	101.1	100.4	99.1	100.1

全省工业生产者出厂价格中类指数（2004-2014年）

（上年价格为100）　　单位：%

分组名称	2004年	2005年	2006年	2007年	2008年	2009年	2010年	2011年	2012年	2013年	2014年
煤炭开采和洗选业	108.5	129.8	107.2	102.4	120.5	113.8	111.0	110.4	100.3	93.7	94.1
烟煤和无烟煤的开采洗选	109.7	127.9	107.6	102.8	121.8	113.9	111.0	110.4	100.3	93.7	94.2
褐煤的开采洗选	105.8	133.2	106.3	96.5	123.0	102.8	126.7	112.0	98.5	91.3	81.2
其他煤炭采选	113.3	114.4	102.9	103.2	102.2	100.0	105.2	—	—	—	—
石油和天然气开采业	110.8	119.7	110.8	98.6	113.3	81.4	134.8	117.3	100.6	97.3	98.8
天然原油和天然气开采	110.8	120.2	115.9	97.8	119.1	69.6	153.6	123.8	98.7	95.4	98.0
与石油和天然气开采有关的服务活动	0.0	100.0	99.2	99.8	99.6	102.2	101.9	107.9	103.4	100.0	100.0
黑色金属矿采选业	155.1	104.6	96.4	104.0	121.4	71.2	112.6	107.4	87.9	95.7	95.0
铁矿采选	155.2	104.6	96.4	103.6	119.7	70.7	112.8	107.4	87.5	95.6	94.9
其他黑色金属矿采选	138.8	100.2	96.2	108.8	147.5	89.7	107.0	107.6	102.7	101.6	97.1
有色金属矿采选业	121.0	136.4	110.5	109.1	108.4	90.9	108.4	105.0	98.4	97.9	98.1
常用有色金属矿采选	118.6	120.4	109.2	109.4	108.5	90.2	110.0	108.8	101.8	98.7	99.4
贵金属矿采选	103.6	110.7	115.2	114.2	114.4	103.8	104.9	112.5	101.5	91.2	91.8
稀有稀土金属矿采选	239.5	239.8	120.1	101.4	100.9	89.7	104.5	92.9	87.4	97.5	96.8
非金属矿采选业	102.7	108.8	102.2	104.5	111.7	94.3	112.0	109.5	104.5	101.5	99.8
土砂石开采	101.9	103.5	104.6	102.0	106.6	100.5	102.4	108.4	104.2	102.5	100.4
化学矿采选	111.5	97.2	0.0	120.1	160.7	62.8	132.5	120.4	105.2	100.3	94.7
采盐	116.4	172.2	83.7	84.4	120.1	87.4	121.9	114.7	103.5	100.4	93.8
石棉及其他非金属矿采选	100.6	106.1	103.6	110.8	101.1	114.7	105.2	108.4	105.3	99.7	100.7
其他采矿业	0.0	0.0	100.0	100.0	107.6	117.0	0.0	—	—	—	—
其他采矿业	0.0	0.0	100.0	100.0	107.6	117.0	0.0	—	—	—	—
农副食品加工业	113.1	98.5	99.8	110.5	115.2	96.5	104.3	107.4	102.2	100.6	98.8
谷物磨制	124.2	104.3	100.5	105.0	108.6	107.5	108.9	111.0	103.2	105.7	99.3

全省工业生产者出厂价格中类指数（2004—2014年）（续表一）

（上年价格为100）　　单位：%

分组名称	2004年	2005年	2006年	2007年	2008年	2009年	2010年	2011年	2012年	2013年	2014年
饲料加工	115.9	100.5	97.7	106.6	118.6	96.8	101.2	104.3	103.4	103.1	100.0
植物油加工	111.1	86.9	99.4	124.5	125.6	80.6	107.6	105.3	102.3	96.5	91.4
制糖	104.2	100.3	108.7	99.9	101.8	103.0	128.4	114.1	91.0	89.4	90.6
屠宰及肉类加工	112.9	101.0	98.9	113.0	118.9	98.5	102.7	110.0	103.2	100.5	100.7
水产品加工	99.9	100.4	100.4	99.4	100.2	101.1	102.4	108.4	100.5	95.8	98.5
蔬菜、水果和坚果加工	99.5	101.1	101.0	103.0	104.0	102.6	104.6	106.0	100.4	103.1	101.2
其他农副食品加工	117.8	95.7	102.7	103.1	104.6	100.4	104.3	101.6	98.4	100.1	99.0
食品制造业	106.2	102.1	99.8	99.7	110.7	102.3	103.6	104.4	101.7	100.7	102.2
焙烤食品制造	104.5	102.9	100.5	100.6	110.0	102.4	103.6	106.4	102.3	100.6	101.3
糖果、巧克力及蜜饯制造	100.3	100.0	103.1	101.5	100.1	98.4	117.6	106.0	104.6	99.5	99.1
方便食品制造	114.1	101.8	100.3	101.3	107.4	101.9	100.3	99.3	102.2	100.7	101.5
液体乳及乳制品制造	101.8	100.3	99.8	97.3	113.6	103.4	104.5	107.9	104.2	101.6	107.2
罐头制造	100.6	99.2	101.7	105.7	106.7	101.3	108.5	104.5	102.8	99.2	101.7
调味品、发酵制品制造	104.4	100.5	99.4	102.4	109.8	102.1	101.1	102.8	101.0	100.2	100.1
其他食品制造	101.9	105.2	100.4	98.6	99.5	102.1	102.7	104.1	97.3	101.2	100.1
饮料制造业	98.0	99.2	99.2	101.6	104.0	98.8	101.1	104.1	102.1	98.9	99.1
酒精制造	0.0	0.0	99.7	104.0	0.0	0.0	0.0	97.9	99.7	100.6	99.2
酒的制造	99.4	99.7	99.0	102.8	105.9	96.9	101.9	106.2	102.7	99.0	99.8
软饮料制造	95.7	98.5	99.4	100.6	102.5	101.4	100.0	101.5	101.3	98.8	98.2
精制茶加工	0.0	0.0	0.0	0.0	0.0	0.0	0.0	103.5	100.5	100.2	100.0
烟草制品业	101.2	100.1	100.0	100.0	100.1	102.3	103.2	100.1	100.8	99.2	99.9
烟叶复烤	100.0	100.0	100.0	100.2	100.9	100.0	100.0	100.0	100.0	100.0	100.0
卷烟制造	101.2	100.2	100.0	100.0	100.0	102.3	103.2	100.1	100.8	99.2	99.9

全省工业生产者出厂价格中类指数（2004–2014年）（续表二）

（上年价格为100）　　单位：%

分组名称	2004年	2005年	2006年	2007年	2008年	2009年	2010年	2011年	2012年	2013年	2014年
其他烟草制品加工	—	—	—	—	—	—	—	—	—	—	—
纺织业	105.1	101.8	101.0	101.0	101.1	98.7	109.2	106.5	99.7	100.2	99.7
棉、化纤纺织及印染精加工	107.2	100.7	101.2	101.1	101.2	98.2	117.2	110.0	95.8	99.4	99.4
毛纺织和染整精加工	101.6	103.8	103.1	100.6	101.5	100.7	103.4	104.6	98.0	99.9	102.8
麻纺织	99.4	99.9	100.2	100.9	102.9	98.1	97.3	102.2	103.2	99.4	102.2
丝绢纺织及精加工	101.8	110.1	101.0	103.3	101.0	99.0	104.7	104.7	101.5	98.3	99.6
纺织制成品制造	103.0	102.0	101.4	99.4	100.2	97.2	101.1	104.0	101.4	101.5	98.1
针织品、编织品及其制品制造	102.7	102.2	99.9	100.7	101.4	100.9	101.5	104.9	103.8	101.3	101.9
纺织服装、鞋、帽制造业	99.6	100.2	101.4	100.1	101.2	102.0	100.4	102.1	101.9	100.6	98.0
纺织服装制造	99.5	100.3	101.4	100.1	101.0	102.4	100.1	103.1	101.0	99.8	98.5
纺织面料鞋的制造	100.0	100.0	99.8	100.2	112.9	100.1	101.9	93.5	108.7	106.5	93.8
制帽	105.7	94.8	100.7	99.5	100.1	98.7	100.7	108.3	94.1	93.4	100.2
皮革、毛皮、羽毛(绒)及其制品业	98.8	96.1	103.1	102.8	107.5	102.2	103.3	99.3	101.0	100.7	101.2
皮革鞣制加工	103.2	104.4	100.1	102.5	102.5	98.0	101.9	92.5	96.3	100.5	101.3
皮革制品制造	98.5	94.9	103.4	102.8	108.0	103.7	103.4	101.3	102.6	100.8	101.2
毛皮鞣制及制品加工	97.5	95.8	101.1	96.2	100.3	82.3	100.3	—	—	—	—
羽毛(绒)加工及制品制造	98.1	100.1	98.4	100.4	103.7	99.4	100.0	101.2	100.0	100.0	100.6
木材加工及木、竹、藤、棕、草制品业	99.2	101.3	101.4	103.1	102.9	98.1	101.6	106.6	101.7	99.8	99.9
锯材、木片加工	103.4	106.1	102.3	105.5	104.3	94.0	107.5	103.5	100.3	99.6	97.3
人造板制造	102.1	101.4	101.3	103.5	100.0	99.5	100.2	107.5	103.1	101.9	100.8
木制品制造	96.7	100.7	101.3	101.9	104.3	98.0	101.2	107.0	101.0	97.8	100.0
竹、藤、棕、草制品制造	101.2	95.0	99.9	99.5	87.6	94.8	100.0	103.3	100.0	100.0	100.0
家具制造业	100.7	100.9	99.4	99.4	103.6	101.9	107.0	101.6	104.9	99.4	100.1

全省工业生产者出厂价格中类指数（2004-2014年）（续表三）

（上年价格为100） 单位：%

分组名称	2004年	2005年	2006年	2007年	2008年	2009年	2010年	2011年	2012年	2013年	2014年
木质家具制造	100.9	101.2	100.0	99.5	103.0	102.0	107.4	101.4	105.4	99.2	100.0
竹、藤家具制造	—	—	—	—	—	—	—	—	—	—	—
金属家具制造	98.3	100.9	98.0	102.3	100.7	98.6	99.5	101.0	100.0	100.0	99.5
塑料家具制造	—	—	—	—	—	—	—	—	—	—	—
其他家具制造	100.2	99.6	95.2	97.3	109.2	101.0	104.2	103.2	102.1	101.3	100.9
造纸及纸制品业	102.9	102.2	99.4	100.9	107.3	98.1	103.5	103.2	100.4	98.8	98.8
纸浆制造	—	105.4	0.0	97.8	97.8	—	—	—	—	—	—
造纸	104.0	102.5	99.8	101.1	110.4	97.2	101.4	103.6	101.7	97.1	96.9
纸制品制造	100.1	101.2	98.6	100.6	102.5	98.5	104.6	103.0	99.8	99.5	99.6
印刷业和记录媒介的复制	102.1	99.0	99.8	100.2	100.6	98.8	101.3	100.3	100.1	98.3	99.1
印刷	102.1	99.4	99.6	100.1	100.7	99.0	102.5	100.3	100.3	98.3	99.4
装订及其他印刷服务活动	102.8	98.2	105.4	99.7	100.1	—	—	—	—	—	—
记录媒介的复制	—	87.5	96.8	103.8	98.4	97.9	96.8	99.1	96.3	98.5	89.9
文教体育用品制造业	94.3	99.2	95.8	98.8	98.9	98.6	101.6	103.2	100.8	95.2	97.4
文化用品制造	98.4	99.4	103.3	94.3	109.2	100.4	103.6	105.6	103.0	100.0	96.4
体育用品制造	94.9	98.2	98.2	101.1	103.8	106.3	104.8	102.6	99.1	97.0	101.3
乐器制造	91.9	99.9	94.9	98.4	98.0	96.5	100.7	104.0	102.2	103.1	101.2
玩具制造	96.1	97.0	109.5	102.6	106.3	114.8	100.0	99.8	99.8	99.1	98.7
游艺器材及娱乐用品制造	100.0	100.0	92.7	99.5	98.6	87.1	97.1	101.7	100.0	83.8	90.3
石油加工、炼焦及核燃料加工业	112.2	117.5	119.1	105.5	118.2	87.4	123.3	119.6	106.0	99.8	96.4
精炼石油产品的制造	111.8	118.0	119.3	105.6	118.1	87.6	123.3	119.8	106.2	99.7	96.4
炼焦	126.9	103.3	102.9	103.8	125.0	82.1	124.3	107.2	97.5	102.6	95.6
核燃料加工	—	—	—	—	—	—	—	—	—	—	—

全省工业生产者出厂价格中类指数（2004–2014年）（续表四）

（上年价格为100）　　单位：%

分组名称	2004年	2005年	2006年	2007年	2008年	2009年	2010年	2011年	2012年	2013年	2014年
化学原料及化学制品制造业	112.7	111.2	100.0	104.3	111.5	92.2	114.2	108.3	96.6	97.5	97.9
基础化学原料制造	116.5	111.8	98.1	106.1	120.6	88.6	118.9	108.9	97.1	99.4	98.4
肥料制造	107.5	118.1	98.7	101.7	113.9	96.7	98.3	109.8	102.2	95.9	95.8
农药制造	99.7	105.2	100.0	100.1	102.1	99.4	107.6	101.3	93.7	95.9	98.5
涂料、油墨、颜料及类似产品制造	100.1	110.6	99.7	101.7	112.5	98.7	107.1	105.7	101.8	97.0	98.9
合成材料制造	119.9	106.6	99.9	106.1	97.7	80.3	146.9	113.5	87.4	94.6	98.2
专用化学产品制造	101.0	105.2	106.4	103.5	106.2	98.4	97.7	103.6	99.2	99.2	97.8
日用化学产品制造	98.1	97.3	99.3	92.4	99.5	99.1	98.5	106.0	101.0	98.4	99.0
医药制造业	96.2	98.7	100.9	100.4	104.0	101.3	97.0	100.3	99.1	100.8	100.7
化学药品原药制造	96.2	97.8	99.7	98.8	118.7	103.8	95.0	97.5	94.3	100.4	99.7
化学药品制剂制造	95.7	98.3	100.0	101.4	101.7	100.2	99.0	100.7	96.1	99.5	100.7
中药饮片加工	100.3	104.1	100.0	97.7	99.2	97.4	109.1	102.6	100.2	100.2	99.4
中成药制造	99.6	100.2	103.6	99.3	99.9	98.7	99.0	101.3	102.0	101.6	104.3
兽用药品制造	84.1	98.3	105.9	99.6	101.2	104.2	98.7	98.9	105.0	105.5	103.0
生物、生化制品的制造	94.9	99.3	100.0	98.8	99.4	101.3	89.9	102.3	104.1	100.5	99.3
卫生材料及医药用品制造	102.0	99.1	100.4	103.0	100.4	103.9	101.4	101.2	103.5	100.0	100.0
化学纤维制造业	109.2	105.0	101.7	103.1	105.7	88.3	123.8	108.1	86.6	91.5	95.4
纤维素纤维原料及纤维制造	104.5	94.5	105.9	109.6	101.6	96.2	94.1	100.4	95.9	87.4	93.6
合成纤维制造	109.9	106.8	101.3	102.0	106.1	88.1	123.9	111.2	83.4	93.3	96.0
橡胶制品业	100.8	105.5	102.6	103.4	105.2	99.8	103.4	106.7	100.0	96.9	98.6
轮胎制造	101.3	108.1	102.0	103.0	106.0	98.1	103.9	115.3	99.4	94.4	97.2
橡胶板、管、带的制造	100.7	102.2	101.5	104.7	103.2	101.2	99.2	100.6	100.7	95.5	99.9
橡胶零件制造	99.4	99.2	100.0	99.4	98.9	103.2	104.8	101.6	99.6	99.5	99.0

全省工业生产者出厂价格中类指数（2004—2014年）（续表五）

（上年价格为100）

单位：%

分组名称	2004年	2005年	2006年	2007年	2008年	2009年	2010年	2011年	2012年	2013年	2014年
再生橡胶制造	105.0	101.5	117.6	108.3	102.5	97.5	102.5	96.6	100.0	100.7	100.0
日用及医用橡胶制品制造	105.6	99.4	108.4	104.1	104.0	100.1	100.4	106.9	111.7	100.4	99.8
橡胶靴鞋制造	98.4	102.4	117.3	105.5	113.3	102.0	116.5	103.8	103.7	100.7	102.0
其他橡胶制品制造	0.0	97.8	93.6	102.7	105.2	100.0	100.2	98.4	99.0	100.2	99.5
塑料制品业	107.2	105.6	100.8	101.7	101.8	97.1	100.6	102.9	100.6	100.1	99.6
塑料薄膜制造	109.0	108.3	100.9	103.9	103.2	94.1	102.0	100.7	100.7	97.9	98.3
塑料板、管、型材的制造	107.2	102.3	100.3	100.6	102.1	100.1	101.9	102.2	100.1	99.6	100.0
塑料丝、绳及编织品的制造	107.7	109.5	103.4	102.2	100.6	96.2	99.2	103.6	100.9	101.3	100.7
泡沫塑料制造	110.4	104.0	97.0	102.9	115.7	97.1	101.9	105.6	100.9	103.0	96.8
塑料人造革、合成革制造	97.6	102.0	100.8	100.1	97.6	94.1	103.1	105.7	100.1	100.1	99.6
塑料包装箱及容器制造	103.9	100.0	102.2	106.5	102.7	94.3	101.4	101.5	101.0	99.7	99.8
塑料零件制造	95.0	98.8	102.4	97.6	97.4	102.2	99.7	100.8	101.0	98.9	98.0
日用塑料制造	102.1	100.2	101.9	101.0	103.4	93.7	95.9	106.3	100.5	102.4	97.3
其他塑料制品制造	103.9	104.1	97.8	101.6	101.5	109.1	99.3	104.5	102.1	98.8	97.2
非金属矿物制品业	102.4	102.0	101.4	100.7	105.5	98.3	102.7	104.1	103.0	99.3	99.6
水泥、石灰和石膏的制造	102.3	102.0	101.6	101.0	104.0	102.7	97.5	109.2	108.1	98.2	93.5
水泥及石膏制品制造	99.3	101.4	100.2	102.4	108.3	102.6	102.2	107.1	102.6	98.5	98.7
砖瓦、石材及其他建筑材料制造	101.8	103.1	103.8	100.7	107.8	87.0	100.1	100.5	101.4	100.0	99.9
玻璃及玻璃制品制造	107.7	99.5	96.9	105.8	104.8	98.7	104.9	101.8	101.4	100.0	99.7
陶瓷制品制造	99.9	102.3	101.5	100.6	103.4	95.7	85.4	101.0	108.6	109.0	100.1
耐火材料制品制造	102.4	102.8	102.6	99.7	104.9	99.7	105.6	104.1	103.6	100.5	100.6
石墨及其他非金属矿物制品制造	108.6	102.8	100.2	99.6	111.3	95.8	103.7	106.7	97.2	91.2	103.7
黑色金属冶炼及压延加工业	123.2	103.2	96.8	108.8	121.4	83.5	109.2	110.3	93.4	97.5	94.4

全省工业生产者出厂价格中类指数（2004-2014年）（续表六）

（上年价格为100）　　单位：%

分组名称	2004年	2005年	2006年	2007年	2008年	2009年	2010年	2011年	2012年	2013年	2014年
炼铁	125.9	100.0	96.2	106.6	118.2	83.8	112.0	112.4	95.7	96.8	94.3
炼钢	127.8	100.0	96.0	109.5	122.7	75.5	111.3	107.6	92.9	100.1	96.8
钢压延加工	120.3	104.6	97.6	108.3	120.8	83.6	109.0	111.0	92.9	97.5	94.1
铁合金冶炼	129.4	107.1	96.9	107.5	113.7	88.1	107.8	103.8	96.7	96.2	96.0
有色金属冶炼及压延加工业	124.4	108.6	126.2	110.3	94.5	84.5	117.3	107.8	97.9	95.5	96.9
常用有色金属冶炼	119.8	107.1	131.9	111.6	91.4	83.0	120.7	105.4	95.2	96.0	99.2
贵金属冶炼	112.3	105.1	118.8	116.7	113.4	103.0	108.9	108.4	104.4	91.1	93.3
稀有稀土金属冶炼	179.9	179.9	106.6	101.0	97.0	67.7	109.7	117.3	104.9	99.0	96.6
有色金属合金制造	139.8	103.4	125.3	119.0	104.2	86.9	107.1	102.9	92.0	95.4	97.0
有色金属压延加工	125.9	109.0	130.0	112.0	93.7	86.3	117.8	107.7	98.2	94.8	96.1
金属制品业	114.6	103.9	101.0	102.1	108.0	97.7	99.9	103.6	100.4	99.5	99.2
结构性金属制品制造	104.0	99.0	101.2	102.5	106.1	97.1	101.1	103.5	102.1	100.8	99.2
金属工具制造	104.4	108.2	99.9	100.5	101.1	95.5	100.6	105.4	99.8	98.2	100.9
集装箱及金属包装容器制造	105.9	105.2	98.3	100.5	109.5	100.7	94.0	103.0	99.5	97.3	99.2
金属丝绳及其制品的制造	120.9	104.8	109.0	103.4	114.3	93.2	104.1	107.3	85.5	98.0	100.8
建筑、安全用金属制品制造	102.6	101.4	98.9	100.8	107.2	101.8	100.1	102.2	100.9	99.5	99.2
金属表面处理及热处理加工	102.2	108.0	102.7	104.1	104.7	99.8	103.0	103.1	101.5	99.1	99.3
搪瓷制品制造	—	—	—	—	—	—	—	109.6	102.2	101.5	98.5
不锈钢及类似日用金属制品制造	100.2	100.6	101.6	99.3	97.6	92.4	102.7	100.7	99.7	97.8	99.6
其他金属制品制造	121.6	102.3	100.3	104.6	120.1	87.0	102.3	103.9	97.7	96.0	95.9
通用设备制造业	103.4	101.3	100.4	101.1	103.9	99.1	100.7	102.6	100.8	99.5	99.6
锅炉及原动机制造	102.0	99.7	99.8	99.9	99.3	100.6	101.8	99.8	100.8	98.3	100.9
金属加工机械制造	101.9	100.0	98.3	100.4	99.5	99.4	99.7	103.0	101.2	100.6	99.8

全省工业生产者出厂价格中类指数（2004-2014年）（续表七）

（上年价格为100）　　单位：%

分组名称	2004年	2005年	2006年	2007年	2008年	2009年	2010年	2011年	2012年	2013年	2014年
起重运输设备制造	104.1	106.6	98.5	97.3	100.3	101.5	101.5	95.0	99.1	99.9	99.0
泵、阀门、压缩机及类似机械的制造	101.4	101.9	101.8	100.8	103.9	98.6	101.1	102.8	101.7	98.2	99.5
轴承、齿轮、传动和驱动部件的制造	105.7	99.8	99.5	101.4	106.5	97.8	101.5	99.5	101.5	100.1	98.9
烘炉、熔炉及电炉制造	100.8	100.3	100.0	100.1	107.5	106.2	99.3	99.2	99.9	100.0	100.3
风机、衡器、包装设备等通用设备制造	102.2	101.4	103.5	101.1	106.0	98.8	99.6	104.6	99.7	100.7	100.7
通用零部件制造及机械修理	103.9	100.2	99.8	102.2	106.4	101.5	101.2	101.3	100.9	98.6	98.5
金属铸、锻加工	107.8	104.7	101.9	105.3	109.2	97.5	100.2	106.9	100.8	99.2	99.8
专用设备制造业	98.1	100.2	100.6	101.6	101.5	100.4	100.1	103.8	101.3	100.0	98.9
矿山、冶金、建筑专用设备制造	103.0	101.8	101.2	102.3	100.7	101.6	100.5	105.5	102.3	100.3	99.2
化工、木材、非金属加工专用设备制造	98.4	98.0	101.3	100.4	103.0	99.2	100.6	100.6	99.1	99.7	98.4
食品、饮料、烟草及饲料生产专用设备制造	101.5	102.5	99.9	99.5	99.8	98.7	94.0	103.8	103.3	99.9	100.2
印刷、制药、日化生产专用设备制造	98.3	105.7	98.5	99.1	100.5	96.6	118.1	116.2	101.3	100.7	100.4
纺织、服装和皮革工业专用设备制造	95.7	99.5	99.3	100.2	98.2	98.5	96.7	99.0	102.4	101.0	100.2
电子和电工机械专用设备制造	108.2	98.8	101.5	103.0	94.5	94.4	97.6	102.2	99.5	97.8	98.0
农、林、牧、渔专用机械制造	106.6	106.2	100.0	101.6	108.3	101.7	99.3	100.6	100.1	100.6	99.9
医疗仪器设备及器械制造	100.2	97.0	99.9	102.2	99.5	97.9	95.0	95.1	99.8	99.5	100.5
环保、社会公共安全及其他专用设备制造	94.4	91.7	96.4	102.3	115.5	98.8	97.1	100.5	100.4	99.1	97.3
交通运输设备制造业	97.5	100.1	100.2	99.7	103.0	102.9	94.9	101.7	99.1	98.9	99.4
铁路运输设备制造	106.8	101.8	100.3	99.4	106.0	101.9	102.7	103.9	100.6	99.8	100.4
汽车制造	96.4	99.9	100.1	98.4	103.5	101.9	101.1	101.2	99.5	99.6	99.5
摩托车制造	92.5	99.3	100.0	100.0	0.0	97.7	98.7	89.7	98.8	101.7	102.1
自行车制造	100.0	100.0	100.0	100.0	101.3	97.4	91.2	109.7	101.5	100.1	99.9
船舶及浮动装置制造	100.7	100.9	100.7	103.5	102.0	105.4	82.1	102.3	97.8	97.4	98.8

全省工业生产者出厂价格中类指数（2004—2014年）（续表八）

（上年价格为100） 单位：%

分组名称	2004年	2005年	2006年	2007年	2008年	2009年	2010年	2011年	2012年	2013年	2014年
航空航天器制造	100.0	100.0	100.0	100.0	100.0	100.0	100.0	100.0	100.0	100.0	100.0
交通器材及其他交通运输设备制造	100.0	100.1	100.5	104.0	105.7	103.8	0.0	103.1	110.1	94.6	97.9
电气机械及器材制造业	106.2	105.5	106.4	103.0	101.5	94.7	106.6	103.9	99.2	98.8	99.1
电机制造	102.8	100.4	99.8	100.4	100.5	104.3	97.8	99.7	99.0	99.1	99.2
输配电及控制设备制造	100.6	105.1	104.6	103.1	102.5	99.1	102.1	102.4	100.9	99.5	99.8
电线、电缆、光缆及电工器材制造	113.6	107.5	116.3	105.7	100.9	84.3	116.3	110.4	96.8	97.7	96.9
电池制造	108.3	103.2	100.6	127.4	110.5	83.0	103.4	95.0	94.4	88.4	99.0
家用电力器具制造	100.0	105.4	99.1	99.2	102.4	102.6	101.5	99.9	100.0	101.2	104.3
非电力家用器具制造	100.7	100.8	100.2	103.1	96.3	92.3	91.2	99.6	100.5	100.1	100.8
照明器具制造	101.0	99.8	100.0	99.5	101.0	119.6	119.7	99.7	100.3	96.1	98.4
其他电气机械及器材制造	96.4	101.8	101.9	95.8	105.4	99.0	100.2	99.1	100.4	100.5	99.9
通信设备、计算机及其他电子设备制造业	98.7	101.0	98.0	98.4	99.7	97.8	98.4	100.0	99.2	100.7	99.3
通信设备制造	101.3	102.1	100.1	98.9	98.5	97.5	101.1	100.3	99.9	98.9	99.7
雷达及配套设备制造	107.9	100.0	96.8	98.0	105.7	99.0	103.2	103.0	100.4	101.2	101.7
广播电视设备制造	99.0	96.7	101.4	94.3	92.9	90.9	100.4	99.2	100.4	96.9	99.9
电子计算机制造	99.2	102.6	99.3	99.0	98.6	105.1	100.2	99.9	104.0	98.9	95.3
电子器件制造	98.1	100.2	102.0	99.9	103.4	98.7	90.5	100.2	100.8	99.8	103.6
电子元件制造	100.5	102.0	95.6	104.1	101.4	96.8	99.7	100.3	98.6	100.7	98.6
家用视听设备制造	91.6	97.1	96.0	90.9	92.1	92.0	96.1	99.7	96.0	103.4	98.1
其他电子设备制造	95.0	98.1	100.0	100.4	99.9	99.8	100.5	99.5	98.9	99.4	99.7
仪器仪表及文化、办公用机械制造业	100.8	100.4	99.0	98.6	103.0	100.5	98.9	98.2	99.5	98.3	99.3
通用仪器仪表制造	101.3	100.7	100.1	100.1	103.3	100.1	98.9	99.7	100.1	98.5	99.8
专用仪器仪表制造	100.2	99.4	98.2	97.2	99.8	99.7	98.0	98.0	99.0	100.5	100.0

全省工业生产者出厂价格中类指数（2004–2014年）（续表九）

（上年价格为100） 单位：%

分组名称	2004年	2005年	2006年	2007年	2008年	2009年	2010年	2011年	2012年	2013年	2014年
钟表与计时仪器制造	99.3	96.3	100.0	98.1	99.0	107.2	102.1	94.1	102.5	132.3	101.9
光学仪器及眼镜制造	106.1	97.9	92.1	94.5	106.5	109.2	104.7	105.1	100.9	102.4	100.3
文化、办公用机械制造	91.9	101.0	91.7	94.0	103.5	102.1	93.9	88.1	98.2	91.4	96.1
其他仪器仪表的制造及修理	96.4	104.2	98.4	96.1	98.6	94.2	94.8	93.6	90.7	87.9	93.6
工艺品及其他制造业	100.9	101.9	103.5	102.6	109.2	101.1	106.1	104.5	100.7	99.3	98.5
工艺美术品制造	100.0	100.8	105.0	101.6	106.8	99.9	107.4	105.2	100.3	99.2	98.5
日用杂品制造	102.7	100.8	104.0	103.2	109.9	98.2	98.9	101.6	101.3	100.3	98.2
煤制品制造	103.1	132.6	101.1	103.2	110.2	107.3	109.2	102.7	103.3	98.0	100.3
核辐射加工	—	—	—	—	—	—	—	—	—	—	—
其他未列明的制造业	—	—	—	—	—	—	—	—	—	—	—
废弃资源和废旧材料回收加工业	—	—	78.1	107.2	114.5	101.1	104.6	116.2	99.7	91.6	92.5
金属废料和碎屑的加工处理	—	—	78.1	107.2	114.5	101.0	104.4	119.4	99.7	91.1	91.8
非金属废料和碎屑的加工处理	—	—	—	—	—	110.4	108.4	102.7	100.0	93.7	95.3
电力、热力的生产和供应业	100.7	103.3	102.9	103.6	101.8	102.4	102.2	100.8	103.6	100.0	99.4
电力生产	100.4	103.1	102.7	103.6	102.3	104.1	100.8	100.9	103.2	99.5	98.4
电力供应	101.5	101.7	103.8	103.6	99.8	100.0	102.6	100.7	104.1	100.3	99.6
热力生产和供应	101.5	108.5	106.6	102.8	104.2	115.3	103.3	101.3	101.3	99.7	100.6
燃气生产和供应业	102.2	103.8	103.8	101.0	104.8	113.5	103.0	105.8	101.8	100.3	99.7
燃气生产和供应业	102.2	103.8	103.8	101.0	104.8	113.5	103.0	105.8	101.8	100.3	99.7
水的生产和供应业	101.4	103.1	103.5	102.4	101.1	100.9	102.9	101.1	100.4	99.1	100.1
自来水的生产和供应	101.4	103.1	103.5	102.4	101.1	101.4	103.1	101.4	100.5	98.8	100.2
污水处理及其再生利用	—	—	—	—	—	96.4	101.8	100.2	100.0	100.0	100.0
其他水的处理、利用与分配	—	—	—	—	—	—	—	—	—	—	—

全省工业生产者出厂价格基本分类指数（2011-2014年）

（上年价格为100）　　单位：%

项目名称	2011年	2012年	2013年	2014年
无烟煤	113.5	103.2	84.9	92.6
烟煤	114.2	104.2	97.6	92.2
洗煤	110.8	98.4	91.1	93.2
筛选煤	104.7	96.0	91.0	98.0
褐煤的开采洗选	112.0	98.5	91.3	81.2
原油	124.3	98.7	95.3	97.9
天然气	100.0	100.4	103.3	103.1
与石油和天然气开采有关的服务活动	107.9	103.4	100.0	100.0
炼铁块矿	101.3	106.5	101.4	101.5
铁富粉矿	108.7	95.8	92.0	101.7
铁精矿	107.3	83.9	96.0	92.6
铁矿石原矿	105.6	99.8	99.3	98.9
锰矿	107.6	102.7	101.6	97.1
铜矿采选	108.6	91.1	95.8	98.9
铅矿	120.4	104.9	98.4	97.8
锌矿	111.8	100.2	100.4	101.0
镁矿采选	107.6	104.1	98.9	99.2
其他常用有色金属矿	97.7	97.7	100.0	100.0
金矿采选	112.5	101.5	91.2	91.8
钼矿	92.9	87.4	97.5	96.8
石灰石	108.7	107.3	104.1	100.3
天然大理石荒料	106.3	100.0	100.0	100.0
其他建筑用石料	103.5	101.3	101.1	99.2
耐火粘土	127.1	101.0	97.9	100.0
萤石	102.3	100.0	100.0	100.0
其他耐火土石类	113.9	111.3	101.6	99.6
粘土	110.0	104.3	103.3	101.6
砂石	110.0	100.0	103.1	98.6
其他粘土及其他土砂石	110.0	100.1	100.0	100.0
硫铁矿石	131.8	117.1	98.4	72.6

全省工业生产者出厂价格基本分类指数（2011—2014年）（续表一）

（上年价格为100）　　单位：%

项目名称	2011年	2012年	2013年	2014年
其他化学矿	116.9	101.7	100.8	101.6
海盐	113.5	102.8	100.5	93.1
井盐	126.6	109.8	100.0	100.0
石墨	98.0	97.3	104.2	100.6
滑石	104.3	100.9	99.8	99.7
天然玉石类矿	100.0	100.0	100.0	100.0
其他非金属矿采选	112.4	108.6	99.6	101.4
小麦粉	103.3	101.1	106.0	102.6
小麦专用粉	106.6	102.0	104.7	103.3
大米	112.3	103.7	106.2	99.0
其他谷物磨制产品	105.5	101.1	101.7	99.3
配合饲料	102.6	102.8	103.0	99.4
浓缩饲料	103.1	102.3	105.5	101.3
混合饲料	106.3	104.1	102.7	100.4
预混合饲料	106.4	105.4	102.8	99.5
蛋白质饲料	92.9	112.6	113.3	97.1
宠物食品	100.9	102.2	94.3	98.6
其他饲料加工	111.9	101.7	111.5	107.1
毛油(初榨植物油)	115.0	109.8	93.0	70.8
精制食用植物油	103.9	101.2	96.4	93.6
其他食用植物油	103.0	99.4	100.4	98.6
成品糖	114.1	91.0	89.4	90.6
鲜、冷藏肉	116.0	101.5	100.5	100.5
冻肉	105.1	103.0	100.9	102.1
可食用动物杂碎	116.9	101.3	97.7	100.0
其他禽畜屠宰	109.2	103.2	99.9	101.7
动物肠衣	66.1	79.6	97.4	101.8
蒸煮香肠制品	102.5	108.4	94.9	99.2
熏肉制品	104.0	107.8	105.1	102.0
酱卤烧烤肉制品	106.5	110.7	108.2	100.7

全省工业生产者出厂价格基本分类指数（2011–2014年）（续表二）

（上年价格为100）　　单位：%

项目名称	2011年	2012年	2013年	2014年
其他未列明熟肉制品	108.9	100.6	99.6	98.9
冷冻鱼	109.7	99.2	94.3	97.3
冷冻虾	99.9	100.0	98.4	100.0
冷冻蟹	113.4	97.8	102.4	113.7
其他冷冻水产品	105.9	99.8	98.8	101.6
干制鱼及干制鱼片	107.3	124.7	100.0	100.4
鱼糜(熟肉)制品	84.3	124.6	101.1	126.2
干制水生植物	109.4	97.7	95.9	100.0
其他水产品	104.1	104.1	100.4	102.0
水产饲料制造	102.2	104.0	105.8	101.4
其他水产品加工	104.3	106.1	100.0	100.9
蔬菜加工品	104.8	102.4	101.3	100.2
水果、坚果加工品	108.0	97.6	106.9	103.1
其他蔬菜、水果和坚果加工	106.1	97.2	98.1	100.0
淀粉	104.7	104.5	100.7	99.1
淀粉制品	103.5	100.9	100.0	100.2
其他淀粉及淀粉制品	103.6	99.5	100.6	101.3
豆制品制造	102.6	104.0	101.2	100.5
蛋品加工	101.5	101.4	103.8	106.7
其他未列明的农副食品加工	92.7	81.9	97.3	93.0
糕点制造	105.2	103.9	100.4	100.0
面包制造	106.7	100.4	100.7	102.5
饼干	113.3	107.4	101.5	101.5
膨化食品	101.9	101.5	100.1	99.9
其他焙烤食品	102.4	100.0	100.0	100.0
糖果	115.2	105.6	99.5	99.0
其他糖果、巧克力	105.8	104.7	99.3	99.0
蜜饯制作	102.6	103.7	100.7	100.0
米、面制品制造	99.7	103.3	102.2	100.2
速冻食品制造	102.4	100.7	102.0	105.7

全省工业生产者出厂价格基本分类指数（2011—2014年）（续表三）

（上年价格为100） 单位：%

项目名称	2011年	2012年	2013年	2014年
方便面及其他方便食品制造	98.2	102.6	99.9	100.3
液体乳	108.2	104.2	101.7	107.7
固体乳制品	102.0	104.0	100.0	99.7
蔬菜、水果罐头制造	104.3	102.4	99.1	101.8
其他罐头食品制造	109.7	112.1	102.3	99.6
味精制造	100.4	93.5	97.7	99.2
酱油	107.0	100.4	100.2	100.2
食醋	101.8	104.5	101.4	100.0
其他酱油、食醋及类似制品的制造	99.4	100.5	100.4	101.7
复合调味品	105.4	103.3	100.4	100.0
发酵类制品	100.0	100.0	100.0	100.0
营养配餐食品	101.1	100.0	100.0	101.6
蜂蜜营养制品	111.4	91.5	102.0	100.9
其他营养、保健食品	101.1	100.0	100.0	100.0
冷冻饮品及食用冰制造	106.6	100.2	100.4	100.4
食用盐	103.2	98.5	100.5	99.8
食品添加剂	99.2	104.3	99.1	95.5
饲料添加剂	88.8	94.3	95.7	99.5
其他未列明的食品制造	97.4	101.7	108.8	100.0
酒精制造	97.9	99.7	100.6	99.2
白酒制造	106.0	100.3	99.9	100.2
啤酒制造	107.2	104.9	97.9	99.0
葡萄酒制造	101.7	104.3	100.5	102.2
其他酒制造	101.8	100.0	100.7	101.0
碳酸饮料制造	101.4	100.6	99.8	98.4
瓶（罐）装饮用水制造	103.3	99.8	100.1	98.8
果菜汁及果菜汁饮料制造	101.1	101.2	93.4	93.4
含乳饮料	94.2	102.8	104.4	108.0
植物蛋白饮料	100.5	101.5	100.3	100.3
茶饮料	101.5	104.7	100.0	100.0

全省工业生产者出厂价格基本分类指数（2011–2014年）（续表四）

（上年价格为100）　　单位：%

项目名称	2011年	2012年	2013年	2014年
精制茶	100.0	100.0	100.0	100.0
茶制品	106.9	100.9	100.4	100.0
烟叶复烤	100.0	100.0	100.0	100.0
卷烟	100.1	100.8	99.2	99.9
已梳皮棉	112.8	90.8	101.9	102.3
纱	107.0	88.4	97.8	98.5
布	110.7	96.2	99.4	98.9
其他棉、化纤纺织及印染精加工	124.6	99.9	98.7	100.2
棉、化纤印染精加工	105.2	100.2	100.2	99.5
毛条加工	102.8	99.6	99.3	100.0
毛纱	104.5	82.2	96.7	103.8
绒线	107.0	100.0	104.8	122.8
毛机织物（呢绒）	103.3	101.3	100.1	100.2
特种羊毛或动物细毛织物	112.5	94.7	100.1	100.7
亚麻布	102.4	103.4	99.4	102.3
其他麻纺织	100.0	98.7	99.3	100.0
缫丝加工	102.2	101.4	97.3	98.8
绢纺丝	107.2	100.0	100.0	100.0
蚕丝及交织机织物	110.3	102.7	100.2	100.9
丝印染精加工	100.0	94.3	100.0	100.0
棉制床褥单、枕套、被罩	102.5	101.4	100.0	100.0
棉被	99.9	100.1	100.0	100.0
面巾、浴巾	105.2	102.7	104.1	96.1
麻制品制造	100.0	97.4	96.0	100.0
蚕丝被	99.7	100.4	117.4	102.0
其他丝制品	100.0	100.0	100.0	100.1
其他纤维绳索缆制品	106.5	108.4	100.6	100.3
其他纺织带和帘子布	100.0	100.0	100.0	100.0
无纺布制造	104.3	96.2	96.8	96.9
其他纺织制成品制造	102.2	104.1	102.4	102.6

全省工业生产者出厂价格基本分类指数（2011–2014年）（续表五）

（上年价格为100） 单位：%

项目名称	2011年	2012年	2013年	2014年
棉针织内衣	105.6	101.9	101.4	103.8
棉针织T恤衫	107.1	109.1	103.0	102.8
棉针织休闲衫	103.8	104.2	100.4	97.6
其他针织或钩编服装	98.2	102.6	99.3	102.2
毛针织品及编织品制造	107.5	104.3	102.2	101.5
其他针织品及编织品制造	103.4	104.4	99.7	98.5
毛制大衣	114.1	103.7	100.0	100.0
羽绒服	92.4	98.5	99.0	99.6
防寒服	92.1	98.7	97.3	98.0
防风衣	71.9	86.2	102.3	101.2
西服套装	101.6	98.0	100.5	96.7
便服套装	97.2	108.8	97.2	100.0
上衣	105.1	103.7	99.8	100.3
衬衫	102.0	99.6	101.1	99.8
裤	107.7	101.7	98.7	99.1
裙	90.7	100.3	99.8	100.0
婴儿、儿童服装及衣着附件	104.6	102.9	99.2	102.4
运动服类服装	111.2	105.3	100.1	100.2
职业服装、工作服及类似服装	103.3	100.6	100.9	98.7
其他服装及服务	109.3	107.7	102.9	96.8
纺织面鞋	93.5	108.7	106.5	93.8
制帽	108.3	94.1	93.4	100.2
半成品革	92.1	96.2	100.5	101.4
成品革	110.4	101.2	100.0	100.0
皮鞋制造	102.1	102.6	100.2	103.1
皮革服装制造	98.6	102.0	102.2	103.3
手提包（袋）、背包	104.3	100.1	100.0	100.0
其他箱、包容器	100.0	100.0	100.0	100.0
皮手套及皮装饰制品制造	100.0	102.7	95.9	98.0
其他皮革制品制造	100.0	105.1	103.1	98.4

全省工业生产者出厂价格基本分类指数（2011-2014年）（续表六）

（上年价格为100）　　单位：%

项目名称	2011年	2012年	2013年	2014年
羽毛(绒)制品加工	101.2	100.0	100.0	100.6
锯材加工	104.3	100.5	99.8	96.5
木片	102.6	100.0	99.0	99.3
其他木材加工	97.0	99.7	100.0	100.0
胶合板制造	101.3	100.1	100.8	103.0
纤维板制造	107.5	103.7	101.1	99.6
刨花板制造	100.0	107.8	102.1	95.9
其他人造板、材制造	118.8	104.4	103.5	100.7
木制门及其框架和门槛	104.3	101.3	94.6	97.0
实木木地板	111.4	101.9	102.5	101.0
复合木地板	108.3	99.5	97.6	103.9
软木制品及其他木制品制造	106.6	101.4	100.6	100.1
竹制品	100.8	100.0	100.0	100.0
藤、棕、草制品	104.9	100.0	100.0	100.0
卧室用木质家具	99.9	108.8	98.0	100.1
木质坐具	99.7	100.0	100.0	100.0
办公室用木质家具	102.5	101.6	100.0	100.2
客厅、餐厅用木质家具	104.3	104.4	95.5	91.7
其他木制家具	107.3	103.5	102.3	100.3
金属制坐具	101.0	100.0	100.0	99.5
办公室用金属家具	101.2	98.1	97.5	97.7
软体坐具	103.3	100.0	100.0	100.0
床垫、褥垫	103.2	102.3	101.5	101.0
未涂布印刷书写用纸	107.2	104.3	101.5	99.5
卫生用纸原纸	100.3	100.0	100.0	100.0
其他机制纸及纸板	103.5	101.3	95.5	95.9
加工纸制造	100.8	101.4	100.8	99.1
纸和纸板容器的制造	103.7	99.7	99.2	99.4
卫生用纸制品	101.1	98.0	100.2	100.2
其他纸制品	99.7	104.0	101.8	100.1

全省工业生产者出厂价格基本分类指数（2011–2014年）（续表七）

（上年价格为100）　　单位：%

项目名称	2011年	2012年	2013年	2014年
单色印刷品	100.4	104.0	99.9	99.8
多色印刷品	96.2	100.3	99.0	99.7
用于书写本册	99.4	100.6	99.0	100.6
其他本册	89.0	93.5	95.0	89.0
塑料印刷品	104.2	99.7	97.5	100.2
其他印刷品	100.0	99.7	99.6	100.8
非磁介质复制品	99.1	96.3	98.5	89.9
笔	116.0	102.8	93.6	90.7
教学用模型及教具制造	98.2	103.1	104.6	100.0
皮或革制可充气运动用球	107.6	101.3	100.3	100.4
运动用球类器材及器械	105.2	100.0	93.7	96.6
其他体育器材及配件	105.8	99.1	94.3	104.1
运动防护用具制造	97.2	97.4	98.7	99.0
钓鱼用品和器材	104.5	102.8	98.9	99.6
西乐器制造	101.5	100.1	104.2	101.6
电子乐器制造	111.0	107.7	100.0	100.0
木制玩具	99.8	99.8	99.1	98.7
台球桌及其配套用品	101.7	100.0	83.8	90.3
汽油	118.7	104.2	97.9	98.2
煤油	121.1	106.2	98.7	96.0
柴油	120.3	108.1	101.1	96.0
润滑油	110.9	101.0	98.6	98.1
燃料油	119.5	102.4	96.2	94.1
石脑油	134.6	97.0	95.8	95.6
溶剂油	123.3	101.4	94.7	95.7
润滑脂	101.5	106.3	103.6	99.4
石油液化气	120.7	104.5	99.5	101.7
石油焦	126.4	84.2	95.7	83.1
石油沥青	113.9	103.6	94.3	94.4
石蜡	104.1	95.1	99.3	100.7

全省工业生产者出厂价格基本分类指数（2011-2014年）（续表八）

（上年价格为100）　　单位：%

项目名称	2011年	2012年	2013年	2014年
白色油	119.0	109.2	102.5	96.8
其它原油加工及石油制品制造	115.5	108.7	110.6	96.8
人造原油	114.0	101.3	95.6	97.5
焦炭	107.2	97.5	102.6	95.6
硫酸	102.0	116.0	83.1	75.1
盐酸	100.7	81.9	94.8	94.5
其它无机酸产品	126.7	102.7	97.7	99.3
烧碱	131.1	114.0	87.3	92.9
其它无机碱产品	114.8	99.6	101.6	109.5
金属硫化物及硫酸盐	112.6	104.4	99.2	93.1
氟化物及其盐	106.8	100.6	100.0	100.0
氯化物及其盐	93.1	75.7	111.7	101.4
氰化物、氧氰化物及氰络合物	116.4	123.6	104.9	86.0
硼化物、硼酸盐和过硼酸盐	110.3	95.2	100.9	93.0
碳化物及碳酸盐	104.0	98.6	97.1	86.7
无环烃	115.6	96.9	75.7	99.6
环烃	108.2	97.1	100.2	97.2
无环烃不饱和氯化衍生物	83.8	68.4	101.5	100.0
无环醇及其衍生物	105.6	101.3	98.1	98.5
酚	107.2	98.8	100.6	99.1
羧酸及其衍生物	98.7	80.7	103.0	95.3
氨基化合物	109.6	95.5	97.7	99.4
醛	122.3	97.4	95.9	99.1
有机－无机化合物	111.4	102.5	96.9	99.7
其他有机化学原料	115.9	106.1	100.8	103.6
金属氧化物	96.5	86.7	92.2	99.4
非金属基础化学品	99.5	100.0	100.0	100.0
气体及稀有气体	89.7	106.2	92.4	98.2
其他未列明基础化学原料	105.1	94.8	99.8	100.3
氨及氨水	102.9	101.4	95.1	92.1

全省工业生产者出厂价格基本分类指数（2011–2014年）（续表九）

（上年价格为100） 单位：%

项目名称	2011年	2012年	2013年	2014年
氮肥（折含N100%）	114.8	104.5	93.3	92.3
钾肥制造	106.3	102.9	97.1	100.6
复混肥料制造	105.9	99.0	98.4	99.7
腐植酸类肥料	104.2	101.4	100.0	100.0
微生物肥料	102.2	99.8	100.1	100.0
动物、植物肥料	100.2	100.5	101.7	101.4
其他肥料制造	103.7	100.9	100.4	100.5
杀虫剂（杀螨剂）原药	99.2	99.8	98.1	97.3
杀菌剂原药	107.2	103.9	89.4	92.8
除草剂原药	101.1	89.2	94.6	99.3
其他化学农药	96.2	99.0	96.6	94.6
生物化学农药及微生物农药制造	108.2	100.0	100.0	100.0
水性涂料	106.2	101.8	100.4	99.1
非水性涂料	104.8	99.3	99.4	100.6
建筑涂料	104.2	103.8	97.4	97.7
涂料辅助材料	104.4	103.9	102.3	100.2
无机颜料	126.6	96.8	76.4	93.1
其他颜料及类似产品	109.8	100.3	95.4	102.6
染料制造	97.7	99.0	95.0	98.2
非定型密封材料	101.1	100.2	97.0	99.7
密封用粘胶品	100.2	100.0	100.0	100.0
初级形态的塑料及合成树脂制造	125.2	99.3	103.1	98.6
顺丁橡胶	142.5	106.7	80.7	89.3
合成纤维单体	111.6	84.8	93.0	98.1
离子交换树脂	91.6	100.1	101.5	100.7
油脂类高分子聚合物	94.8	100.0	100.0	100.0
化学试剂	104.5	98.8	101.3	99.4
催化剂	109.4	104.1	99.4	100.6
塑料助剂	98.7	96.5	98.1	99.7
纺织工业用整理剂、助剂	99.8	99.4	98.7	98.5

全省工业生产者出厂价格基本分类指数（2011–2014年）（续表十）

（上年价格为100） 单位：%

项目名称	2011年	2012年	2013年	2014年
润滑剂及类似制品	100.2	99.8	100.0	99.6
炭黑	102.8	97.6	99.6	95.1
其他化学试剂和助剂	95.4	97.0	97.2	98.9
油田用化学制剂	99.3	103.2	102.1	99.9
矿物油用配制添加剂	100.9	94.5	98.3	95.0
金属表面处理剂	99.2	100.1	100.5	101.1
工业用脂肪酸	99.3	100.0	100.0	100.0
建工建材用化学助剂	102.0	100.5	96.6	98.8
其他专项化学用品	101.6	97.1	97.7	98.3
松节油类产品	202.1	126.5	76.2	93.0
其他林产化学产品	99.7	100.3	100.0	99.4
炸药	98.9	102.3	101.3	97.8
火工产品	98.9	106.4	101.5	97.5
电子半导体材料	115.7	84.1	87.0	100.6
其他信息化学品	119.7	110.2	106.3	100.0
水处理剂	103.2	98.0	99.9	97.4
其他专用化学产品制造	102.9	105.1	98.9	98.3
合成洗涤剂	109.7	99.1	95.5	96.5
护肤用化妆品	101.0	101.7	99.1	99.8
护发用化妆品	109.9	99.4	98.7	95.3
美容、修饰类化妆品	120.7	70.0	62.8	85.5
洁齿、护齿品	109.5	97.2	100.7	100.3
香料	102.7	86.2	94.9	101.5
香精	95.8	104.4	102.0	98.5
蜡烛及类似品	106.8	106.6	101.1	101.7
抗菌素（抗感染药）	101.9	100.5	100.3	99.7
消化系统用药	102.2	103.4	99.3	97.0
解热镇痛药	104.2	99.7	100.0	100.7
维生素类	89.0	82.0	97.6	102.1
抗寄生虫病药	104.3	100.0	100.0	100.0

全省工业生产者出厂价格基本分类指数（2011–2014年）（续表十一）

（上年价格为100） 单位：%

项目名称	2011年	2012年	2013年	2014年
中枢神经系统用药	108.3	108.4	99.8	101.7
激素类药	104.3	100.0	100.0	100.0
心血管系统用药	104.3	100.0	100.0	98.6
诊断用原药	124.8	95.7	115.6	100.0
抗组织胺类药及解毒药	113.0	115.2	111.4	83.5
消毒防腐及创伤外科用药	108.2	101.3	96.1	98.3
制剂用辅料及附加剂	104.4	100.0	100.8	100.0
粉针剂	97.4	78.3	98.2	98.4
注射液	97.0	103.0	99.0	100.0
片剂	102.4	100.9	100.2	101.7
胶囊剂	99.3	97.3	100.1	100.1
颗粒剂	114.5	116.8	100.0	100.0
缓释控释片	99.4	96.9	96.3	103.9
冻干粉针剂	104.2	105.1	85.8	101.5
避孕药物用具	100.0	100.0	100.0	100.0
其他化学药品制剂	102.8	105.9	105.3	100.5
植物类饮片	103.8	100.3	101.9	100.2
动物类饮片	102.6	100.2	100.1	99.3
中成药丸剂	100.1	98.6	101.3	102.4
中成药冲剂	107.6	109.7	97.0	99.0
中成药糖浆	100.0	100.0	104.6	100.0
中成药片剂	99.9	100.9	102.1	111.4
中成药胶囊	100.4	100.1	99.5	93.8
中成药口服液	98.9	100.0	100.0	100.0
膏药	105.7	115.1	106.0	97.7
其他中成药	102.0	101.2	101.6	99.8
兽用药品制造	98.9	105.0	105.5	103.0
氨基酸及蛋白质类药	126.3	127.1	111.8	100.0
核酸类药制剂	105.1	103.1	98.4	95.0
生物制剂	101.1	100.2	100.8	100.3

全省工业生产者出厂价格基本分类指数（2011—2014年）（续表十二）

（上年价格为100）　　单位：%

项目名称	2011年	2012年	2013年	2014年
人用疫苗	100.8	102.3	99.3	99.3
其他生物化学药品	89.6	100.0	98.7	98.9
卫生材料及敷料	101.2	103.5	100.0	100.0
人造纤维短纤维	98.4	93.3	86.4	88.8
人造纤维长丝	97.5	91.4	83.4	97.2
其他人造纤维（纤维素纤维)	115.6	114.3	100.0	100.0
锦纶纤维制造	121.6	97.5	93.0	98.5
涤纶纤维制造	111.1	78.7	88.7	91.0
腈纶纤维制造	108.8	84.5	98.6	100.8
其他合成纤维制造	100.0	100.0	100.0	100.0
橡胶轮胎外胎	114.0	99.0	98.3	93.6
子午线轮胎外胎	115.7	99.4	94.2	97.3
橡胶内胎	99.8	100.0	98.4	97.7
力车胎制造	94.2	98.2	98.5	98.8
橡胶带	99.5	99.3	90.0	100.5
橡胶管	101.9	103.4	104.5	98.8
橡胶板、杆、型材	101.3	100.7	99.6	100.0
混合碳黑未硫化复合橡胶	103.8	100.0	100.0	100.0
活塞杆密封	102.5	100.5	99.7	99.6
橡胶零附件	99.8	97.5	99.1	97.5
再生橡胶制造	96.6	100.0	100.7	100.0
橡胶手套	111.3	101.8	95.1	100.0
医疗、卫生用橡胶制品	106.3	112.9	101.0	99.8
橡胶靴鞋制造	103.8	103.7	100.7	102.0
橡胶充气、减震制品	103.3	105.8	102.8	104.0
其他橡胶制品	97.7	98.0	99.8	98.9
农用薄膜	98.7	101.7	97.9	96.3
聚乙烯（PE）塑料薄膜	101.7	96.3	98.2	101.3
聚氯乙烯（PVC）塑料薄膜	108.2	101.0	98.6	101.5
复合薄膜	99.8	100.0	100.0	104.2

全省工业生产者出厂价格基本分类指数（2011—2014年）（续表十三）

（上年价格为100）　　单位：%

项目名称	2011年	2012年	2013年	2014年
其他塑料薄膜	100.0	97.5	95.1	100.6
塑料板、片	109.9	104.0	103.0	101.8
塑料管及附件	99.9	98.2	100.3	102.1
塑料条、棒、型材	102.2	100.4	99.5	99.2
其他塑料板、管、型材	105.6	100.3	96.4	102.0
塑料编织布	99.2	101.1	102.7	107.1
塑料编织袋	104.1	102.5	101.4	100.2
塑料袋	103.8	100.2	101.2	100.5
其他塑料丝、绳及编织品	100.9	101.1	98.8	98.7
聚乙烯泡沫塑料	91.6	100.0	100.0	98.7
聚苯乙烯泡沫塑料	107.9	105.9	102.7	97.0
聚氨酯泡沫塑料	106.0	100.3	103.2	96.7
塑料人造革	105.7	100.1	100.1	99.6
塑料包装箱	101.8	101.9	99.7	100.4
塑料盒及类似品	100.0	100.0	100.0	100.0
塑料容器	99.6	99.9	99.2	98.9
其他塑料包装物附件	102.5	101.0	100.0	100.0
塑料绝缘零件	99.9	100.0	95.0	93.0
汽车或类似品塑料配件	102.5	103.8	99.0	97.4
其他塑料零件	99.5	98.7	100.0	100.0
塑料门、窗	100.4	101.9	105.2	94.6
塑料卫生设备、洁具及其配件	103.1	100.2	100.0	100.0
日用塑料装饰品及其他日用塑料杂品	111.6	99.2	99.7	99.8
塑料粒料	102.4	104.4	100.1	101.4
其他未列明塑料制品	104.9	101.6	98.5	96.4
强度等级水泥	108.3	106.8	96.2	91.3
通用硅酸盐水泥	110.1	111.4	98.6	95.8
专用水泥	114.3	106.0	99.7	97.6
特性水泥	103.8	99.2	98.0	99.1
硅酸盐水泥熟料	122.0	122.6	100.1	79.9

全省工业生产者出厂价格基本分类指数（2011–2014年）（续表十四）

（上年价格为100）　　单位：%

项目名称	2011年	2012年	2013年	2014年
石灰	106.3	99.5	104.4	100.6
商品混凝土	111.7	105.0	99.2	97.9
水泥混凝土管	105.2	100.5	98.4	100.4
水泥混凝土电杆	104.0	106.7	104.4	99.5
预应力混凝土桩	104.6	100.9	92.6	95.7
混凝土轨枕及铁道用混凝土制品	97.6	99.5	100.0	100.1
水泥混凝土砖	107.6	100.8	100.5	96.3
其他水泥制品	102.0	100.0	100.0	105.5
钢筋混凝土预制结构件	105.5	93.0	99.0	95.9
其他水泥砼结构构件	99.9	98.2	97.5	99.4
石棉水泥制品制造	105.2	104.6	98.2	99.8
其他轻质建筑材料	101.0	98.7	97.1	100.0
建筑砌块	109.3	103.0	100.0	100.0
砖	105.0	101.1	99.4	100.0
瓦	102.5	100.3	100.0	100.0
其他粘土砖瓦及建筑砌块	104.4	100.2	100.0	100.0
瓷质砖	98.3	100.0	100.0	100.0
其他建筑陶瓷制品	96.1	99.2	100.0	100.0
加工天然石材、石料	98.7	100.0	100.0	100.0
沥青和改性沥青防水卷材	112.3	107.0	100.5	100.0
其他防水建筑材料制造	103.0	91.9	100.0	102.8
矿物材料制品	88.9	100.0	100.0	100.0
其他建筑材料制造	93.7	107.2	101.2	98.7
浮法玻璃	92.9	91.6	100.3	89.1
平拉玻璃	97.6	100.0	100.0	100.0
中空玻璃	99.7	101.1	99.2	99.8
其他技术玻璃制品制造	107.6	102.7	96.7	112.2
其他玻璃仪器	113.0	101.9	90.7	97.3
玻璃包装容器	101.6	104.3	105.3	100.5
日用玻璃制品	105.7	102.0	100.0	99.6

全省工业生产者出厂价格基本分类指数（2011-2014年）（续表十五）

（上年价格为100） 单位：%

项目名称	2011年	2012年	2013年	2014年
其他日用玻璃制品及玻璃包装容器	97.8	110.6	102.1	99.9
玻璃纤维工业用玻璃球	110.2	100.0	100.0	100.0
玻璃纤维纱	114.7	105.2	101.8	100.5
玻璃纤维增强塑料制品制造	99.9	100.2	99.4	99.6
其他玻璃制品	96.7	101.4	101.4	100.9
功能陶瓷制品	86.9	100.3	120.9	98.4
结构陶瓷制品	101.3	108.7	108.7	100.1
石棉制品制造	100.0	100.0	100.0	100.0
云母制品制造	102.0	102.7	107.9	104.2
致密定形耐火制品	102.8	102.6	100.4	102.0
隔热耐火制品	110.1	121.3	104.9	99.9
其他耐火材料制品	103.9	98.9	99.0	99.0
石墨制品	109.0	96.7	93.2	99.2
炭制品	106.3	101.6	100.3	95.3
炭素新材料	97.0	96.1	98.3	96.5
磨具	106.0	108.8	98.1	98.9
其他非金属矿物制品	105.1	96.0	88.2	108.5
生铁	112.6	95.3	96.8	94.1
铸铁管及其附件	110.4	103.5	97.1	97.4
其他炼铁产品	107.6	97.0	94.7	98.1
非合金钢粗钢	111.6	96.3	99.5	98.9
合金钢粗钢	120.9	97.8	98.7	100.1
不锈钢粗钢	114.6	94.8	93.4	96.6
其他炼钢	104.2	91.0	102.4	96.1
非合金钢钢坯	106.4	101.9	93.6	97.8
低合金钢钢坯	102.1	100.0	96.6	89.4
合金钢钢坯	111.9	94.8	97.8	95.5
不锈钢钢坯	105.5	96.7	98.8	99.8
铁道用钢材	104.4	95.2	94.1	93.9
大型型钢	109.0	104.2	92.6	97.1

全省工业生产者出厂价格基本分类指数（2011-2014年）（续表十六）

（上年价格为100）

单位：%

项目名称	2011年	2012年	2013年	2014年
中小型型钢	114.3	88.9	91.4	94.3
钢筋	116.7	87.0	92.3	91.0
棒材	114.2	91.9	94.9	95.1
线材（盘条）	114.6	89.1	90.8	90.2
特厚板	119.0	97.4	102.6	94.2
厚钢板	119.4	97.0	101.1	95.0
中板	110.1	96.4	97.0	93.3
热轧薄板	105.6	90.0	100.4	94.9
冷轧薄板	104.0	88.5	99.3	96.8
中厚宽钢带	109.1	97.3	98.9	93.6
热轧薄宽钢带	115.7	97.0	98.1	90.0
冷轧薄宽钢带	107.1	93.0	95.6	93.8
冷轧窄钢带	104.4	93.0	88.3	93.0
镀层板带	111.3	90.8	97.5	97.9
涂层板带	105.2	96.7	95.6	92.3
电工钢板带	97.7	89.6	104.4	92.1
无缝钢管	110.8	91.4	94.6	91.3
焊接钢管	106.3	98.9	96.5	97.5
其他钢材	106.0	97.6	96.9	97.8
普通铁合金	103.1	100.1	98.6	98.3
特种铁合金	104.5	94.0	93.9	93.6
其他铁合金	101.8	89.7	97.2	108.5
粗铜	121.6	85.4	96.3	90.1
精炼铜（电解铜）	103.0	92.4	100.0	96.0
粗铅	102.1	101.2	99.3	100.0
铅	99.6	98.3	91.5	98.8
锌	103.9	89.2	91.0	103.9
镍	113.3	101.8	100.4	99.8
氧化铝	110.2	98.4	106.1	99.9
化学品氧化铝实物量	104.5	102.7	93.6	89.8

全省工业生产者出厂价格基本分类指数（2011–2014年）（续表十七）

（上年价格为100） 单位：%

项目名称	2011年	2012年	2013年	2014年
原铝（电解铝）	103.5	98.0	96.0	95.7
镁冶炼	105.4	98.1	99.9	98.9
钛	101.9	102.7	100.5	98.5
其他未列明常用有色金属及服务	106.0	108.3	98.1	95.9
矿山成品金	110.0	103.4	96.9	93.4
冶炼产金	108.1	104.6	90.1	93.2
单一稀土金属	129.7	65.5	75.6	100.0
混合稀土金属	114.6	84.3	85.7	99.4
其他稀土金属	120.8	104.2	104.0	100.0
锆	114.2	113.6	99.2	93.3
其他稀有金属	109.9	100.0	100.0	100.0
铜合金	143.8	96.3	86.1	93.4
镍合金	101.2	88.5	97.1	102.9
铝合金	102.4	92.0	94.8	94.7
镁合金	105.4	92.9	96.0	96.3
钛、铋、镉、钴及其他常用有色金属合金	112.2	104.6	94.6	95.3
铜压延加工材	112.0	96.6	92.8	95.6
铝棒材	104.4	99.0	99.3	99.7
铝型材	103.8	99.7	95.9	96.4
铝板材	111.8	98.0	99.6	96.0
铝带材	108.2	94.5	93.4	94.4
铝箔材	103.5	94.7	99.2	95.4
其他铝材及附件	107.2	97.4	96.4	97.4
铝盘条、铝粉及片状粉末	121.4	102.7	100.0	100.0
铅压延加工材	102.1	94.4	93.5	97.5
锌压延加工材	106.0	110.0	105.9	101.1
镍压延加工材	108.4	84.5	101.3	95.6
镁、钛，相关常用有色金属加工材	106.8	99.9	99.6	98.4
金加工材	117.4	107.3	86.4	93.7
银加工材	140.4	91.7	94.8	97.8

全省工业生产者出厂价格基本分类指数（2011–2014年）（续表十八）

（上年价格为100）　单位：%

项目名称	2011年	2012年	2013年	2014年
钼加工材	100.0	100.0	100.0	100.0
其他稀有稀土金属压延加工材	114.2	117.4	103.8	95.5
钢结构	102.4	101.2	99.1	97.8
钢铁结构体部件及加工钢材	103.1	100.0	100.2	99.0
其他金属结构	101.7	103.2	102.3	97.8
金属制门及其框架、门槛	105.5	102.8	101.5	100.3
金属制窗及窗框	99.5	109.3	112.1	105.2
金属切削机床用切削刀具	108.1	98.4	93.9	101.4
机器用刀具及刀片	129.7	109.0	101.3	101.6
手工具制造	109.3	102.2	101.6	101.5
农用及园林用金属工具制造	102.7	100.0	100.0	100.3
刀剪及类似日用金属工具制造	100.0	100.0	100.7	100.2
其他金属工具制造	100.0	98.4	99.0	100.6
特种集装箱	98.6	94.5	95.3	101.0
其他集装箱	100.9	96.7	96.0	100.2
金属压力容器	106.0	104.1	98.8	99.8
大型金属容器，容积＞300L	102.5	100.4	98.4	101.0
钢铁制包装容器	101.5	93.1	93.3	99.2
金属容器塞子、盖子	101.2	98.7	98.1	93.7
其他金属包装容器	105.6	95.5	103.1	100.3
铁丝	104.8	110.9	96.2	98.0
钢丝	98.6	94.4	98.3	98.2
钢丝绳	107.9	82.2	97.6	101.0
钢绞线	108.1	100.3	102.5	106.3
金属丝绳制品	112.0	101.9	100.1	99.0
锁具	100.0	100.0	100.0	100.0
其他建筑、家具用金属配件	98.6	97.9	99.0	99.7
金属软管	102.7	99.6	100.0	100.0
金属制卫浴水暖器具	102.6	100.0	100.0	100.0
金属建筑装饰材料	102.2	91.5	99.9	100.2

全省工业生产者出厂价格基本分类指数（2011–2014年）（续表十九）

（上年价格为100）　　单位：%

项目名称	2011年	2012年	2013年	2014年
其他建筑装饰及水暖管道零件	106.5	105.9	96.9	95.5
保险箱、柜、库门及钱箱	100.0	100.0	100.0	99.9
其他安全、消防用金属制品	97.1	100.8	100.8	99.7
其他建筑、安全用金属制品制造	103.6	101.6	100.0	100.0
金属表面处理及热处理加工	103.1	101.5	99.1	99.3
搪瓷制大型金属容器	109.6	102.2	101.5	98.5
金属制厨房调理器具	107.9	96.9	96.1	98.3
不锈钢厨用器皿及餐具制造	96.4	100.0	95.9	99.5
铝制厨用器皿及餐具制造	100.0	100.0	100.0	100.0
铸铁及其他金属制厨方器具及餐具	97.7	99.2	98.5	99.2
其他日用金属制品制造	110.0	100.0	100.0	100.0
其他未列明的金属制品制造	103.9	97.7	96.0	95.9
电站锅炉	101.3	100.0	100.0	100.0
工业锅炉	101.7	101.5	98.9	101.5
锅炉用辅助设备及装置	100.3	105.4	103.0	100.8
锅炉及辅助设备零件	100.8	102.0	100.6	109.5
其他锅炉及辅助设备	88.9	75.6	99.7	100.3
船舶用柴油发动机	96.8	99.1	87.4	99.8
内燃机零部件及配件	103.5	97.1	99.1	102.3
其他内燃机	98.9	99.9	100.0	100.0
电站用汽轮机	101.7	100.0	100.0	100.0
加工中心	102.8	100.0	100.0	100.0
组合机床	106.0	104.1	100.0	100.0
车床	101.4	100.0	101.4	100.8
钻床	111.1	104.1	103.0	101.5
镗床	111.8	104.7	114.1	103.2
螺纹加工机床	111.7	103.5	103.2	98.9
磨床	99.8	99.5	99.4	99.6
刨床	105.8	103.9	100.0	100.0
数控车床	100.0	100.0	100.0	100.0

全省工业生产者出厂价格基本分类指数（2011–2014年）（续表二十）

（上年价格为100） 单位：%

项目名称	2011年	2012年	2013年	2014年
其他金属切削机床及零件	100.7	97.4	96.0	107.6
锻造机及冲压机	100.4	100.0	100.0	100.0
金属加工压力机	100.4	100.0	100.0	100.0
铸造机械制造	100.0	97.6	100.0	96.9
焊接设备用零件	108.4	98.3	100.0	90.5
机床附件制造	101.2	101.4	100.2	100.2
其他金属加工机械制造	101.5	101.5	99.8	100.3
滑车	101.8	99.9	100.1	100.0
升降机	96.5	97.4	99.4	100.3
起重机	102.2	105.3	104.1	99.8
输送机械(输送机和提升机)	100.6	100.0	98.4	100.2
装卸机械	97.0	94.3	92.3	96.0
内燃叉车、越野叉车	102.6	102.0	102.8	100.3
电梯	80.3	92.4	100.5	99.8
电动车辆	100.4	100.0	100.0	100.0
立体（高架）仓库存储系统	99.9	100.0	100.0	100.0
其他起重运输设备	103.1	100.8	100.0	95.7
动力式泵	104.1	102.5	100.4	99.8
容积泵	99.0	102.1	98.1	97.6
真空泵	98.0	100.8	102.0	100.5
泵、液体提升机零件及其他未列明泵及真空设备	96.8	98.7	97.2	98.0
空调压缩机	107.9	104.6	89.8	97.5
非制冷设备用压缩机	99.9	101.2	101.2	100.1
阀门	101.6	101.4	99.6	100.3
阀门、龙头零件	108.1	109.0	86.8	101.9
液压元件	102.8	99.8	99.4	99.9
液压系统及装置	101.7	97.6	95.7	97.4
其他气动装置	102.7	105.1	100.7	99.6
滚动轴承	99.3	101.4	100.2	98.5
滑动轴承	99.3	99.5	98.0	98.4

全省工业生产者出厂价格基本分类指数（2011—2014年）（续表二十一）

（上年价格为100）　　单位：%

项目名称	2011年	2012年	2013年	2014年
轴承零配件	101.6	103.6	100.5	100.1
钢铁铰接链（工业链条）	106.1	104.5	100.0	100.0
齿轮传动轴	98.5	100.1	100.0	99.5
齿轮	100.7	100.6	98.2	97.1
齿轮传动装置（齿轮箱）	96.5	101.9	98.1	142.6
离合器	98.5	100.0	100.0	100.0
其他齿轮、传动和驱动部件及零件	100.2	102.5	100.7	99.7
烘炉、熔炉及电炉制造	99.2	99.9	100.0	100.3
离心式通风机	109.0	103.8	100.8	99.8
轴流式通风机	110.6	101.9	100.0	100.0
鼓风机	101.0	95.3	103.3	103.5
气体分离及液化设备	99.8	88.8	100.0	100.6
利用温度变化加工机械	101.8	99.2	96.7	100.0
其他气体、液体分离及纯净设备	100.1	101.0	100.3	98.6
工商用冷藏、冷冻柜及类似设备	95.4	100.4	98.0	91.5
制冷、空调设备零部件	107.2	100.5	99.5	100.2
电动手提式工具	96.0	100.0	114.2	102.5
其他喷枪类似器具	100.0	100.0	95.5	99.4
包装容器洗涤及干燥机械	97.1	100.0	98.1	96.9
药品专用包装机械	98.4	100.8	100.8	100.1
工业用衡器	111.3	100.3	100.0	100.0
称重系统	108.0	100.9	100.0	100.0
干燥设备	99.8	100.6	99.1	99.1
离心机	100.0	100.0	95.0	100.0
离心、过滤、净化机设备及其零件	100.0	100.0	100.0	100.0
金属密封件制造	99.9	100.0	92.3	104.4
钢铁制紧固件	112.3	107.9	94.2	89.7
金属钉	104.0	100.0	100.0	100.0
弹簧	103.7	99.4	97.1	98.7
机械零部件加工及设备修理	100.6	100.4	99.9	99.1

全省工业生产者出厂价格基本分类指数（2011–2014年）（续表二十二）

（上年价格为100）　　单位：%

项目名称	2011年	2012年	2013年	2014年
其他通用零部件制造	104.8	107.6	92.0	87.9
铸铁件	108.0	101.1	98.9	99.3
铸钢件	106.4	100.5	100.7	101.1
锻件	104.0	100.3	96.3	98.4
冲压件、钣金件	102.9	100.8	102.8	103.3
建井设备	118.9	103.2	101.0	96.4
采掘、凿岩设备	110.6	105.0	100.0	100.0
矿山提升设备	102.1	105.1	94.5	99.5
矿物破碎机械	103.2	101.6	98.6	99.5
矿物粉磨机械	104.1	100.5	99.7	99.6
矿物筛分、洗选设备	104.6	100.0	100.0	99.8
矿山用牵引车及其矿车	102.6	100.0	100.0	100.0
矿山设备专用配套件及其他矿山专用设备	103.4	96.2	98.7	98.8
石油钻井设备	108.0	104.3	99.9	101.0
采油设备	100.0	100.0	100.0	100.0
石油钻井工具	101.5	101.2	101.0	101.1
石油钻探、开采专用设备零件	101.0	99.2	100.0	97.2
其他石油钻采专用设备	100.9	101.0	100.8	100.0
挖掘、铲土运输机械	102.0	102.2	104.7	99.8
桩工机械	99.8	100.0	100.0	100.0
建筑工程用机械零件及其他建筑工程用机械	101.2	97.1	99.7	99.2
混凝土机械	100.2	98.4	100.3	98.7
水泥专用设备	100.2	100.1	99.9	100.3
其他建筑材料生产专用机械及零件	99.9	100.0	99.8	100.0
金属冶炼设备	98.3	104.2	100.0	100.7
连续铸钢设备及铸锭设备	100.4	99.3	100.0	100.0
冶金专用设备配套件及其他冶金专用设备	101.8	100.6	100.2	97.7
塔类设备	98.7	100.3	100.2	100.0
反应器（釜）	104.8	100.8	99.8	100.0
化工专用炉	98.8	99.9	99.8	99.1

全省工业生产者出厂价格基本分类指数（2011-2014年）（续表二十三）

（上年价格为100） 单位：%

项目名称	2011年	2012年	2013年	2014年
热交换装置	102.5	107.5	99.9	96.8
其他炼油、化工生产专用设备制造	99.0	99.7	100.1	100.0
橡胶加工机械	97.4	98.1	96.0	96.4
炼胶机械	97.4	103.1	100.0	100.0
橡胶硫化设备	95.2	116.8	96.0	95.8
其他橡胶加工专用设备制造	96.4	107.0	102.2	88.4
其他塑料加工专用设备制造及零件	99.2	93.0	100.0	100.0
木工机床	100.0	100.0	108.9	117.6
金属、硬质合金用型模	100.9	96.0	98.2	95.4
塑料用模具	100.6	99.9	99.3	96.3
其他模具	103.3	103.7	105.1	102.6
食品制造机械	98.7	94.6	96.7	101.4
烟草、盐加工机械	100.0	100.0	100.0	100.0
其他食品、饮料、烟草工业专用设备及零件	100.0	100.0	100.0	100.0
其他农副食品加工专用设备制造	108.7	107.5	100.0	100.3
饲料生产专用设备制造	100.0	100.0	100.0	100.0
造纸机	141.0	103.1	100.8	99.2
纸或纸板整理机械	141.9	102.3	102.0	95.3
纸制品生产专用机械	155.0	106.2	97.1	99.5
其他制浆和造纸专用设备及零件	106.5	100.3	100.0	100.0
印刷机设备	100.1	97.9	102.3	101.6
饮片生产机械	108.5	100.9	100.3	100.0
制剂生产设设备	108.5	100.0	100.0	100.0
其他日用品生产专用设备制造	100.5	100.3	100.6	101.1
无梭织机	97.9	104.0	101.7	100.3
纺织机械及其辅助机械零件、附件	101.0	100.0	100.0	100.0
皮革、毛皮及其制品加工专用设备制造	98.9	100.0	100.0	100.0
服装裁剪定型设备	101.2	100.0	100.0	100.0
电池生产专用设备	100.0	100.0	100.0	100.0
其他电工机械专用设备	102.1	100.5	96.7	98.5

全省工业生产者出厂价格基本分类指数（2011-2014年）（续表二十四）

（上年价格为100）　　单位：%

项目名称	2011年	2012年	2013年	2014年
半导体材料、器件及集成电路生产设备	101.5	100.0	100.0	100.0
电子元件及机电组件生产设备	99.0	74.0	90.1	99.5
平板显示器件（FPD）生产设备	105.8	100.4	100.0	100.0
净化设备和环境保护设备	101.5	100.0	100.0	100.0
其他电子工业专用设备	101.5	100.0	100.0	85.7
大型拖拉机	100.0	100.0	100.0	100.0
农林用自装或自卸式挂车	100.0	100.0	100.0	99.8
播种机	104.2	103.3	102.0	100.5
场上作业机械	99.3	98.4	100.3	100.0
其他机械化农业及园艺机具制造	96.6	102.1	103.3	104.8
家禽饲养及育雏机械	107.6	104.8	93.2	84.1
其他农林牧渔机械配件制造	100.0	100.0	101.4	100.7
其他农林牧渔业机械制造及机械	98.9	96.8	99.8	100.1
医用超声诊断仪器设备	100.1	99.0	96.7	102.6
射线断层摄影设备（CT机）	100.4	99.2	99.2	100.7
医用磁共振设备	99.4	99.6	96.7	103.9
生化分析仪器	97.4	100.0	100.0	100.0
其他医疗诊断、监护及治疗设备制造	101.8	100.0	100.0	100.0
注射器	100.8	100.3	99.4	99.5
输血设备	100.5	100.0	100.0	100.0
血压测量仪器及器具	87.6	100.0	100.0	100.0
机械治疗器具	100.0	100.0	100.0	100.0
其他医疗设备及器械	101.0	100.0	100.0	100.0
大气污染防治设备	99.0	101.4	99.4	99.0
固体废弃物处理设备	100.6	103.3	100.0	99.9
其他环境污染防治专用设备制造	104.8	105.7	100.1	97.8
消防自动系统	96.9	100.5	98.4	95.0
灭火器及零件	100.1	100.0	101.4	99.4
其他社会公共安全设备及器材制造	99.8	95.7	97.5	91.6
其他水资源专用机械	100.0	100.0	100.0	100.0

全省工业生产者出厂价格基本分类指数（2011–2014年）（续表二十五）

（上年价格为100）

单位：%

项目名称	2011年	2012年	2013年	2014年
其他未列明专用设备及服务	102.2	100.4	99.1	97.9
铁路机车	104.9	101.7	100.6	101.6
铁路货车	102.1	100.1	96.0	92.2
冶金专用有轨车辆	99.0	100.0	100.0	100.5
铁路机车转向架、轴、轮	119.0	94.0	91.8	95.9
其他铁路机车车辆配件	102.9	100.0	100.0	100.0
平交道、道岔口控制器固定装置及附件	97.3	98.4	100.0	101.6
其他铁路专用设备及器材、配件	102.5	98.4	97.4	98.2
基本型乘用车（轿车）	101.3	99.2	96.9	98.7
多功能乘用车（MPV）	101.1	100.0	100.0	100.0
大型客车	100.1	100.2	100.0	100.0
轻型客车	100.1	100.0	100.0	100.0
中型载货车	100.0	100.0	100.0	100.0
轻型载货车	98.3	95.6	103.1	98.4
半挂牵引车	99.0	99.7	100.0	100.0
汽车用发动机	101.4	98.2	100.2	98.7
改装汽车制造	105.5	100.5	101.9	100.6
汽车车身	109.2	100.0	100.0	100.0
挂车、半挂车	111.7	104.2	99.8	99.6
挂车及半挂车零件	111.6	105.6	97.5	107.2
机动车（汽车）零配件	100.7	99.3	101.6	100.3
汽车底盘、车架、车身及其零配件	99.3	101.2	98.9	99.7
汽车修理	101.4	100.3	100.4	99.6
两轮摩托车	89.7	98.8	101.7	102.1
助动自行车零件	109.7	101.5	100.1	99.9
民用钢质船舶	97.6	100.0	100.0	101.1
钢质机动货船	99.2	97.6	95.1	102.3
船用配套设备制造	99.6	102.1	100.7	99.6
船舶修理及拆船	109.2	96.2	100.0	92.0
飞机制造及修理	100.0	100.0	100.0	100.0

全省工业生产者出厂价格基本分类指数（2011-2014年）（续表二十六）

（上年价格为100）　　单位：%

项目名称	2011年	2012年	2013年	2014年
交通管理用金属标志及设施制造	103.1	110.1	94.6	97.9
交流发电机	101.1	100.0	99.9	99.3
风力发电机组	100.0	100.0	88.4	90.2
电机及发电机组专用零件	101.0	100.0	99.3	97.8
交流电动机	99.8	100.2	99.7	95.1
交直流两用电动机	99.3	96.9	98.3	100.0
其他电机及零件	103.7	97.2	100.2	99.4
驱动微电机	98.5	101.7	100.6	99.4
变压器	105.4	101.5	100.8	100.3
互感器	99.8	99.4	99.9	100.2
电力电容器	88.2	92.6	106.7	97.4
电力电容器成套装置	89.5	101.6	103.1	100.7
电力电容器零件	99.9	99.8	100.0	100.0
高压开关设备	100.5	99.6	99.7	99.4
隔离开关及断续开关	102.3	99.2	99.7	99.9
避雷器、电压限幅器及电涌抑制器	97.9	85.6	97.1	100.0
高压开关、保护或连接用组合装置	102.1	98.7	99.7	100.0
其他高压电路开关、保护电器装置	98.2	101.5	99.8	97.6
低压电路保护装置	100.9	100.0	100.0	100.0
低压电路开关装置	107.9	107.7	99.2	100.2
高压电力控制或电力分配装置	102.6	104.0	99.7	99.9
低压电力控制或电力分配装置	102.1	104.5	96.8	101.1
安全、自动化监控设备	102.0	100.0	100.0	100.0
其他配电开关控制设备	102.3	100.3	100.0	99.4
电力集成电路	105.5	96.4	94.5	90.8
继电器	110.2	106.0	100.0	99.4
连接器	100.9	100.0	87.1	96.2
其他电力电子元器件	93.7	97.0	99.5	107.5
其他输配电及控制设备制造	100.3	100.5	100.8	100.0
绝缘电线	107.3	97.5	99.2	99.3

全省工业生产者出厂价格基本分类指数（2011-2014年）（续表二十七）

（上年价格为100） 单位：%

项目名称	2011年	2012年	2013年	2014年
同轴电缆	104.2	100.0	100.0	100.0
电力电缆	113.3	95.3	96.5	94.7
其他电线、电缆	104.7	97.6	97.7	97.4
混合绝缘材料制电气绝缘子	97.7	100.6	110.5	96.9
电气设备用绝缘配件	100.0	102.1	99.8	100.0
其他绝缘制品	96.4	93.5	79.0	89.6
内燃机电点火起动装置及零件	158.1	100.0	100.0	100.0
其他电工器材	158.1	100.0	100.0	100.0
铅酸蓄电池	103.6	99.4	97.9	99.8
碱性蓄电池	97.4	99.3	94.9	92.3
电池零部件	91.0	91.2	82.7	99.9
家用电冰箱	96.7	94.9	102.6	109.2
房间空气调节器	103.2	106.5	100.3	101.0
家用电热水器	102.9	101.1	100.0	100.0
其他家用电力器具制造	100.0	99.9	99.9	100.1
太阳能用具	99.6	100.5	100.1	100.8
汞蒸气灯（水银灯）	100.0	100.0	101.1	100.0
荧光灯	100.0	100.0	100.0	100.0
户外照明用灯具及装置	99.4	100.2	94.1	97.6
装饰用灯	104.5	108.4	100.1	100.0
防盗、防火报警器及类似装置	100.0	100.7	100.9	100.0
其他未列明的电气机械	98.2	100.1	100.1	99.7
微波通信设备	101.2	107.6	94.7	96.3
通信传输设备零件	100.0	100.0	100.0	100.0
其他通信传输设备	109.1	104.7	99.2	104.2
数字程控交换机	100.3	102.8	100.0	100.0
固网软交换相关设备	100.0	87.5	87.0	97.9
收发合一中小型电台	100.0	100.0	100.0	100.0
电话单机	99.8	97.4	100.0	100.0
其他通信终端设备及零件	100.0	100.0	100.0	100.0

全省工业生产者出厂价格基本分类指数（2011-2014年）（续表二十八）

（上年价格为100）　　单位：%

项目名称	2011年	2012年	2013年	2014年
数字蜂窝移动电话系统设备	100.0	100.0	100.0	99.4
移动通信手持机（手机）	100.0	100.0	100.0	100.0
光纤接入设备	100.0	99.7	98.8	100.0
其他通信设备	100.0	100.0	100.0	100.0
雷达设备	107.8	100.9	102.7	103.9
其他雷达、无线电导航、无线电遥控设备及零件	99.2	100.0	100.0	100.0
广播电视发射设备	98.8	103.3	99.5	99.6
电声器件	99.2	100.0	100.0	100.0
通用应用电视监控系统设备	100.0	99.0	99.3	100.0
其他用途应用电视设备	98.7	95.0	66.7	99.8
微型计算机设备	100.0	100.0	100.0	100.0
系统形式自动数据处理设备	99.3	101.4	100.1	97.9
其他计算机网络设备	94.8	98.1	100.0	100.0
输入设备及装置	91.7	90.3	99.2	100.0
输出设备及装置	98.4	96.1	91.3	91.0
其他电子计算机外部设备	101.3	107.7	99.9	94.8
电子管	101.7	100.5	100.2	106.6
其他电子器件及零件	99.7	100.0	100.0	100.0
半导体二极管	98.1	91.4	100.2	98.8
半导体三极管	101.0	105.1	101.9	98.4
传感器	109.3	100.0	100.6	100.0
集成电路成品	88.3	100.3	88.7	90.8
集成电路圆片	101.5	105.1	100.8	105.4
其他集成电路微电子组件	104.7	100.0	88.0	97.3
显示器件	96.8	99.5	99.2	99.5
其他光电子器件及电子器件	96.0	100.0	100.0	100.0
电容器	101.6	98.2	101.8	99.6
电位器	101.3	87.3	100.0	100.0
磁性材料元件	98.3	100.5	97.6	98.5
敏感元件	97.5	97.7	97.5	100.0

全省工业生产者出厂价格基本分类指数（2011—2014年）（续表二十九）

（上年价格为100） 单位：%

项目名称	2011年	2012年	2013年	2014年
片式元件	104.5	100.3	100.1	100.5
电子元件、组件零件	99.6	102.3	102.3	99.7
其他电子元件及组件	99.3	99.4	94.9	90.0
刚性印制电路板	102.3	102.8	101.2	98.6
其他印制电路板	103.5	95.1	99.8	99.8
彩色（显像管）电视机	95.0	84.2	99.0	92.2
液晶（LCD）电视机	102.6	99.7	105.8	99.9
等离子（PDP）电视机	102.8	100.0	100.0	100.0
数字激光音、视盘机	98.3	94.1	92.6	98.3
汽车用音响设备	98.8	101.6	122.6	97.7
其他电子设备制造	99.5	98.9	99.4	99.7
工业电动调节仪表	100.6	101.4	94.2	102.0
工业自动控制系统	100.3	100.6	100.0	99.6
电能表	98.0	98.0	100.0	100.0
其他电工仪器仪表	100.0	96.9	92.1	96.1
温度计	101.5	98.5	100.0	100.0
普通压力仪表	100.1	100.0	100.0	99.6
流量仪表	100.1	95.7	98.6	98.7
显示仪表、记录仪	100.3	99.8	97.9	100.3
电化学式分析仪器	103.8	100.7	99.6	101.6
物性分析仪器	102.6	100.0	100.0	100.0
液位测量仪表	107.0	103.6	100.0	100.0
其他实验分析仪器	102.4	100.0	99.4	99.9
检测器具及设备	98.3	100.0	100.9	104.5
其他试验机及零件	98.3	100.0	97.9	99.0
执行器	98.8	99.8	100.2	100.2
燃气表、水表	96.1	99.9	99.8	99.4
其他供应用仪表及通用仪器	100.0	99.8	98.6	99.7
其他环境监测专用仪器仪表	101.9	100.0	100.0	100.0
气象观测仪器	100.0	100.0	102.5	100.0

全省工业生产者出厂价格基本分类指数（2011-2014年）（续表三十）

（上年价格为100）　　单位：%

项目名称	2011年	2012年	2013年	2014年
石油测井仪器设备	100.0	100.0	104.4	100.0
其他地质勘探和地震专用仪器	100.0	100.0	100.0	100.0
核子及核辐射测量仪器制造	100.7	99.1	99.6	100.0
通用电子测量仪器	91.2	96.8	99.5	99.8
表	100.6	107.2	100.2	100.0
钟表机心	92.5	101.3	140.8	102.1
眼镜架及其零件	105.1	100.9	102.4	100.3
照相机器材	78.7	97.3	83.6	94.7
胶印设备	100.0	100.0	100.0	95.9
办公印刷设备	100.0	100.0	100.0	95.4
银行专用机器	98.2	99.6	101.6	100.2
其他仪器仪表的制造及修理	93.6	90.7	87.9	93.6
铜制工艺品	100.0	100.0	93.6	98.6
铁制工艺品	100.0	100.0	100.0	99.6
人造花类工艺品	99.0	92.0	99.8	100.0
画类工艺品	100.0	100.0	100.0	100.0
天然植物纤维编织工艺品制造	102.4	101.4	100.7	99.1
其他抽纱刺绣工艺品	100.0	100.0	100.0	100.0
机制地毯、挂毯	100.0	100.0	99.3	87.2
贵金属首饰	117.7	107.8	97.8	93.2
其他未列明工艺美术制品	108.7	104.8	99.8	101.8
刷子类制品	102.1	97.5	100.3	100.0
伞类制品	97.5	94.0	91.1	100.0
拉链及其零件	102.5	102.4	100.9	97.4
打火机及其零件	98.0	102.0	99.1	100.0
其他未列明日用杂品	97.3	100.2	99.9	99.5
煤制品制造	102.7	103.3	98.0	100.3
熔炼用废钢	119.6	99.5	91.2	91.4
其他金属废料和碎屑	117.2	102.4	89.6	96.4
其他非金属废料和碎屑	102.7	100.0	93.7	95.3

全省工业生产者出厂价格基本分类指数（2011–2014年）（续表三十一）

（上年价格为100） 单位：%

项目名称	2011年	2012年	2013年	2014年
火力发电量	101.0	103.2	99.3	98.2
水力发电量	100.8	108.6	102.3	100.5
风力发电量	100.1	100.6	101.0	100.0
电力供应	100.7	104.1	100.3	99.6
热力	101.0	100.9	99.6	100.9
供热总量	101.8	101.9	99.9	100.2
人工煤气供应量	100.6	101.3	100.1	100.0
天然气供应量	109.7	102.1	100.4	99.5
液化石油气供应量	99.1	100.0	100.0	100.0
自来水生产量	106.7	101.8	100.0	100.0
自来水供应量	101.1	100.4	98.7	100.2
中水量	100.2	100.0	100.0	100.0

全省工业生产者购进价格指数（2000-2014年）

（上年价格为100）　　单位：%

项目名称	2000年	2001年	2002年	2003年	2004年	2005年	2006年	2007年	2008年	2009年	2010年	2011年	2012年	2013年	2014年
总指数	103.9	99.9	98.3	105.1	112.1	108.1	104.2	104.8	111.5	93.3	108.6	108.3	99.0	98.5	98.0
（一）燃料、动力类	111.7	99.8	99.3	104.1	106.0	112.5	110.2	103.9	111.7	97.1	112.4	109.6	101.1	97.0	98.1
（二）黑色金属材料类	101.6	101.2	98.1	110.1	123.4	108.2	97.3	105.5	120.6	85.5	106.8	108.7	95.9	97.0	96.1
其中：钢材	102.3	99.8	97.6	107.9	120.7	106.0	97.4	104.9	116.1	87.2	104.0	108.3	96.2	96.6	97.2
其它	—	—	98.4	112.3	126.0	110.1	97.1	106.3	127.3	82.8	110.4	109.3	95.4	97.5	94.7
（三）有色金属材料及电线类	104.9	97.5	97.2	107.5	126.1	112.8	122.1	111.3	99.1	84.3	111.1	108.9	97.4	95.0	97.1
（四）化工原料类	103.4	100.0	97.3	103.9	111.5	110.4	102.4	103.7	107.1	90.6	108.1	107.3	96.5	97.8	98.9
（五）木材及纸浆类	100.5	100.9	99.9	100.3	101.9	101.1	100.4	104.0	106.9	99.0	101.2	104.6	101.8	100.5	100.7
（六）建筑材料及非金属类	99.2	100.7	98.7	99.6	102.4	105.5	101.1	103.7	117.1	98.5	105.3	109.4	103.3	99.8	99.5
（七）其它工业原材料及半成品类	99.8	99.6	98.8	101.3	108.7	103.2	101.3	105.3	108.1	97.5	104.4	103.0	99.7	100.5	97.9
（八）农副产品类	95.3	100.9	98.5	107.7	114.2	103.9	103.2	105.9	115.0	95.6	110.8	114.6	99.3	100.6	98.8
（九）纺织原料类	101.7	99.8	96.8	102.8	103.9	102.9	102.7	101.8	103.5	99.9	105.2	106.3	99.7	99.8	99.3

全省工业生产者购进价格基本分类指数（2011—2014年）

（上年价格为100）

单位：%

项目名称	2011年	2012年	2013年	2014年
稻谷	119.3	103.6	100.6	99.9
小麦	102.1	102.7	103.6	103.2
玉米	116.1	110.2	103.6	103.8
高粱	93.7	102.1	105.3	100.9
大麦	125.1	103.6	100.8	94.8
荞麦	121.4	72.1	100.2	100.1
谷物茎、秆、根	106.3	100.9	100.8	100.2
其他谷物	106.5	101.3	102.5	100.0
花生	106.4	103.4	97.3	97.6
葵花籽	100.4	100.4	100.1	100.1
其他油料	106.3	90.6	84.2	96.1
大豆	108.9	103.4	102.1	98.3
绿豆	98.2	101.4	100.1	100.2
小豆	109.2	100.0	100.0	100.0
其他杂豆及豆秸	105.7	113.0	103.2	100.0
棉花的种植	126.0	84.4	96.3	98.9
甜菜	105.5	116.5	106.9	100.0
烟草的种植	100.0	100.0	100.0	100.0
其他作物的种植	101.7	100.9	98.5	99.9
蔬菜	115.1	98.6	103.9	101.4
食用菌	104.3	99.8	100.4	101.2
水果（园林水果）	98.7	100.7	100.9	100.4
干制水果及水果籽	101.3	91.7	98.7	99.2
香味料	94.8	106.4	108.8	95.8
中药材的种植	114.0	99.9	104.6	103.6
针叶原木	103.9	102.9	100.6	100.5
非针叶原木	107.1	103.2	101.1	100.6
其他木材	103.7	100.4	101.0	100.4
天然橡胶	129.1	82.5	86.9	82.9
天然树脂、树胶、栲胶原料	125.0	100.0	100.0	100.0

全省工业生产者购进价格基本分类指数（2011–2014年）（续表一）

（上年价格为100）　　单位：%

项目名称	2011年	2012年	2013年	2014年
编结用原料	100.0	100.0	100.0	100.0
其他林产品	102.5	99.8	99.0	102.4
牛	98.8	101.3	103.3	98.5
生奶	105.9	103.5	107.7	102.6
动物毛	128.1	102.8	98.5	103.2
猪的饲养	140.3	97.2	95.0	95.1
活鸡	110.6	102.9	98.6	101.4
活鸭	105.4	105.9	103.0	101.2
活鹅	123.6	133.9	100.0	100.0
禽蛋	116.2	96.0	101.7	106.2
天然蜂蜜及副产品	99.0	115.8	104.1	98.3
蚕茧	104.9	101.8	110.6	123.0
海水养殖	103.0	99.4	99.3	100.0
海水捕捞鲜鱼	100.1	101.9	100.0	100.8
其他海水捕捞产品	96.9	94.5	99.4	103.7
内陆养殖	100.0	100.0	100.0	100.0
农产品初加工服务	126.8	100.1	103.5	93.3
无烟煤	109.3	101.0	98.3	98.5
烟煤	107.1	104.3	97.3	97.6
洗煤	106.8	99.9	94.9	94.7
褐煤的开采洗选	109.7	101.1	94.5	98.1
其他煤炭采选	106.5	104.2	99.8	96.7
原油	122.5	102.0	95.4	94.5
天然气	108.8	99.5	101.2	102.6
炼钢块矿	116.2	109.0	89.0	85.8
炼铁块矿	118.4	100.0	98.7	99.9
铁富粉矿	117.8	88.7	101.2	85.6
铁精矿	112.1	84.9	97.6	92.4
铁矿石原矿	113.0	89.8	97.1	96.9
锰矿	101.6	98.4	103.4	96.4

全省工业生产者购进价格基本分类指数（2011–2014年）（续表二）

（上年价格为100） 单位：%

项目名称	2011年	2012年	2013年	2014年
铬矿石	106.8	94.6	96.4	91.0
铜矿采选	110.6	102.7	100.0	100.0
铅矿	108.0	93.8	89.0	100.0
锌矿	108.6	89.5	81.0	102.1
镍矿	160.5	128.6	101.6	100.0
镁矿采选	108.7	99.4	99.7	99.8
钛矿	108.8	102.6	95.4	95.6
金矿采选	104.8	100.9	96.8	99.3
钼矿	102.7	96.5	96.5	96.4
石灰石	105.4	103.1	102.8	101.4
石膏类	99.0	106.0	100.5	101.8
其他建筑用石料	131.9	114.5	98.2	101.2
耐火粘土	107.1	108.7	99.8	100.0
萤石	101.8	101.9	101.4	103.1
其他耐火土石类	110.8	100.2	100.8	100.3
粘土	103.2	106.8	102.1	101.6
砂石	107.1	102.5	98.0	101.1
其他粘土及其他土砂石	104.7	112.6	104.8	93.0
硫铁矿石	110.9	100.0	100.0	100.0
磷矿石	107.5	100.6	100.0	100.0
其他化学矿	104.3	102.3	102.9	101.5
海盐	109.7	100.1	99.6	95.3
井盐	113.8	111.2	100.0	100.0
石棉	167.6	99.9	100.5	100.8
石墨	109.9	98.7	96.0	96.4
滑石	110.2	106.1	101.9	99.4
其他非金属矿采选	106.6	102.8	100.0	100.0
其他采矿业	103.6	104.7	100.7	100.0
小麦粉	108.5	99.9	101.3	99.7
小麦专用粉	112.4	104.8	102.9	102.8

全省工业生产者购进价格基本分类指数（2011–2014年）（续表三）

（上年价格为100）　　单位：%

项目名称	2011年	2012年	2013年	2014年
大米	115.9	104.3	109.0	100.9
其他谷物磨制产品	104.1	99.9	100.1	98.8
配合饲料	102.8	100.5	98.7	100.8
蛋白质饲料	101.2	110.2	108.4	94.1
其他饲料加工	98.8	104.0	103.2	95.4
毛油(初榨植物油)	111.3	100.4	104.3	101.2
精制食用植物油	112.4	100.2	95.3	94.8
其他食用植物油	124.6	101.0	93.7	96.4
非食用植物油加工	104.3	102.9	104.0	99.3
原糖	127.7	98.9	92.0	93.3
成品糖	120.5	99.1	96.9	97.4
加工糖	129.7	102.1	82.8	93.2
鲜、冷藏肉	105.9	100.3	99.9	99.9
冻肉	113.6	104.8	104.2	97.2
可食用动物杂碎	100.5	101.1	101.7	99.9
其他禽畜屠宰	93.3	92.7	98.3	100.7
动物肠衣	106.2	96.9	101.7	99.9
熏肉制品	101.9	101.6	101.4	100.1
冷冻鱼	103.3	104.0	101.7	98.9
冷冻蟹	105.1	99.6	100.9	101.2
其他冷冻水产品	99.6	92.4	96.3	98.2
水产饲料制造	94.9	98.4	100.9	100.1
其他水产品加工	106.7	97.4	90.2	87.0
蔬菜加工品	105.5	100.8	96.9	100.6
水果、坚果加工品	101.9	91.5	114.8	102.0
其他蔬菜、水果和坚果加工	104.4	101.6	102.2	101.3
淀粉	107.6	101.2	99.6	98.7
豆制品制造	95.9	106.4	111.6	96.4
其他未列明的农副食品加工	95.6	100.0	100.0	100.0
液体乳	108.3	95.8	110.5	92.5

全省工业生产者购进价格基本分类指数（2011-2014年）（续表四）

（上年价格为100） 单位：%

项目名称	2011年	2012年	2013年	2014年
固体乳制品	110.3	94.4	100.6	108.1
味精制造	102.2	98.5	92.7	95.6
酱油	100.0	100.0	100.0	100.0
食醋	100.0	100.0	100.0	100.0
发酵类制品	142.3	100.8	100.4	100.0
食用盐	100.6	99.5	100.0	99.8
食品添加剂	98.8	99.9	89.4	101.3
饲料添加剂	107.7	101.9	95.5	85.8
酒精制造	108.6	100.9	97.6	101.4
白酒制造	102.2	98.4	104.1	98.0
其他酒制造	111.0	113.4	104.0	100.0
碳酸饮料制造	99.2	99.5	106.6	89.1
果菜汁及果菜汁饮料制造	105.0	99.6	95.3	104.0
烟叶复烤	100.5	110.6	107.5	100.9
已梳皮棉	110.6	91.7	97.3	94.0
纱	103.3	96.2	99.2	99.2
线	103.7	100.9	99.1	98.7
布	107.1	100.8	98.0	99.7
其他棉、化纤纺织及印染精加工	105.3	97.2	97.4	98.6
棉、化纤印染精加工	109.0	100.4	101.3	100.9
毛条加工	139.0	98.9	102.0	100.8
毛纱	107.0	95.9	98.7	99.6
绒线	100.3	107.9	107.5	99.8
毛机织物（呢绒）	105.7	103.5	101.7	101.3
特种羊毛或动物细毛织物	106.1	100.0	100.0	104.8
其他麻纺织	99.7	101.9	100.1	101.0
缫丝加工	128.4	90.5	81.1	102.2
蚕丝及交织机织物	100.7	100.0	99.1	99.8
其他纤维长丝机织物	103.7	108.1	101.1	100.0
毛制品制造	100.9	99.9	100.0	100.0

全省工业生产者购进价格基本分类指数（2011−2014年）（续表五）

（上年价格为100） 单位：%

项目名称	2011年	2012年	2013年	2014年
帘子布	100.6	92.6	92.6	93.9
其他纺织带和帘子布	98.4	98.8	99.2	99.5
半成品革	100.0	104.0	97.2	102.1
成品革	101.3	101.8	100.8	101.6
其他皮革	98.4	99.8	101.0	101.6
毛皮鞣制加工	100.0	100.0	100.0	100.0
羽毛(绒)加工	87.3	100.0	100.0	100.0
锯材加工	105.8	100.9	99.7	100.7
木片	106.1	100.2	99.5	100.8
其他木材加工	101.9	102.6	102.5	101.7
胶合板制造	94.1	99.9	100.6	100.1
纤维板制造	102.6	102.0	99.2	101.2
刨花板制造	106.1	102.6	101.2	102.1
其他人造板、材制造	111.7	102.9	102.0	101.2
复合木地板	106.9	104.7	100.0	100.0
其他建筑用木工制品	106.3	102.3	99.5	99.4
竹制品	101.7	100.0	100.0	100.0
藤、棕、草制品	118.8	122.0	109.3	96.6
木浆	102.6	98.5	100.5	100.7
非木材纤维纸浆	95.5	97.7	100.2	97.8
废纸纸浆	101.2	100.5	100.0	100.9
化学溶解浆及其他纸浆	102.2	97.5	99.2	99.6
未涂布印刷书写用纸	103.5	99.5	99.7	99.7
新闻纸	104.9	101.7	100.0	99.2
卫生用纸原纸	103.3	100.4	100.0	102.6
其他机制纸及纸板	103.6	99.1	99.4	99.4
加工纸制造	110.0	99.3	96.4	100.0
纸和纸板容器的制造	111.0	100.3	98.6	98.5
其他纸制品	102.0	97.2	99.4	99.1
金属印刷品	99.7	99.9	100.0	100.0

全省工业生产者购进价格基本分类指数（2011－2014年）（续表六）

（上年价格为100）

单位：%

项目名称	2011年	2012年	2013年	2014年
其他印刷品	100.3	100.4	96.5	99.1
汽油	110.5	103.7	101.4	99.7
煤油	112.0	104.4	104.6	100.0
柴油	111.7	100.1	99.6	100.5
润滑油	110.6	102.5	97.6	97.8
燃料油	105.9	99.4	98.1	101.2
石脑油	120.0	97.1	94.9	99.2
溶剂油	112.3	96.1	92.9	100.2
润滑脂	117.6	103.9	101.9	100.0
石油液化气	113.6	103.9	100.0	97.5
石油焦	109.9	80.1	92.0	93.5
石油沥青	111.6	97.9	97.7	98.2
石蜡	101.0	98.6	99.0	98.7
焦油	121.0	86.1	101.8	87.5
白色油	123.3	105.8	95.2	94.7
其它原油加工及石油制品制造	112.2	108.2	101.0	99.5
焦炭	103.3	97.2	96.7	97.2
矿物焦油	115.4	93.6	97.9	93.3
核燃料加工	104.4	100.0	100.6	99.0
硫酸	114.6	97.6	94.1	96.8
盐酸	93.2	93.2	94.6	96.7
其它无机酸产品	106.4	102.2	99.3	93.8
烧碱	113.8	104.5	96.4	96.5
纯碱类	108.6	94.2	96.9	100.8
其它无机碱产品	101.0	98.7	97.9	103.1
非金属卤化物及硫化物	108.7	98.8	99.5	98.6
金属硫化物及硫酸盐	109.6	96.3	101.3	103.0
金属硝酸盐、亚硝酸盐	107.5	101.7	99.5	110.4
磷化物、金属磷酸盐	108.0	102.6	102.5	99.9
氟化物及其盐	105.0	98.6	99.9	100.0

全省工业生产者购进价格基本分类指数（2011–2014年）（续表七）

（上年价格为100）　　单位：%

项目名称	2011年	2012年	2013年	2014年
氯化物及其盐	109.5	94.0	107.5	99.4
氯氧化物及氢氧基氯化物	107.4	103.0	95.4	99.5
氰化物、氧氰化物及氰络合物	108.0	100.0	100.0	100.0
硼化物、硼酸盐和过硼酸盐	119.6	98.7	100.9	103.4
碳化物及碳酸盐	109.6	99.3	98.7	100.3
贵金属化合物	106.3	81.0	102.8	91.1
氢化物、氮化物、叠氮化物	109.7	96.6	97.8	100.1
无环烃	108.4	94.9	95.0	99.1
环烃	110.2	99.4	98.3	97.3
无环烃饱和氯化衍生物	107.6	86.2	88.6	107.2
无环烃不饱和氯化衍生物	97.7	91.2	95.8	99.9
烃磺化、硝化或亚硝化衍生物	107.5	94.8	95.6	99.6
无环醇及其衍生物	104.5	90.6	96.2	93.6
环醇	106.0	100.8	100.0	100.3
酚	103.7	78.2	102.7	98.1
羧酸及其衍生物	105.0	92.7	98.3	100.8
含氮基化合物	113.9	108.4	106.4	91.8
醚	106.6	91.1	93.8	106.0
醛	107.6	98.7	97.6	100.0
其他有机化学原料	106.8	84.6	92.4	98.2
非金属无机氧化物	111.0	93.2	87.7	93.6
金属氧化物	113.3	100.7	98.5	97.9
气体及稀有气体	96.6	99.5	98.6	99.0
硫磺	114.3	94.7	91.1	102.7
磷	102.0	101.6	97.4	95.7
其他未列明基础化学原料	114.1	94.4	92.0	91.3
氨及氨水	103.7	102.6	100.0	100.1
氮肥（折含N100%）	107.9	101.0	100.2	97.6
磷肥制造	101.9	100.2	99.8	98.5
钾肥制造	101.9	99.9	95.7	98.2

全省工业生产者购进价格基本分类指数（2011−2014年）（续表八）

（上年价格为100）　　单位：%

项目名称	2011年	2012年	2013年	2014年
复混肥料制造	106.7	97.9	83.6	96.5
其他化学农药	100.2	99.8	99.8	100.0
非水性涂料	101.1	100.5	101.3	100.0
建筑涂料	102.7	100.0	99.1	100.0
涂料辅助材料	100.6	100.1	99.6	99.9
印刷油墨	101.9	98.6	99.5	95.7
专用油墨	103.2	101.7	99.1	95.3
其它油墨及类似产品制造	99.7	101.3	99.0	98.4
无机颜料	103.5	100.7	98.2	97.4
矿物颜料	101.6	101.4	101.0	100.0
艺术、美工用颜料、调色料	101.6	100.5	100.0	100.0
其他颜料及类似产品	102.0	111.9	97.8	99.7
染料制造	99.5	100.8	95.1	101.8
初级形态的塑料及合成树脂制造	105.6	97.4	98.3	99.4
顺丁橡胶	119.9	89.8	86.3	93.3
丁苯橡胶	125.6	91.7	87.8	96.1
丁腈橡胶	110.8	100.8	91.1	96.0
氯丁橡胶	109.5	101.7	94.5	96.5
其他合成橡胶	113.7	100.8	95.8	102.0
合成纤维单体	127.2	88.9	96.7	97.7
合成纤维聚合物	132.0	97.4	97.0	96.6
离子交换树脂	104.0	80.0	89.8	100.0
化学试剂	107.2	99.9	100.0	100.0
橡胶助剂	113.7	104.0	99.6	100.6
塑料助剂	104.3	99.9	100.4	100.4
纺织工业用整理剂、助剂	102.9	96.8	99.6	100.0
润滑剂及类似制品	103.5	100.0	100.0	99.9
炭黑	101.5	98.2	98.3	97.6
其他化学试剂和助剂	106.9	104.4	99.2	99.2
油田用化学制剂	100.7	101.4	97.6	100.1

全省工业生产者购进价格基本分类指数（2011-2014年）（续表九）

（上年价格为100）　　单位：%

项目名称	2011年	2012年	2013年	2014年
鞣料及鞣料制剂	101.6	100.0	100.0	100.0
矿物油用配制添加剂	98.7	94.5	96.2	102.1
酶及酶制品	91.4	97.4	96.8	98.8
金属表面处理剂	105.5	103.4	100.1	100.0
建工建材用化学助剂	101.6	100.0	100.0	100.0
松香类产品	137.3	90.4	100.0	100.0
其他林产化学产品	233.4	82.1	83.1	85.6
炸药	101.9	100.9	100.4	99.9
火工产品	100.0	99.2	99.1	98.9
其它炸药及火工产品制造	100.2	100.0	100.0	99.9
电子半导体材料	96.5	89.6	89.4	104.2
其他专用化学产品制造	110.9	99.3	100.9	100.4
合成洗涤剂	96.8	89.7	99.6	100.0
香料	101.7	100.0	105.4	96.9
香精	96.6	97.8	95.7	104.3
抗菌素（抗感染药）	96.6	98.9	99.6	101.2
消化系统用药	96.5	90.8	102.0	100.7
解热镇痛药	101.1	100.4	101.3	99.5
维生素类	92.4	96.5	99.3	96.1
抗寄生虫病药	97.9	100.0	100.9	101.7
中枢神经系统用药	99.1	100.7	100.3	99.5
心血管系统用药	96.3	97.1	103.0	99.6
泌尿系统用药	97.0	94.4	104.6	99.8
调解水、电解质、酸碱平衡药	103.1	103.6	99.0	100.0
生化药（酶及辅酶）	106.3	102.2	92.5	95.0
制剂用辅料及附加剂	99.6	108.8	100.0	80.6
中成药片剂	112.4	95.2	102.0	97.2
中成药胶囊	109.8	82.6	113.7	97.7
其他中成药	112.0	102.5	101.5	100.0
生物制剂	100.0	100.0	115.6	116.3

全省工业生产者购进价格基本分类指数（2011—2014年）（续表十）

（上年价格为100） 单位：%

项目名称	2011年	2012年	2013年	2014年
球蛋白、白蛋白	95.3	91.0	113.0	123.5
其他生物化学药品	100.0	100.1	100.1	100.0
化纤浆粕制造	101.6	78.2	91.7	94.7
人造纤维短纤维	121.6	88.2	93.1	93.4
人造纤维长丝	124.1	89.4	94.7	100.4
锦纶纤维制造	115.5	94.8	100.0	100.0
涤纶纤维制造	115.7	89.0	96.6	101.2
腈纶纤维制造	103.7	102.7	99.8	99.5
其他合成纤维制造	109.3	92.9	96.8	98.1
橡胶轮胎外胎	106.4	103.5	100.0	100.9
子午线轮胎外胎	101.9	100.2	100.0	100.0
橡胶管	97.8	88.4	97.7	99.8
橡胶板、杆、型材	106.8	88.9	100.5	105.4
混合碳黑未硫化复合橡胶	100.1	100.0	100.0	100.0
橡胶零附件	109.4	100.4	100.0	99.7
硬质橡胶及其制品	124.7	101.8	100.0	100.0
其他橡胶制品	111.3	101.4	100.0	100.0
农用薄膜	112.6	99.9	97.6	85.2
聚乙烯（PE）塑料薄膜	102.4	96.2	100.5	101.2
聚丙烯（PP）塑料薄膜	105.4	99.4	102.9	100.5
聚氯乙烯（PVC）塑料薄膜	120.3	100.0	98.6	99.9
聚酯塑料薄膜	113.1	105.2	101.3	98.9
其他塑料薄膜	110.8	97.1	96.5	98.6
塑料板、片	112.9	91.5	98.0	100.0
塑料管及附件	105.9	98.5	94.0	98.5
塑料条、棒、型材	106.7	94.7	99.0	99.5
其他塑料板、管、型材	106.0	97.5	100.4	95.5
塑料编织布	107.7	102.6	100.0	100.0
塑料编织袋	107.3	101.7	100.5	100.0
聚乙烯泡沫塑料	101.5	102.2	102.2	105.2

全省工业生产者购进价格基本分类指数（2011-2014年）（续表十一）

（上年价格为100）　　单位：%

项目名称	2011年	2012年	2013年	2014年
聚苯乙烯泡沫塑料	104.5	97.0	99.8	96.0
聚氨酯泡沫塑料	101.2	100.0	100.0	100.0
塑料合成革	99.7	100.0	100.0	100.0
塑料容器	102.5	98.3	102.5	99.2
其他塑料包装物附件	101.3	100.0	97.7	100.0
汽车或类似品塑料配件	112.9	99.3	95.9	99.9
其他塑料零件	105.2	77.5	80.9	91.2
塑料粒料	100.8	100.9	99.0	100.2
其他未列明塑料制品	104.3	103.9	91.6	94.3
强度等级水泥	109.9	106.5	100.3	98.7
通用硅酸盐水泥	107.7	102.2	98.8	98.2
专用水泥	105.0	102.8	96.4	92.7
特性水泥	108.4	106.0	103.6	100.3
硅酸盐水泥熟料	104.6	98.9	97.4	96.6
石灰	102.5	99.3	100.5	101.4
熟石膏	116.0	102.5	109.6	99.0
其他建筑材料制造	106.1	104.4	102.9	99.4
浮法玻璃	99.0	94.6	99.7	98.0
压延玻璃	100.0	101.2	94.8	91.0
平拉玻璃	100.9	103.2	101.6	96.8
其他平板玻璃	93.6	86.3	100.0	100.0
钢化玻璃	101.4	100.0	100.0	99.8
光学元件毛坯	101.6	101.5	100.0	100.0
玻璃包装容器	100.0	100.0	100.0	99.7
其他日用玻璃制品及玻璃包装容器	100.0	100.0	100.0	100.0
玻璃纤维工业用玻璃球	103.3	99.8	100.3	100.0
其他玻璃纤维制品	104.5	105.9	97.8	100.0
其他特种陶瓷制品	98.7	100.0	97.5	96.6
云母制品制造	105.8	100.4	100.0	100.0
隔热耐火制品	113.1	93.7	78.3	79.8

全省工业生产者购进价格基本分类指数（2011–2014年）（续表十二）

（上年价格为100）　　单位：%

项目名称	2011年	2012年	2013年	2014年
其他耐火材料制品	115.4	111.7	99.4	93.4
石墨制品	101.0	99.6	95.1	93.2
其他石墨及碳素产品	103.5	100.0	100.0	100.0
磨料	102.5	103.3	106.6	99.6
其他非金属矿物制品	107.2	97.8	82.5	103.6
生铁	110.9	101.4	96.3	97.4
铸铁管及其附件	125.6	100.7	100.3	96.5
其他炼铁产品	118.7	99.9	97.5	97.9
非合金钢粗钢	102.4	97.1	89.9	97.7
低合金钢粗钢	109.2	95.1	96.1	96.5
合金钢粗钢	104.9	99.7	97.6	94.7
不锈钢粗钢	103.7	99.2	97.0	99.4
其他炼钢	104.2	92.3	93.3	96.9
非合金钢钢坯	107.7	96.3	97.4	97.7
低合金钢钢坯	111.5	102.7	96.2	93.0
合金钢钢坯	110.3	94.2	94.9	94.4
不锈钢钢坯	109.6	101.9	97.8	98.4
铁道用钢材	106.6	92.5	88.4	98.1
大型型钢	109.6	96.9	97.0	98.1
中小型型钢	106.0	97.1	98.2	94.0
钢筋	116.7	99.1	97.6	98.6
棒材	109.1	98.5	97.9	98.8
线材（盘条）	114.9	95.9	97.4	96.8
特厚板	106.4	99.1	97.8	97.9
厚钢板	107.1	97.6	97.4	95.7
中板	107.2	95.6	96.0	98.7
热轧薄板	107.0	96.6	97.2	97.5
冷轧薄板	108.2	95.7	96.1	98.3
中厚宽钢带	107.4	102.5	100.0	98.4
热轧薄宽钢带	110.5	94.7	97.0	98.2

全省工业生产者购进价格基本分类指数（2011—2014年）（续表十三）

（上年价格为100）　　单位：%

项目名称	2011年	2012年	2013年	2014年
冷轧薄宽钢带	107.8	91.9	92.7	93.7
热轧窄钢带	104.7	99.3	99.0	99.2
冷轧窄钢带	108.2	98.5	96.4	95.8
镀层板带	106.9	94.5	95.9	97.8
涂层板带	107.6	98.3	93.9	92.0
电工钢板带	114.2	91.9	95.9	99.7
无缝钢管	110.3	92.6	95.3	98.7
焊接钢管	108.2	95.8	95.0	99.1
其他钢材	107.1	98.8	99.0	99.5
普通铁合金	103.3	93.8	99.7	97.8
特种铁合金	108.9	92.4	92.8	97.8
其他铁合金	104.8	90.8	96.9	90.9
粗铜	132.5	93.9	98.3	97.8
阳极铜	101.1	85.6	97.4	93.8
精炼铜（电解铜）	103.8	85.4	93.1	94.0
直接利用再生铜	108.7	86.8	99.5	100.0
粗铅	109.6	97.7	93.4	98.0
铅	108.1	97.0	95.2	96.5
锌	107.9	93.5	98.7	103.0
镍	109.8	82.6	92.3	96.7
钴	94.7	88.5	93.1	100.8
锑品（矿产）	174.5	73.7	84.0	86.8
氧化铝	100.8	99.7	99.1	99.4
化学品氧化铝实物量	98.9	99.9	97.0	98.8
原铝（电解铝）	104.2	97.0	93.7	95.2
再生铝	104.5	100.4	95.4	95.1
镁冶炼	97.6	102.5	98.9	97.4
钛	113.4	88.8	90.1	93.7
其他未列明常用有色金属及服务	102.4	79.8	75.5	97.4
矿山成品金	113.0	102.7	91.6	95.0

全省工业生产者购进价格基本分类指数（2011–2014年）（续表十四）

（上年价格为100）　　单位：%

项目名称	2011年	2012年	2013年	2014年
钨	137.9	92.6	93.9	101.4
钼	88.9	99.9	91.9	98.9
单一稀土金属	110.6	93.4	90.0	98.9
混合稀土金属	116.1	96.1	93.9	100.0
其他稀土金属	114.1	93.7	88.0	100.0
锆	143.1	100.3	100.0	100.0
其他稀有金属	116.0	100.0	100.0	100.0
铜合金	127.1	87.6	98.1	93.8
铅合金	101.8	101.1	100.0	100.0
镍合金	103.7	100.6	102.1	83.6
铝合金	109.0	97.4	96.1	96.5
锡合金	100.5	99.8	97.8	99.6
钛、铋、镉、钴及其他常用有色金属合金	106.7	102.4	94.4	91.5
铜压延加工材	108.8	93.6	94.7	96.6
铝棒材	104.6	94.0	96.8	98.3
铝型材	104.6	99.4	96.4	89.0
铝板材	104.4	100.2	98.7	98.5
铝箔材	106.5	98.7	96.9	99.4
其他铝材及附件	99.1	95.1	97.2	96.5
铝盘条、铝粉及片状粉末	105.0	96.0	95.3	93.8
铅压延加工材	102.3	93.3	95.3	93.6
锌压延加工材	106.6	100.4	97.0	97.2
镁、钛，相关常用有色金属加工材	102.9	100.0	98.7	93.4
钨加工材	98.4	112.6	82.9	100.0
钼加工材	98.2	115.6	82.0	100.0
其他稀有稀土金属压延加工材	112.8	94.0	94.1	96.8
钢铁制包装容器	102.1	100.2	98.5	99.3
铝制包装容器	100.5	108.3	101.5	100.0
金属容器塞子、盖子	100.5	100.0	100.0	100.0
铁丝	105.4	95.1	95.7	98.9

全省工业生产者购进价格基本分类指数（2011-2014年）（续表十五）

（上年价格为100） 单位：%

项目名称	2011年	2012年	2013年	2014年
钢丝	104.5	96.4	92.5	98.4
铜丝	101.7	95.7	99.2	96.7
钢丝绳	102.1	99.9	100.1	99.0
钢绞线	114.7	90.9	92.6	96.4
金属丝绳制品	107.5	96.4	95.9	97.5
其他金属丝绳及其制品	101.6	98.4	97.5	97.9
其他建筑、家具用金属配件	124.6	110.6	98.0	104.7
金属软管	100.0	100.0	100.0	100.0
其他日用金属制品制造	122.0	94.2	91.5	100.2
其他未列明的金属制品制造	102.4	99.2	98.5	100.1
内燃机零部件及配件	100.0	99.3	101.0	98.4
其他内燃机	100.0	96.0	104.2	100.0
动力式泵	100.7	95.2	101.1	101.2
真空泵	100.3	99.8	100.0	100.0
液体提升机	101.1	104.5	100.9	100.0
阀门	100.8	100.0	100.0	100.0
阀门、龙头零件	100.9	100.0	100.0	100.9
液压元件	96.9	100.5	98.6	101.6
液压系统及装置	97.0	100.4	99.1	100.0
液压辅件	95.3	100.0	100.0	100.0
其他气动装置	95.3	100.0	100.0	100.0
滚动轴承	99.5	99.6	102.0	101.8
轴承零配件	99.6	100.0	100.0	100.0
齿轮传动轴	101.7	91.5	104.3	100.6
齿轮	101.8	107.0	101.4	101.2
齿轮传动装置（齿轮箱）	98.9	94.2	96.2	99.1
中央空调冷水/热泵机组	104.9	94.7	100.0	100.0
工商用空调设备	99.8	99.4	100.0	100.0
制冷、空调设备零部件	103.0	99.8	100.4	100.0
金属密封件制造	105.1	99.0	101.0	100.0

全省工业生产者购进价格基本分类指数（2011—2014年）（续表十六）

（上年价格为100） 单位：%

项目名称	2011年	2012年	2013年	2014年
钢铁制紧固件	100.0	100.0	100.0	100.0
其他金属紧固件	100.2	99.6	99.7	98.5
铸铁件	105.0	102.0	99.6	98.9
铸钢件	103.0	102.1	99.8	99.9
其他塑料加工专用设备制造及零件	96.1	99.8	102.4	89.0
X射线其他附属设备及部件	98.4	96.6	102.0	102.8
铁路机车转向架、轴、轮	100.3	100.4	100.0	100.0
机动车（汽车）零配件	100.6	99.2	99.7	103.1
汽车底盘、车架、车身及其零配件	103.6	98.1	98.5	101.1
摩托车零部件及配件制造	99.5	102.3	101.8	99.8
助动自行车零件	109.9	101.0	100.0	99.7
交流发电机	103.3	103.1	98.8	99.8
电机及发电机组专用零件	93.6	86.4	86.4	98.6
直流电动机	103.7	99.7	99.2	98.7
交流电动机	102.8	100.2	100.5	101.0
交直流两用电动机	103.1	99.5	100.6	99.7
其他电机及零件	100.9	100.2	99.8	102.1
控制微电机	110.5	103.8	100.0	100.0
驱动微电机	100.0	100.0	100.0	100.0
变压器	99.9	99.3	99.9	100.0
互感器	101.6	101.6	99.9	99.9
静止式变流器	97.6	95.5	101.3	100.1
其他变压器、整流器和电感器	101.1	101.3	100.0	100.0
电力电容器	99.8	100.5	100.4	100.1
电力电容器成套装置	100.3	98.9	101.7	100.6
电力电容器零件	101.4	101.2	99.7	99.0
高压开关设备	103.8	104.8	100.1	100.0
隔离开关及断续开关	103.9	102.1	101.1	100.0
避雷器、电压限幅器及电涌抑制器	100.6	100.0	102.0	100.2
高压开关、保护或连接用组合装置	100.2	97.0	93.6	99.6

全省工业生产者购进价格基本分类指数（2011-2014年）（续表十七）

（上年价格为100） 单位：%

项目名称	2011年	2012年	2013年	2014年
其他高压电路开关、保护电器装置	100.6	100.0	100.1	100.0
低压电路保护装置	100.6	100.5	97.7	99.7
低压电路开关装置	103.5	102.4	98.1	98.8
低压电力控制或电力分配装置	100.8	97.3	96.1	95.6
安全、自动化监控设备	100.6	97.3	98.0	100.2
其他配电开关控制设备	100.6	100.0	100.0	100.0
电力集成电路	102.5	97.9	100.0	100.0
继电器	100.4	100.1	100.0	99.6
连接器	100.7	93.4	101.6	100.0
其他电力电子元器件	106.6	106.1	107.4	100.0
绝缘电线	105.7	95.7	98.9	99.0
同轴电缆	102.0	85.5	95.0	93.3
电力电缆	107.1	94.8	98.9	97.2
通信及电子网络用电缆	108.3	101.3	100.0	99.9
其他电线、电缆	110.4	102.0	100.8	98.3
光纤	103.5	97.1	100.0	100.0
与内燃机配用发电机	98.8	100.0	100.0	100.0
内燃机电点火起动装置及零件	100.0	100.0	100.0	100.0
其他电工器材	108.7	102.1	100.0	100.0
碱性蓄电池	100.0	100.0	100.1	100.0
其他电光源、灯具零件	100.0	100.0	100.0	100.0
插头、插座及类似电路连接装置	100.6	107.3	103.9	101.1
其他灯用电器附件及照明器具	101.0	100.6	100.1	100.0
通信传输设备零件	99.8	100.0	100.0	100.0
其他广播电视接收设备及器材	100.0	97.5	100.1	100.0
计算机工作站	104.4	101.2	100.0	100.0
微型计算机设备	100.5	98.0	99.1	99.5
网络控制设备	99.9	99.9	100.0	100.0
其他计算机网络设备	92.9	99.7	100.0	100.0
终端显示设备	98.5	96.5	98.5	99.4

全省工业生产者购进价格基本分类指数（2011—2014年）（续表十八）

（上年价格为100）　　单位：%

项目名称	2011年	2012年	2013年	2014年
外存储设备及部件	97.3	95.2	94.6	104.9
其他电子计算机外部设备	97.9	100.5	100.2	100.6
电子管	101.0	95.8	102.7	101.2
显像管	89.1	99.3	108.2	95.8
半导体三极管	96.9	101.0	100.0	100.0
传感器	96.4	99.6	100.2	100.5
其他半导体分立器件	95.1	95.0	100.0	94.1
集成电路成品	101.6	101.0	100.8	99.4
其他集成电路微电子组件	105.8	102.0	101.8	100.8
显示器件	102.5	96.7	103.8	100.1
其他光电子器件及电子器件	100.0	100.0	103.6	102.1
电容器	101.6	100.0	109.8	101.8
电阻器及电阻网络	101.2	100.0	99.9	100.0
磁性材料元件	128.7	130.2	105.6	100.0
敏感元件	100.0	100.0	100.0	100.0
电子元件、组件零件	100.5	100.0	100.1	100.0
其他电子元件及组件	95.4	97.1	101.5	99.7
其他印制电路板	97.5	99.4	100.0	100.0
其他家用影视设备	103.5	104.1	100.6	97.8
电能表	102.2	101.1	100.0	102.2
电磁参数测量仪器仪表	98.3	101.3	99.5	100.0
电力自动化仪表及系统	97.4	100.0	100.0	100.4
其他供应用仪表及通用仪器	100.0	100.0	100.0	100.0
通用电子测量仪器	100.1	100.0	100.0	100.0
其他光学仪器零件、附件	100.8	98.9	99.8	100.0
照相机器材	96.2	80.0	80.8	96.1
熔炼用废钢	107.5	96.9	92.7	94.2
熔炼用废铁	108.4	99.2	98.3	98.3
有色金属废料与碎屑	107.5	96.2	94.0	97.5
其他金属废料和碎屑	97.2	101.7	95.2	84.4

全省工业生产者购进价格基本分类指数（2011–2014年）（续表十九）

（上年价格为100）　　单位：%

项目名称	2011年	2012年	2013年	2014年
造纸废料、废纸	119.6	96.6	87.4	104.4
塑料废料	102.2	100.0	100.0	100.2
其他非金属废料和碎屑	108.1	101.2	95.2	98.7
电力供应	100.9	101.1	100.2	100.1
热力	102.3	102.7	99.0	100.2
供热总量	101.5	102.5	99.9	101.1
煤气生产量	102.3	100.4	100.0	100.0
人工煤气供应量	100.9	100.0	100.0	100.0
天然气供应量	99.9	99.9	85.8	107.1
液化天然气（LNG）供应量	104.4	99.1	94.2	100.7
液化石油气供应量	112.6	112.1	100.0	100.0
自来水生产量	99.5	100.4	100.0	100.0
自来水供应量	99.8	100.8	99.8	98.5

全省固定资产投资价格指数（2001-2014年）

（上年价格为100）　　单位：%

分组名称	2001年	2002年	2003年	2004年	2005年	2006年	2007年	2008年	2009年	2010年	2011年	2012年	2013年	2014年
固定资产投资价格总指数	100.4	100.7	102.5	104.8	102.8	102.1	104.3	109.1	97.0	103.3	106.6	101.0	100.0	99.7
1.建筑安装、装饰工程	100.4	101.0	104.8	107.5	103.7	102.8	106.1	113.3	95.4	104.2	109.1	101.2	99.9	99.3
2.设备、工器具购置	99.6	99.3	97.7	99.9	101.7	100.8	100.2	101.0	98.6	100.3	101.6	99.3	99.2	99.6
3.其他费用	101.4	101.7	101.2	102.0	100.9	101.5	104.2	105.2	101.0	104.8	104.1	103.2	102.2	101.7
建筑安装、装饰工程中：														
1.人工费	103.9	106.3	104.9	104.6	106.8	110.1	113.1	115.9	104.4	109.0	115.8	110.2	107.3	105.1
2.材料费	99.7	100.9	105.3	109.2	103.4	101.2	106.1	113.4	92.4	103.3	108.0	98.8	98.1	97.6
3.机械使用费	100.7	101.4	100.1	101.1	101.9	103.0	103.3	107.8	102.2	102.5	105.0	102.1	101.7	101.1
材料价格中：														
1.钢材	99.0	98.7	112.8	117.3	102.8	97.9	106.7	122.0	84.6	103.9	113.0	94.3	93.5	95.2
2.木材	101.3	102.5	99.9	102.1	102.7	102.9	107.6	110.1	99.8	104.1	107.1	103.0	102.0	102.0
3.水泥	100.6	100.8	101.0	102.7	101.9	101.9	104.9	106.3	99.7	101.7	107.0	103.2	100.8	98.7
4.地方建筑材料	99.0	102.7	100.1	100.8	103.5	105.5	107.0	108.1	102.2	103.1	106.2	103.1	102.4	99.4
5.化工材料	99.7	100.3	103.5	103.3	105.8	108.5	102.3	107.0	94.9	103.4	106.5	102.0	101.7	99.8
6.电料	100.0	101.1	101.4	103.8	105.3	104.8	106.7	108.0	97.3	103.0	106.7	101.3	101.4	100.3
7.其他材料	101.9	101.7	99.5	100.7	100.7	103.5	102.0	104.7	99.4	103.2	104.5	102.1	100.8	100.7

2011年沈阳市房地产价格指数表

单位：%

月份	1、新建住宅			其中：新建商品住宅			2、二手住宅		
	环比	同比	定基	环比	同比	定基	环比	同比	定基
1	100.4	108.8	104.2	100.4	109.8	104.6	100.2	107.7	103.1
2	100.0	108.6	104.2	100.0	109.5	104.6	100.6	107.9	103.6
3	100.5	107.7	104.7	100.5	108.5	105.1	100.5	107.4	104.1
4	100.7	107.3	105.4	100.7	108.0	105.9	100.1	105.0	104.2
5	100.5	106.6	105.9	100.5	107.1	106.4	100.0	103.9	104.2
6	100.4	106.4	106.4	100.4	106.8	106.9	100.1	103.6	104.4
7	100.3	106.2	106.7	100.3	106.6	107.2	100.0	103.4	104.4
8	100.3	106.0	107.1	100.3	106.4	107.5	100.7	104.0	105.1
9	100.1	105.4	107.2	100.1	105.6	107.6	100.1	103.6	105.2
10	100.0	103.9	107.2	100.0	104.0	107.6	99.9	102.8	105.0
11	99.4	103.0	106.5	99.4	103.1	106.9	99.3	102.0	104.3
12	99.8	102.4	106.2	99.8	102.4	106.7	100.0	101.4	104.3

2011年大连市房地产价格指数表

单位：%

月份	1、新建住宅			其中：新建商品住宅			2、二手住宅		
	环比	同比	定基	环比	同比	定基	环比	同比	定基
1	100.0	106.6	103.3	100.0	106.6	103.3	100.4	108.1	102.7
2	100.4	106.8	103.7	100.4	106.8	103.7	100.6	107.0	103.3
3	100.6	106.3	104.3	100.6	106.3	104.3	99.9	105.3	103.2
4	100.6	105.6	104.9	100.6	105.6	105.0	100.3	104.0	103.6
5	100.4	105.9	105.4	100.4	106.0	105.4	100.6	103.7	104.2
6	100.2	105.9	105.6	100.2	106.0	105.7	100.4	103.8	104.7
7	100.1	106.0	105.7	100.1	106.1	105.8	100.4	104.2	105.1
8	99.8	104.9	105.5	99.8	104.9	105.6	100.0	103.9	105.1
9	100.0	104.3	105.6	100.0	104.3	105.6	99.9	103.9	105.1
10	100.0	103.8	105.6	100.0	103.8	105.6	99.9	103.0	104.9
11	100.0	102.5	105.5	100.0	102.5	105.5	97.8	100.4	102.6
12	99.9	102.2	105.5	99.9	102.2	105.5	99.7	100.0	102.3

2011年丹东市房地产价格指数表

单位：%

月份	1、新建住宅			其中：新建商品住宅			2、二手住宅		
	环比	同比	定基	环比	同比	定基	环比	同比	定基
1	100.5	112.3	108.2	100.6	112.3	108.2	100.3	102.5	101.3
2	100.2	114.3	108.4	100.2	114.3	108.5	100.2	102.8	101.5
3	100.8	115.4	109.2	100.8	115.4	109.3	99.9	102.7	101.4
4	100.2	111.1	109.4	100.2	111.3	109.5	99.5	101.6	100.9
5	100.3	109.7	109.7	100.3	109.8	109.8	100.2	102.2	101.1
6	100.1	107.6	108.6	100.1	108.0	109.1	99.9	101.4	101.0
7	100.0	108.6	108.6	100.0	109.0	109.1	100.0	101.2	101.0
8	99.9	107.3	107.8	99.9	107.4	108.5	100.0	101.5	102.3
9	99.7	105.1	107.5	99.7	105.8	108.2	100.0	101.0	102.2
10	99.9	102.4	107.4	99.9	103.1	108.1	100.0	100.6	102.3
11	99.9	101.1	107.3	99.9	101.8	108.0	100.0	101.0	102.3
12	99.8	100.1	107.7	99.8	100.1	107.7	100.0	101.2	102.3

2011年锦州市房地产价格指数表

单位：%

月份	1、新建住宅			其中：新建商品住宅			2、二手住宅		
	环比	同比	定基	环比	同比	定基	环比	同比	定基
1	100.8	108.1	103.6	100.8	108.1	103.6	100.0	100.2	100.1
2	100.5	107.5	104.1	100.5	107.5	104.1	100.0	100.3	100.2
3	100.4	106.9	104.5	100.4	106.9	104.5	100.0	100.3	100.2
4	100.8	107.2	105.3	100.8	107.2	105.3	100.0	100.3	100.2
5	100.2	106.2	105.5	100.2	106.2	105.5	100.0	100.3	100.2
6	100.2	105.3	105.7	100.2	105.3	105.7	100.0	100.3	100.2
7	99.9	104.8	105.6	99.9	104.8	105.6	100.0	100.0	100.2
8	99.8	104.3	105.4	99.8	104.3	105.4	100.0	100.0	100.2
9	99.8	103.2	105.2	99.8	103.2	105.2	100.0	100.0	100.2
10	100.0	102.6	105.2	100.0	102.6	105.2	100.0	100.0	100.2
11	100.1	102.7	105.3	100.1	102.7	105.3	100.0	100.0	100.2
12	99.9	102.4	105.2	99.9	102.4	105.2	100.0	100.0	100.2

2012年沈阳市房地产价格指数表

单位：%

月份	1、新建住宅			其中：新建商品住宅			2、二手住宅		
	环比	同比	定基	环比	同比	定基	环比	同比	定基
1	99.9	101.9	106.1	99.9	101.9	106.6	99.7	100.9	104.0
2	99.9	101.7	106.0	99.9	101.7	106.4	99.6	100.0	103.6
3	99.8	101.0	105.8	99.8	101.0	106.2	99.9	99.4	103.5
4	100.0	100.3	105.7	100.0	100.3	106.2	99.9	99.2	103.4
5	99.8	99.6	105.5	99.8	99.6	105.9	100.1	99.2	103.4
6	100.1	99.2	105.6	100.1	99.2	106.0	100.1	99.2	103.5
7	100.1	99.0	105.6	100.1	99.0	106.1	100.1	99.2	103.6
8	99.9	98.6	105.5	99.9	98.5	106.0	100.2	98.8	103.8
9	100.1	98.6	105.6	100.1	98.5	106.1	100.1	98.8	103.9
10	99.7	98.3	105.3	99.7	98.3	105.8	99.7	98.6	103.6
11	100.4	99.3	105.7	100.4	99.2	106.1	100.3	99.6	103.9
12	100.2	99.7	105.9	100.2	99.7	106.4	100.1	99.7	104.0

2012年大连市房地产价格指数表

单位：%

月份	1、新建住宅			其中：新建商品住宅			2、二手住宅		
	环比	同比	定基	环比	同比	定基	环比	同比	定基
1	99.9	102.1	105.4	99.9	102.1	105.4	99.5	99.2	101.9
2	100.0	101.7	105.4	100.0	101.7	105.4	100.4	99.0	102.3
3	99.8	100.9	105.2	99.8	100.9	105.2	99.9	99.0	102.1
4	99.9	100.2	105.2	99.9	100.2	105.2	99.7	98.3	101.8
5	100.1	99.9	105.3	100.1	99.9	105.3	100.0	97.7	101.8
6	100.4	100.1	105.7	100.4	100.1	105.7	101.1	98.4	103.0
7	100.2	100.2	105.9	100.2	100.2	106.0	101.0	99.0	104.0
8	100.2	100.6	106.1	100.2	100.6	106.2	100.8	99.7	104.8
9	100.1	100.6	106.3	100.1	100.7	106.3	100.5	100.3	105.3
10	100.2	100.9	106.5	100.2	100.9	106.5	100.4	100.8	105.8
11	100.2	101.1	106.7	100.2	101.1	106.8	100.0	103.1	105.8
12	100.2	101.4	107.0	100.2	101.4	107.0	99.6	103.0	105.4

2012年丹东市房地产价格指数表

单位：%

月份	1、新建住宅			其中：新建商品住宅			2、二手住宅		
	环比	同比	定基	环比	同比	定基	环比	同比	定基
1	100.0	99.5	107.7	100.0	99.5	107.7	100.0	101.0	102.3
2	99.9	99.2	107.6	99.9	99.2	107.6	100.0	100.8	102.3
3	100.0	98.5	107.6	100.0	98.5	107.7	100.0	100.9	102.3
4	100.0	98.3	107.6	100.0	98.3	107.6	100.0	101.4	102.3
5	99.9	98.0	107.5	99.9	97.9	107.5	100.0	101.1	102.3
6	100.0	99.0	107.5	100.0	98.6	107.5	100.1	101.3	102.4
7	100.3	100.0	107.9	100.3	99.3	107.9	100.0	100.1	102.4
8	99.5	99.6	107.3	99.5	98.9	107.4	99.7	99.8	102.1
9	99.8	99.7	107.2	99.8	99.0	107.2	100.2	100.1	102.3
10	100.2	100.0	107.4	100.2	99.3	107.4	100.1	100.2	102.4
11	100.0	99.4	107.4	100.0	99.4	107.4	99.8	100.0	102.3
12	100.3	99.9	107.6	100.3	99.9	107.7	99.9	99.9	102.2

2012年锦州市房地产价格指数表

单位：%

月份	1、新建住宅			其中：新建商品住宅			2、二手住宅		
	环比	同比	定基	环比	同比	定基	环比	同比	定基
1	100.0	101.6	105.2	100.0	101.6	105.2	100.0	100.0	100.2
2	100.0	101.0	105.1	100.0	101.0	105.1	100.0	100.0	100.2
3	99.8	100.5	105.0	99.8	100.5	105.0	100.0	100.0	100.2
4	99.9	99.6	104.9	99.9	99.6	104.9	100.0	100.0	100.2
5	100.0	99.4	104.9	100.0	99.4	104.9	100.0	100.0	100.2
6	99.8	99.1	104.7	99.8	99.1	104.7	100.3	100.3	100.4
7	100.3	99.5	105.0	100.3	99.5	105.0	99.8	100.1	100.2
8	99.8	99.4	104.8	99.8	99.4	104.8	99.9	100.0	100.1
9	99.9	99.5	104.7	99.9	99.5	104.7	100.0	100.0	100.2
10	99.8	99.3	104.5	99.8	99.3	104.5	99.8	99.8	99.9
11	100.7	100.0	105.3	100.7	100.0	105.3	99.0	98.8	99.0
12	99.8	99.9	105.1	99.8	99.9	105.1	99.9	98.7	98.9

2013年沈阳市房地产价格指数表

单位：%

月份	1、新建住宅			其中：新建商品住宅			2、二手住宅		
	环比	同比	定基	环比	同比	定基	环比	同比	定基
1	101.5	101.3	107.5	101.5	101.3	108.0	100.3	100.3	104.3
2	101.4	102.9	109.1	101.5	102.9	109.6	100.5	101.2	104.9
3	101.1	104.2	110.2	101.1	104.3	110.7	100.3	101.6	105.1
4	102.0	106.4	112.5	102.1	106.4	113.0	100.4	102.1	105.5
5	101.8	108.5	114.5	101.8	108.6	115.0	100.4	102.4	105.9
6	101.0	109.4	115.6	101.0	109.5	116.1	100.3	102.5	106.2
7	101.1	110.5	116.8	101.1	110.6	117.4	100.5	102.9	106.7
8	100.8	111.5	117.7	100.8	111.7	118.3	100.7	103.4	107.4
9	101.1	112.6	118.9	101.1	112.7	119.6	100.8	104.2	108.2
10	100.3	113.2	119.2	100.3	113.3	119.9	100.8	105.3	109.0
11	100.3	113.2	119.5	100.3	113.2	120.2	100.2	105.2	109.3
12	100.2	113.1	119.8	100.2	113.2	120.5	100.5	105.6	109.8

2013年大连市房地产价格指数表

单位：%

月份	1、新建住宅			其中：新建商品住宅			2、二手住宅		
	环比	同比	定基	环比	同比	定基	环比	同比	定基
1	100.5	102.0	107.5	100.6	102.0	107.6	100.5	104.0	105.9
2	101.1	103.1	108.7	101.1	103.1	108.7	100.4	104.0	106.4
3	101.0	104.3	109.8	101.0	104.4	109.8	100.5	104.7	106.9
4	101.4	105.8	111.3	101.4	105.9	111.4	100.3	105.4	107.3
5	101.3	107.0	112.7	101.3	107.1	112.8	99.9	105.3	107.2
6	101.1	107.7	113.9	101.1	107.8	114.0	100.1	104.2	107.3
7	100.7	108.2	114.7	100.7	108.3	114.8	100.0	103.2	107.3
8	100.4	108.4	115.1	100.4	108.5	115.2	100.0	102.4	107.3
9	100.6	108.9	115.8	100.6	109.0	115.9	100.2	102.1	107.5
10	100.5	109.3	116.3	100.5	109.4	116.5	100.2	101.8	107.7
11	100.4	109.4	116.8	100.4	109.5	116.9	100.0	101.9	107.8
12	100.7	110.0	117.6	100.7	110.1	117.8	100.2	102.5	108.0

2013年丹东市房地产价格指数表

单位：%

月份	1、新建住宅			其中：新建商品住宅			2、二手住宅		
	环比	同比	定基	环比	同比	定基	环比	同比	定基
1	100.4	100.4	108.1	100.4	100.4	108.1	100.0	99.9	102.2
2	100.9	101.4	109.1	100.9	101.4	109.1	100.4	100.3	102.6
3	101.1	102.5	110.3	101.1	102.5	110.3	100.4	100.7	103.0
4	100.7	103.3	111.1	100.7	103.3	111.2	100.3	101.0	103.4
5	100.8	104.1	111.9	100.8	104.2	112.0	100.5	101.5	103.8
6	100.8	104.9	112.8	100.8	105.0	112.9	99.9	101.3	103.7
7	101.0	105.6	113.9	101.0	105.7	114.0	100.3	101.6	104.0
8	100.8	107.0	114.8	100.8	107.0	114.9	100.4	102.3	104.5
9	100.7	107.8	115.6	100.7	107.9	115.7	100.4	102.6	104.9
10	100.7	108.4	116.4	100.8	108.5	116.5	100.5	103.0	105.5
11	100.4	108.9	116.9	100.4	109.0	117.0	100.4	103.5	105.9
12	100.6	109.3	117.6	100.6	109.3	117.7	100.3	103.9	106.2

2013年锦州市房地产价格指数表

单位：%

月份	1、新建住宅			其中：新建商品住宅			2、二手住宅		
	环比	同比	定基	环比	同比	定基	环比	同比	定基
1	100.3	100.3	105.5	100.3	100.3	105.5	100.0	98.7	98.9
2	101.2	101.5	106.7	101.2	101.5	106.7	100.4	99.1	99.3
3	100.3	101.9	107.0	100.3	101.9	107.0	100.4	99.5	99.7
4	100.9	103.0	108.0	100.9	103.0	108.0	100.3	99.9	100.0
5	100.9	103.9	109.0	100.9	103.9	109.0	100.3	100.1	100.3
6	101.2	105.3	110.2	101.2	105.3	110.2	100.4	100.2	100.6
7	101.0	106.0	111.3	101.0	106.0	111.3	100.3	100.7	101.0
8	101.4	107.6	112.8	101.4	107.6	112.8	100.3	101.2	101.3
9	100.9	108.7	113.8	100.9	108.7	113.8	100.5	101.6	101.8
10	100.7	109.7	114.7	100.7	109.7	114.7	100.3	102.2	102.1
11	101.2	110.2	116.0	101.2	110.2	116.0	100.2	103.4	102.3
12	100.3	110.7	116.4	100.3	110.7	116.4	99.9	103.3	102.2

2014年沈阳市房地产价格指数表

单位：%

月份	1、新建住宅			其中：新建商品住宅			2、二手住宅		
	环比	同比	定基	环比	同比	定基	环比	同比	定基
1	100.3	111.8	120.2	100.3	111.9	120.8	100.1	105.4	110.0
2	100.4	110.7	120.7	100.4	110.8	121.3	100.4	105.3	110.4
3	100.4	109.9	121.2	100.4	110.0	121.9	100.2	105.3	110.7
4	100.1	107.8	121.3	100.1	107.9	122.0	100.1	105.0	110.8
5	99.6	105.6	120.8	99.6	105.6	121.5	100.1	104.8	111.0
6	99.1	103.6	119.8	99.1	103.7	120.4	99.7	104.2	110.6
7	98.3	100.8	117.7	98.3	100.8	118.3	98.5	102.1	108.9
8	98.4	98.4	115.8	98.3	98.4	116.4	99.3	100.8	108.2
9	98.8	96.2	114.4	98.8	96.2	115.0	99.2	99.2	107.3
10	98.7	94.7	112.9	98.7	94.6	113.4	100.0	98.4	107.3
11	98.8	93.3	111.5	98.8	93.2	112.1	99.8	98.0	107.1
12	99.1	92.2	110.5	99.1	92.2	111.0	99.8	97.4	107.0

2014年大连市房地产价格指数表

单位：%

月份	1、新建住宅			其中：新建商品住宅			2、二手住宅		
	环比	同比	定基	环比	同比	定基	环比	同比	定基
1	100.3	109.7	117.9	100.3	109.8	118.1	99.9	101.8	107.9
2	100.3	108.9	118.3	100.3	109.0	118.5	100.3	101.7	108.2
3	100.4	108.3	118.8	100.4	108.3	119.0	100.2	101.4	108.4
4	100.1	106.8	118.9	100.1	106.9	119.1	100.0	101.1	108.5
5	100.0	105.5	118.9	100.0	105.6	119.1	99.7	100.9	108.2
6	100.0	104.4	118.9	100.0	104.4	119.1	99.6	100.4	107.8
7	98.7	102.3	117.3	98.7	102.3	117.5	98.7	99.1	106.4
8	98.4	100.3	115.5	98.4	100.3	115.6	99.2	98.4	105.6
9	99.0	98.8	114.3	99.0	98.8	114.5	99.1	97.3	104.6
10	98.7	97.0	112.9	98.7	97.0	113.0	99.0	96.2	103.6
11	98.6	95.3	111.3	98.6	95.3	111.4	99.5	95.7	103.2
12	99.0	93.6	110.2	99.0	93.6	110.2	99.7	95.2	102.8

2014年丹东市房地产价格指数表

单位：%

月份	1、新建住宅			其中：新建商品住宅			2、二手住宅		
	环比	同比	定基	环比	同比	定基	环比	同比	定基
1	100.4	109.2	118.0	100.4	109.3	118.2	100.1	104.1	106.3
2	100.0	108.3	118.1	100	108.4	118.2	100.1	103.7	106.4
3	100.1	107.2	118.2	100.1	107.2	118.3	100	103.3	106.4
4	100.0	106.4	118.2	100.0	106.5	118.4	100	102.9	106.3
5	100.0	105.7	118.3	100.0	105.7	118.4	99.8	102.2	106.1
6	99.4	104.2	117.5	99.4	104.2	117.6	99.6	101.9	105.7
7	99.5	102.6	116.9	99.5	102.6	117.0	99.3	100.9	104.9
8	99.2	101.1	116.0	99.2	101.1	116.1	99.0	99.5	103.9
9	98.3	98.7	114.1	98.3	98.7	114.2	99.0	98.1	102.9
10	98.7	96.7	112.5	98.6	96.6	112.6	98.7	96.3	101.6
11	98.7	95.1	111.1	98.7	95.0	111.2	99.1	95.1	100.7
12	99.4	94.0	110.5	99.4	93.9	110.5	99.0	93.8	99.6

2014年锦州市房地产价格指数表

单位：%

月份	1、新建住宅			其中：新建商品住宅			2、二手住宅		
	环比	同比	定基	环比	同比	定基	环比	同比	定基
1	100.3	110.7	116.8	100.3	110.7	116.8	100.0	103.3	102.2
2	100.4	109.9	117.2	100.4	109.9	117.2	100.1	103.0	102.3
3	100.2	109.8	117.4	100.2	109.8	117.4	100.0	102.6	102.3
4	100.0	108.8	117.5	100.0	108.8	117.5	100.1	102.4	102.4
5	99.4	107.2	116.8	99.4	107.2	116.8	99.8	101.9	102.2
6	99.2	105.1	115.9	99.2	105.1	115.9	99.6	101.1	101.8
7	99.8	104.0	115.7	99.8	104.0	115.7	99.2	99.9	100.9
8	98.8	101.3	114.3	98.8	101.3	114.3	99.0	98.7	100.0
9	98.7	99.1	112.8	98.7	99.1	112.8	99.3	97.6	99.3
10	98.6	96.9	111.2	98.6	96.9	111.2	98.8	96.1	98.1
11	99.1	95.0	110.1	99.1	95.0	110.1	99.3	95.2	97.4
12	99.5	94.1	109.5	99.5	94.1	109.5	98.8	94.1	96.2

指 标 解 释

定基价格指数

指在一定时期内对比基期固定不变的价格指数。通常以某一年为基期来计算。以固定价格水平为100，如果计算期的价格指数高于100%，表示这一时期的价格水平上升，低于100%，则表明这一时期的价格水平下降。

环比价格指数

指在一个价格指数数列中，每个指数都以计算期的前期为基期（对比期）而计算的价格指数。其特点是基期随计算期的变动而有规律的变动。

同比价格指数

是通常的年距环比指数，也就是为剔除季节性因素，本年某月（季）与上年同月（季）对比的价格指数。

居民消费价格

是指城乡居民购买并用于日常生活消费的商品和服务项目的价格。居民消费价格调查的任务是调查、搜集和整理这些商品和服务项目的价格，并编制居民消费价格指数（英文名称：Consumer Price Index缩写：CPI，又称消费者价格指数），旨在反映一定时期内居民所消费商品及服务项目的价格水平变动趋势和变动程度。

工业生产者价格指数

工业生产者价格指数即Producer Price Index（简称PPI），是反映一个国家和地区一定时期内工业生产者出售工业产品价格水平变动趋势及幅度的相对数，该指数包括工业生产者出厂价格指数和工业生产者购进价格指数，它能够客观反映各工业行业产品价格水平和各种工业产品价格水平和结构变动情况，为国民经济核算、计算工业发展速度、宏观经济分析和调控、理顺价格体系等提供科学准确的依据。

固定资产投资价格指数

固定资产投资价格指数是反映固定资产投资额价格变动趋势和程度的相对数。固定资产投资额是由建筑安装工程投资完成额、设备、工器具购置投资完成额和其他费用投资完成额三部分组成的。编制固定资产投资价格指数应首先分别编制上述三部分投资的价格指数，然后采用加权算术平均法求出固定资产投资价格总指数。

房地产价格指数

房地产价格指数是反映房地产价格变动趋势和变动程度的相对数。它是通过百分数的形式来反映房价在不同时期的涨跌幅度。

房地产价格指数的内容

房地产价格指数包括反映房地产市场三个不同方面的指数，具体有房屋销售价格指数、房屋租赁和物业管理价格指数、土地交易价格指数。每类指数都包含不同的分类指数。其中房屋销售价格指数按月进行调查，房屋租赁和物业管理价格指数、土地交易价格指数按季度进行调查。

三、新口径城乡居民生活统计资料

LIAONINGTONGJIDIAOCHANIANJIAN

新口径调查户基本情况

	单位	总计	城镇住户	农村住户
调查样本住户数	户	5317	3297	2019
平均每户家庭人口	人	2.61	2.52	2.8
平均每户劳动力人数	人	1.98	1.93	2.1
1.整劳动力人数	人	0.95	0.95	1.0
2.半劳动力人数	人	1.03	0.98	1.1
平均每户不同教育程度人数（6周岁及以上住户成员填写）	人	2.50	2.43	2.7
1.未上过学	人	0.06	0.04	0.1
2.小学	人	0.51	0.34	0.9
3.初中	人	1.11	0.97	1.4
4.高中	人	0.40	0.50	0.2
5.大学专科	人	0.22	0.30	0.1
6.大学本科	人	0.18	0.25	0.0
7.研究生	人	0.02	0.03	0.0
平均每户参加医疗保险人数	人	2.59	2.51	2.7
1.新型农村合作医疗	人	1.09	0.39	2.5
2.城镇职工基本医疗保险	人	0.81	1.17	0.1
3.（城镇）居民基本医疗保险	人	0.28	0.41	0.0
4.公费医疗	人	0.01	0.01	0.0
5.商业医疗保险	人	0.04	0.06	0.0
6.其他医疗保险	人	0.07	0.10	0.0
7.没有参加任何医疗保险	人	0.31	0.41	0.1
平均每户参加养老保险人数	人	1.98	1.93	2.1
1.新型农村社会养老保险	人	0.60	0.16	1.5
2.城镇职工基本养老保险	人	0.72	1.02	0.1
3.(城镇)居民社会养老保险	人	0.22	0.31	0.0
4.商业养老保险	人	0.02	0.02	0.0
5.其他养老保险	人	0.04	0.03	0.1
6.没有参加任何养老保险	人	0.39	0.41	0.4

新口径全体及分城乡居民人均可支配收入情况

指标名称	单位	总计	城镇住户	农村住户
可支配收入	元	22820.15	29081.75	11191.49
一、工资性收入	元	12082.54	16239.60	4362.29
（一）工资	元	11241.58	15016.80	4230.44
（二）实物福利	元	182.08	264.86	28.35
（三）其他	元	658.88	957.94	103.50
二、经营净收入	元	4062.59	3421.92	5252.39
（一）第一产业经营净收入	元	1564.19	217.97	4064.31
1.农业	元	1147.98	137.08	3025.35
2.林业	元	70.41	25.02	154.70
3.牧业	元	296.49	27.83	795.43
4.渔业	元	49.32	28.04	88.83
（二）第二产业经营净收入	元	396.94	526.55	156.23
1.采矿业	元	9.28	14.26	0.03
2.制造业	元	252.94	309.58	147.74
3.电力、热力、燃气及水生产和供应业	元	–0.28	–0.43	0.00
4.建筑业	元	134.99	203.13	8.46
（三）第三产业经营净收入	元	2101.46	2677.40	1031.86
1.批发和零售业	元	1011.78	1395.68	298.82
2.交通运输、仓储和邮政业	元	405.16	384.72	443.11
3.住宿和餐饮业	元	192.35	266.07	55.45
4.房地产业	元	8.81	13.56	–0.02
5.租赁和商务服务业	元	51.36	71.55	13.88
6.居民服务、修理和其他服务业	元	368.33	514.46	96.93

新口径全体及分城乡居民人均可支配收入情况（续表一）

指标名称	单位	总计	城镇住户	农村住户
7.其他	元	40.59	30.67	59.02
8.农林牧渔服务业	元	23.08	0.68	64.67
三、财产净收入	元	1478.18	2147.74	234.72
（一）利息净收入	元	59.72	73.10	34.86
（二）红利收入	元	201.41	277.97	59.24
（三）储蓄性保险净收益	元	0.91	1.27	0.25
（四）转让承包土地经营权租金净收入	元	65.95	33.22	126.74
（五）出租房屋财产性收入	元	101.64	152.10	7.91
（六）出租机械、专利、版权等资产的收入	元	0.44	−0.51	2.22
（七）其他财产净收入	元	−1.96	−4.91	3.51
（八）房屋虚拟租金	元	1050.07	1615.49	
四、转移净收入	元	5196.85	7272.49	1342.09
（一）转移性收入	元	6567.61	9112.13	1842.06
1.养老金或离退休金	元	5381.31	7878.57	743.55
2.社会救济和补助	元	102.65	110.09	88.85
3.政策性生活补贴	元	13.48	11.48	17.19
4.报销医疗费	元	347.38	465.09	128.78
5.家庭外出从业人员寄回带回收入	元	154.68	25.67	394.26
6.赡养收入	元	326.60	446.69	103.57
7.其他经常转移收入	元	99.22	131.21	39.81
8.从政府和组织得到的实物产品和服务折价	元	25.16	28.41	19.13
9.现金政策性惠农补贴	元	117.14	14.94	306.93
（二）转移性支出	元	1370.76	1839.64	499.98

新口径全体及分城乡居民人均可支配收入构成

指标名称	单位	总计	城镇住户	农村住户
可支配收入	%	100.0	100.0	100.0
一、工资性收入	%	53.0	55.8	39.0
（一）工资	%	49.3	51.6	37.8
（二）实物福利	%	0.8	0.9	0.3
（三）其他	%	2.9	3.3	0.9
二、经营净收入	%	17.8	11.8	46.9
（一）第一产业经营净收入	%	6.9	0.8	36.3
1.农业	%	5.0	0.5	27.0
2.林业	%	0.3	0.1	1.4
3.牧业	%	1.3	0.1	7.1
4.渔业	%	0.2	0.1	0.8
（二）第二产业经营净收入	%	1.7	1.8	1.4
1.采矿业	%	0.0	0.1	0.0
2.制造业	%	1.1	1.1	1.3
3.电力、热力、燃气及水生产和供应业	%	0.0	0.0	0.0
4.建筑业	%	0.6	0.7	0.1
（三）第三产业经营净收入	%	9.2	9.2	9.2
1.批发和零售业	%	4.4	4.8	2.7
2.交通运输、仓储和邮政业	%	1.8	1.3	4.0
3.住宿和餐饮业	%	0.8	0.9	0.5
4.房地产业	%	0.0	0.1	0.0
5.租赁和商务服务业	%	0.2	0.3	0.1
6.居民服务、修理和其他服务业	%	1.6	1.8	0.9

新口径全体及分城乡居民人均可支配收入构成（续表一）

指标名称	单位	总计	城镇住户	农村住户
7.其他	%	0.18	0.11	0.53
8.农林牧渔服务业	%	0.10	0.00	0.58
三、财产净收入	%	6.48	7.39	2.10
（一）利息净收入	%	0.26	0.25	0.31
（二）红利收入	%	0.88	0.96	0.53
（三）储蓄性保险净收益	%	0.00	0.00	0.00
（四）转让承包土地经营权租金净收入	%	0.29	0.11	1.13
（五）出租房屋财产性收入	%	0.45	0.52	0.07
（六）出租机械、专利、版权等资产的收入	%	0.00	0.00	0.02
（七）其他财产净收入	%	-0.01	-0.02	0.03
（八）房屋虚拟租金	%	4.60	5.55	0.00
四、转移净收入	%	22.77	25.01	11.99
（一）转移性收入	%	28.78	31.33	16.46
1.养老金或离退休金	%	23.58	27.09	6.64
2.社会救济和补助	%	0.45	0.38	0.79
3.政策性生活补贴	%	0.06	0.04	0.15
4.报销医疗费	%	1.52	1.60	1.15
5.家庭外出从业人员寄回带回收入	%	0.68	0.09	3.52
6.赡养收入	%	1.43	1.54	0.93
7.其他经常转移收入	%	0.43	0.45	0.36
8.从政府和组织得到的实物产品和服务折价	%	0.11	0.10	0.17
9.现金政策性惠农补贴	%	0.51	0.05	2.74
（二）转移性支出	%	6.01	6.33	4.47

新口径全体及分城乡居民人均总收入情况

指标名称	单位	总计	城镇住户	农村住户
总收入（未扣除生产费用）	元	29283.1	34208.7	20135.6
一、工资性收入	元	12082.5	16239.6	4362.3
（一）工资	元	11241.6	15016.8	4230.4
（二）实物福利	元	182.1	264.9	28.4
（三）其他	元	658.9	957.9	103.5
二、经营性收入	元	9063.8	6577.5	13681.3
（一）第一产业经营收入	元	3813.8	529.6	9912.9
1.第一产业经营收入(不含惠农补贴)	元	3813.8	529.6	9912.9
（1）农业	元	2135.1	305.6	5532.7
（2）林业	元	88.4	29.8	197.1
（3）牧业	元	1477.3	144.8	3951.8
（4）渔业	元	113.0	49.3	231.3
（二）第二产业经营收入	元	797.8	1025.2	375.6
1.采矿业	元	12.3	18.7	0.5
2.制造业	元	606.7	736.7	365.1
3.电力、热力、燃气及水生产和供应业	元	0.1	0.1	
4.建筑业	元	178.8	269.7	10.0
（三）第三产业经营收入	元	4452.2	5022.7	3392.8
1.批发和零售业	元	2591.2	2946.4	1931.7
2.交通运输、仓储和邮政业	元	724.9	671.6	824.0
3.住宿和餐饮业	元	386.6	463.3	244.1
4.房地产业	元	8.8	13.6	
5.租赁和商务服务业	元	65.9	93.3	15.1

新口径全体及分城乡居民人均总收入情况（续表一）

指标名称	单位	总计	城镇住户	农村住户
6.居民服务、修理和其他服务业	元	565.06	793.71	140.41
7.其他	元	46.33	35.89	65.72
8.农林牧渔服务业	元	63.42	5.06	171.80
三、财产性收入	元	1569.13	2279.47	249.94
（一）利息收入	元	142.01	196.19	41.39
（二）红利收入	元	201.41	277.97	59.24
（三）储蓄性保险净收益	元	0.91	1.27	0.25
（四）转让承包土地经营权租金净收入	元	65.95	33.22	126.74
（五）出租房屋财产性收入	元	101.64	152.10	7.91
（六）出租机械、专利、版权等资产的收入	元	2.27	–0.02	6.52
（七）其他财产净收入	元	4.87	3.25	7.88
（八）房屋虚拟租金	元	1050.07	1615.49	
四、转移性收入	元	6567.62	9112.15	1842.07
（一）养老金或离退休金	元	5381.31	7878.57	743.55
（二）社会救济和补助	元	102.65	110.09	88.85
（三）政策性生活补贴	元	13.48	11.48	17.19
（四）家庭外出从业人员寄回带回收入	元	154.68	25.67	394.26
（五）赡养收入	元	326.60	446.69	103.57
（六）报销医疗费	元	347.38	465.09	128.78
（七）从政府和组织得到的实物产品和服务折价	元	25.17	28.42	19.13
（八）现金政策性惠农补贴	元	117.14	14.94	306.93
（九）其他转移性收入	元	99.22	131.21	39.81

新口径全体及分城乡居民人均总收入构成

指标名称	单位	总计	城镇住户	农村住户
总收入（未扣除生产费用）	%	100.0	100.0	100.0
一、工资性收入	%	41.3	47.5	21.7
（一）工资	%	38.4	43.9	21.0
（二）实物福利	%	0.6	0.8	0.1
（三）其他	%	2.3	2.8	0.5
二、经营性收入	%	31.0	19.2	68.0
（一）第一产业经营收入	%	13.0	1.6	49.2
1.第一产业经营收入(不含惠农补贴)	%	13.0	1.6	49.2
（1）农业	%	7.3	0.9	27.5
（2）林业	%	0.3	0.1	1.0
（3）牧业	%	5.0	0.4	19.6
（4）渔业	%	0.4	0.1	1.2
（二）第二产业经营收入	%	2.7	3.0	1.9
1.采矿业	%	0.0	0.1	0.0
2.制造业	%	2.1	2.2	1.8
3.电力、热力、燃气及水生产和供应业	%	0.0	0.0	0.0
4.建筑业	%	0.6	0.8	0.1
（三）第三产业经营收入	%	15.2	14.7	16.9
1.批发和零售业	%	8.9	8.6	9.6
2.交通运输、仓储和邮政业	%	2.5	2.0	4.1
3.住宿和餐饮业	%	1.3	1.4	1.2
4.房地产业	%	0.0	0.0	0.0
5.租赁和商务服务业	%	0.2	0.3	0.1

新口径全体及分城乡居民人均总收入构成（续表一）

指标名称	单位	总计	城镇住户	农村住户
6.居民服务、修理和其他服务业	%	1.9	2.3	0.7
7.其他	%	0.2	0.1	0.3
8.农林牧渔服务业	%	0.2	0.0	0.9
三、财产性收入	%	5.4	6.7	1.2
（一）利息收入	%	0.5	0.6	0.2
（二）红利收入	%	0.7	0.8	0.3
（三）储蓄性保险净收益	%	0.0	0.0	0.0
（四）转让承包土地经营权租金净收入	%	0.2	0.1	0.6
（五）出租房屋财产性收入	%	0.4	0.4	0.0
（六）出租机械、专利、版权等资产的收入	%	0.0	0.0	0.0
（七）其他财产净收入	%	0.0	0.0	0.0
（八）房屋虚拟租金	%	3.6	4.7	0.0
四、转移性收入	%	22.4	26.6	9.2
（一）养老金或离退休金	%	18.4	23.0	3.7
（二）社会救济和补助	%	0.4	0.3	0.4
（三）政策性生活补贴	%	0.1	0.0	0.1
（四）家庭外出从业人员寄回带回收入	%	0.5	0.1	2.0
（五）赡养收入	%	1.1	1.3	0.5
（六）报销医疗费	%	1.2	1.4	0.6
（七）从政府和组织得到的实物产品和服务折价	%	0.1	0.1	0.1
（八）现金政策性惠农补贴	%	0.4	0.0	1.5
（九）其他转移性收入	%	0.3	0.4	0.2

新口径全体及城乡居民人均生活消费支出

	单位	总计	城镇住户	农村住户
消费支出	元	16068.0	20519.6	7800.8
（一）食品烟酒	元	4554.8	5816.9	2210.9
（二）衣着	元	1477.8	1987.2	531.7
（三）居住	元	3400.5	4428.2	1491.8
（四）生活用品及服务	元	918.7	1234.8	331.7
（五）交通通信	元	1949.7	2434.3	1049.7
（六）教育文化娱乐	元	1834.4	2275.9	1014.5
（七）医疗保健	元	1419.2	1630.8	1026.4
（八）其他用品和服务	元	512.9	711.5	144.2

新口径全体及城乡居民人均生活消费支出构成

	单位	总计	城镇住户	农村住户
消费支出	%	100.0	100.0	100.0
（一）食品烟酒	%	28.4	28.4	28.3
（二）衣着	%	9.2	9.7	6.8
（三）居住	%	21.2	21.6	19.1
（四）生活用品及服务	%	5.7	6.0	4.3
（五）交通通信	%	12.1	11.9	13.5
（六）教育文化娱乐	%	11.4	11.1	13.0
（七）医疗保健	%	8.8	8.0	13.2
（八）其他用品和服务	%	3.2	3.5	1.9

新口径人均生产经营费用支出情况

	单位	总计	城镇住户	农村住户
生产经营费用支出	元	4584.0	2830.5	7840.6
（一）第一产业经营费用支出	元	2100.4	292.8	5457.4
1.农业	元	891.3	157.0	2255.0
2.林业	元	17.2	4.8	40.3
3.牧业	元	1131.5	111.0	3026.8
4.渔业	元	60.4	20.0	135.3
（二）第二产业经营费用支出	元	369.7	462.7	197.0
1.采矿业	元	1.2	1.8	0.1
2.制造业	元	329.4	401.0	196.3
3.电力、热力、燃气及水生产和供应业	元	0.4	0.5	
4.建筑业	元	38.8	59.4	0.6
（三）第三产业经营费用支出	元	2113.9	2075.0	2186.1
1.批发和零售业	元	1502.6	1456.7	1588.0
2.交通运输、仓储和邮政业	元	231.0	180.8	324.3
3.住宿和餐饮业	元	172.4	173.3	170.7
4.房地产业	元	0.0	0.0	0.0
5.租赁和商务服务业	元	14.5	21.7	1.2
6.居民服务、修理和其他服务业	元	167.9	236.7	40.1
7.其他	元	3.0	1.6	5.6
8.农林牧渔服务业	元	22.4	4.2	56.1

新口径人均购置资产支出情况

	单位	总计	城镇住户	农村住户
购置资产支出	元	784.5	740.7	865.9
1.建造住房支出	元	29.6	5.0	75.1
（1）建造住房材料	元	22.3	3.7	56.8
（2）建造住房雇工	元	7.3	1.3	18.3
2.购买住房支出	元	537.2	636.6	352.4
3.购建第一产业生产性固定资产	元	134.7	8.8	368.6
（1）购买或建造农业生产性用房	元	45.3	1.4	126.9
①购买用房建筑材料	元	29.9	1.4	82.9
②建筑农业生产用房雇工	元	6.8		19.4
③购买农业生产用房	元	1.2		3.3
④其他	元	7.5		21.4
（2）购买役畜	元	4.1	1.8	8.3
（3）购买产品畜	元	9.6	0.3	26.9
（4）购买或建造农业设施	元	24.5	0.8	68.6
①大棚、温室	元	13.0	0.4	36.3
②自备井	元	2.5	0.4	6.5
③喷灌设施	元	0.3	0.0	0.8
④其他农业设施	元	8.8	0.0	25.1
（5）购买农业机械	元	51.1	4.4	137.9
①大中型农用拖拉机	元	12.1	0.1	34.4

新口径人均购置资产支出情况（续表一）

	单位	总计	城镇住户	农村住户
②小型(手扶)农用拖拉机	元	12.4	0.5	34.5
③农用排灌动力机械	元	0.4	0.0	1.0
④插秧机	元	1.7		4.8
⑤收割机	元			
⑥脱粒机	元	2.3		6.4
⑦其他农业机械	元	22.4	3.9	56.8
4.购建第二产业生产性固定资产支出	元	17.1	26.1	0.5
（1）采矿业	元			
（2）制造业	元	16.7	25.5	0.3
（3）电力、热力、燃气及水生产和供应业	元			
（4）建筑业	元	0.4	0.5	0.3
5.购建第三产业生产性固定资产支出	元	56.2	49.9	67.8
（1）批发和零售业	元	26.4	38.4	4.3
（2）交通运输、仓储和邮政业	元	25.5	7.4	59.1
（3）住宿和餐饮业	元	0.1	0.2	
（4）房地产业	元	0.9	1.1	0.6
（5）租赁和商务服务业	元	0.1	0.1	
（6）居民服务、修理和其他服务业	元	2.5	2.7	2.1
（7）其他	元	0.6		1.8
6.购建其他资产支出	元	9.9	14.4	1.5

新口径期末家庭住房基本情况

	单位	总计	城镇住户	农村住户
本住户居住空间样式				
1.单栋楼房	%	1.0	0.7	1.6
2.单栋平房	%	39.6	11.3	97.9
3.四居室及以上单元房	%	0.4	0.6	0.0
4.三居室单元房	%	9.3	13.8	0.0
5.二居室单元房	%	39.0	58.0	0.0
6.一居室单元房	%	8.8	13.0	0.1
7.筒子楼或连片平房	%	1.9	2.6	0.5
8.其他	%	0.1	0.1	0.0
主要建筑材料				
1.钢筋混凝土	%	23.5	33.1	3.8
2.砖混材料	%	50.0	58.8	31.9
3.砖瓦砖木	%	26.3	8.1	63.7
4.竹草土坯	%	0.2	0.0	0.4
5.其他	%	0.1	0.0	0.2
现住房建筑面积	平方米/人	30.1	29.0	32.0

新口径耐用消费品拥有情况

指标名称	单位	总计	城镇住户	农村住户
1.家用汽车	辆/百户	13.9	16.4	8.9
2.摩托车	辆/百户	26.3	10.0	60.0
3.助力车	台/百户	18.5	13.8	28.1
4.洗衣机	台/百户	85.1	89.3	76.5
5.电冰箱(柜)	台/百户	88.7	92.9	79.9
6.微波炉	台/百户	37.7	52.6	7.1
7.彩色电视机	台/百户	108.2	107.5	109.8
8.其中：接入有线电视	台/百户	85.0	90.0	74.9
9.空调	台/百户	17.6	25.3	1.7
10.热水器	台/百户	49.8	68.1	12.0
11.其中：太阳能热水器	台/百户	10.6	11.1	9.6
12.消毒碗柜	台/百户	3.3	4.8	0.1
13.洗碗机	台/百户	0.5	0.7	0.0
14.排油烟机	台/百户	54.1	75.7	9.6
15.固定电话	线/百户	61.9	57.2	71.5
16.移动电话	部/百户	183.0	187.0	174.7
17.其中：接入互联网	部/百户	56.4	64.3	39.9
18.计算机	台/百户	48.1	60.7	22.1
19.其中：接入互联网	台/百户	38.9	49.8	16.4
20.摄像机	台/百户	5.8	8.4	0.5
21.照相机	台/百户	22.5	31.5	3.8
22.中高档乐器	架/百户	2.7	3.8	0.4
23.健身器材	台/百户	2.2	3.0	0.6
24.组合音响	套/百户	4.4	4.6	3.9

新口径农业生产投资情况

指标名称	单位	总计	城镇住户	农村住户
主要农业生产性固定资产数量	--			
1.生产性用房及建筑物	平方米/户	27.6	2.7	78.8
2.大中型农用拖拉机	台/百户	1.0	0.0	3.0
3.小型农用拖拉机	台/百户	7.1	0.5	20.7
4.农用排灌动力机械	台/百户	0.8	0.2	1.9
5.插秧机	台/百户	0.2	0.0	0.5
6.收割机	台/百户	0.1	0.0	0.4
7.脱粒机	台/百户	1.1	0.0	3.3
8.役畜	头/百户	5.7	0.4	16.5
期末农业生产性固定资产原价	–			
1.农业固定资产原价	元/户	3753.4	436.2	10602.4
①生产性用房及建筑物	元/户	1531.6	140.3	4404.2
②役畜	元/户	404.5	41.1	1154.9
③农业设施	元/户	509.4	58.8	1439.6
④农业机械	元/户	1154.6	63.0	3408.7
2.林业固定资产原价	元/户	29.3	1.6	86.4
①生产性用房及建筑物	元/户	0.9	0.0	2.7
②机械设备	元/户	1.8	0.0	5.4
3.牧业固定资产原价	元/户	1929.0	225.9	5445.5
①生产性用房及建筑物	元/户	1122.5	80.5	3273.9
②产品畜	元/户	751.4	111.6	2072.7
4.渔业固定资产原价	元/户	129.9	47.4	300.3
5.农林牧渔服务业固定资产原价	元/户	704.2	7.9	2142.0

新口径家庭期末非农产业固定资产原价

指标名称	单位	总计	城镇住户	农村住户
1.采矿业	元/户	70.4	97.4	14.8
2.制造业	元/户	954.2	989.0	882.2
3.电力、热力、燃气及水生产和供应业	元/户	0.0	0.0	0.0
4.建筑业	元/户	195.2	270.2	40.2
5.批发和零售业	元/户	3009.5	3552.9	1887.6
6.交通运输、仓储和邮政业	元/户	3475.4	4007.9	2376.1
7.住宿和餐饮业	元/户	853.6	902.7	752.3
8.房地产业	元/户	81.1	111.3	18.7
9.租赁和商务服务业	元/户	71.6	18.7	180.8
10.居民服务、修理和其他服务业	元/户	1128.9	1607.0	141.9
11.其他行业	元/户	107.4	137.3	45.5

新口径食品消费情况（含自产自用）

指标名称	单位	总计	城镇住户	农村住户
一、粮食消费量	公斤/人	134.5	128.7	145.2
（一）谷物消费量	公斤/人	121.5	113.7	135.9
1.小麦	公斤/人	44.9	46.9	41.2
2.稻谷	公斤/人	65.1	56.5	80.9
3.玉米	公斤/人	5.2	3.3	8.7
4.其他谷物	公斤/人	6.4	7.0	5.1
（二）薯类消费量	公斤/人	3.3	3.8	2.3
（三）豆类消费量	公斤/人	9.7	11.2	7.0
二、油脂类消费量	公斤/人	11.0	11.5	10.0
（一）植物油	公斤/人	10.8	11.4	9.6
（二）动物油	公斤/人	0.2	0.1	0.4
三、蔬菜及菜制品消费量	公斤/人	118.1	126.7	102.0
（一）鲜菜	公斤/人	114.6	121.9	101.1
（二）干菜及菜制品	公斤/人	1.6	2.3	0.5
（三）鲜菌	公斤/人	1.6	2.2	0.4
（四）干菌及菌制品	公斤/人	0.3	0.4	0.1
四、肉类	公斤/人	24.8	27.9	19.2
（一）猪肉	公斤/人	18.0	18.7	16.9
（二）牛肉	公斤/人	2.0	2.9	0.4
（三）羊肉	公斤/人	0.9	1.3	0.2
（四）其他肉类及制品	公斤/人	3.8	5.0	1.7
五、禽类	公斤/人	4.4	5.6	2.1
（一）鸡	公斤/人	3.0	3.8	1.6
（二）鸭	公斤/人	0.2	0.3	0.0
（三）鹅	公斤/人	0.0	0.0	0.0
（四）其他禽类及制品	公斤/人	1.2	1.6	0.5
六、水产品	公斤/人	13.7	18.1	5.4
（一）鱼类	公斤/人	7.9	10.1	3.9
（二）虾、贝、蟹类	公斤/人	3.7	5.2	0.9
（三）藻类	公斤/人	0.5	0.6	0.2
（四）其他	公斤/人	1.6	2.2	0.4
七、蛋类及蛋制品	公斤/人	10.8	12.7	7.2
八、奶和奶制品	公斤/人	15.3	21.1	4.4
九、干鲜瓜果类	公斤/人	57.2	71.8	30.1
十一、饮料	公斤/人	0.1	0.2	0.1
十二、烟叶消费量	公斤/人	29.1	27.4	32.3
十三、酒	公斤/人	15.5	15.6	15.5

农户建房投资情况

指标名称	代码	计量单位	数量		
甲	乙	丙	2013年	2014年	2014年增速（%）
一、本年新增固定资产原值	1	万元	3131750.5	2393967.4	-23.6
二、本年固定资产投资完成额	2	万元	3162549.5	3039691.1	-3.9
(一)按投资来源分	—	—			
1.国内贷款	3	万元	10497.0	11042.9	5.2
2.自筹资金	4	万元	3145239.0	3020724.2	-4.0
3.其他	5	万元	6813.5	7924.0	16.3
(二)按投资构成分	—	—			
1.建筑工程	6	万元	2073820.3	2163119.3	4.3
其中：水利	7	万元	708.6	863.8	21.9
房屋	8	万元	2073111.7	2162255.5	4.3
其中：住宅	9	万元	1817635.6	1888523.3	3.9
2.安装工程	10	万元			
3.设备工器具购置	11	万元	715171.6	590053.1	-17.5
其中：生产设备	12	万元	715171.6	590053.1	-17.5
4.其他	13	万元	373557.6	286518.7	-23.3
(三)按投资方向分	—	—			
1.农、林、牧、渔业	14	万元	789952.7	897505.3	13.6
2.采矿业	15	万元			
3.制造业	16	万元	31018.4	27544.4	-11.2
4.电力、热力、燃气及水生产和供应业	17	万元			
5.建筑业	18	万元	122469.6	123816.7	1.1
6.批发和零售业	19	万元	259963.6	223828.7	-13.9
7.交通运输、仓储和邮政业	20	万元	52510.5	76297.8	45.3
8.住宿和餐饮业	21	万元			
9.信息传输、软件和信息技术服务业	22	万元			
10.金融业	23	万元			
11.房地产业	24	万元	1820995.9	1607939.3	-11.7
12.租赁和商务服务业	25	万元			
13.科学研究和技术服务业	26	万元			
14.水利、环境和公共设施管理业	27	万元			
15.居民服务、修理和其他服务业	28	万元	82739.9	79926.8	-3.4
16.教育	29	万元			
17.卫生和社会工作	30	万元			
18.文化、体育和娱乐业	31	万元	2898.8	2832.2	-2.3
19.公共管理、社会保障和社会组织	32	万元			
20.国际组织	33	万元			
(四)按具体投资项目分	—	—			
1.房屋	34	万元	2073111.7	2162255.5	4.3
其中：住宅	35	万元	1817635.6	1888523.3	3.9
2.道路	36	万元			
3.桥梁	37	万元			
4.设备	38	万元	701171.6	590053.1	-15.8
5.水利	39	万元	708.6	863.8	21.9
6.其他	40	万元	387557.6	286518.7	-26.1
三、调查户总人口	41	人	5798	5272	-9.1

在家庭或个人从事的生产经营活动中，所拥有的使用期限在两年及以上、单位价值在1000元以上的房屋建筑物、机器设备、器具工具、役畜、产品畜等资产应作为固定资产统计。

新口径按收入等距五分组的全体居民人均收入情况

指标名称	单位	低收入户	中低收入户	中等收入户	中高收入户	高收入户
可支配收入	元	4581.81	12839.66	20089.94	28934.89	54593.78
一、工资性收入	元	2517.70	6850.22	11309.42	14405.75	28907.32
（一）工资	元	2438.94	6644.43	10851.36	13326.96	26143.71
（二）实物福利	元	11.20	59.74	139.14	269.34	504.05
（三）其他	元	67.56	146.05	318.92	809.45	2259.57
二、经营净收入	元	1093.88	3264.40	3054.61	3437.51	10543.24
（一）第一产业经营净收入	元	1084.30	2079.90	1517.94	1105.57	2054.75
1.农业	元	1422.77	1682.68	1039.70	538.73	903.39
2.林业	元	64.23	61.02	21.99	202.55	7.86
3.牧业	元	-404.95	323.57	346.70	323.72	1050.22
4.渔业	元	2.24	12.62	109.54	40.57	93.29
（二）第二产业经营净收入	元	22.55	85.93	104.48	346.48	1633.25
1.采矿业	元	4.13	-2.77	-0.01	11.38	39.01
2.制造业	元	19.51	41.79	36.08	291.50	1011.81
3.电力、热力、燃气及水生产和供应业	元			0.00		-1.58
4.建筑业	元	-1.09	46.92	68.41	43.60	584.02
（三）第三产业经营净收入	元	-12.97	1098.57	1432.19	1985.46	6855.23
1.批发和零售业	元	-189.43	465.66	731.28	902.47	3614.26
2.交通运输、仓储和邮政业	元	61.71	293.28	278.09	302.49	1222.47
3.住宿和餐饮业	元	-33.61	55.25	173.82	143.56	714.43
4.房地产业	元	-0.03		1.00	0.33	48.41
5.租赁和商务服务业	元	-0.15	1.21	30.57		254.41
6.居民服务、修理和其他服务业	元	55.96	209.61	241.44	609.11	847.84

新口径按收入等距五分组的全体居民人均收入情况（续表一）

指标名称	单位	低收入户	中低收入户	中等收入户	中高收入户	高收入户
7.其他	元	11.21	2.80	21.37	51.33	134.59
8.农林牧渔服务业	元	81.37	70.75	–45.38	–23.84	18.83
三、财产净收入	元	134.32	550.31	1093.70	1951.49	4242.77
（一）利息净收入	元	5.47	32.58	35.43	16.06	233.81
（二）红利收入	元	12.54	18.14	22.35	65.80	1008.09
（三）储蓄性保险净收益	元	0.00	0.00	1.34	2.38	1.16
（四）转让承包土地经营权租金净收入	元	75.64	55.84	56.12	112.68	29.10
（五）出租房屋财产性收入	元	–2.04	30.65	83.23	143.26	296.00
（六）出租机械、专利、版权等资产的收入	元		–0.26	–5.59	1.73	7.44
（七）其他财产净收入	元	1.39	3.83	–10.04	–3.59	–2.36
（八）房屋虚拟租金	元	41.31	409.53	910.86	1613.17	2669.54
四、转移净收入	元	835.91	2174.73	4632.20	9140.14	10900.45
（一）转移性收入	元	1575.42	2921.67	5717.07	10740.34	13914.63
1.养老金或离退休金	元	652.12	1958.39	4754.49	9666.87	11752.99
2.社会救济和补助	元	161.30	123.28	84.37	48.36	81.54
3.政策性生活补贴	元	12.68	13.07	17.04	12.09	12.33
4.报销医疗费	元	85.33	140.85	156.87	347.39	1146.06
5.家庭外出从业人员寄回带回收入	元	232.94	241.76	126.27	87.34	52.35
6.赡养收入	元	152.21	167.92	340.30	389.03	658.71
7.其他经常转移收入	元	31.40	95.05	133.83	104.20	143.98
8.从政府和组织得到的实物产品和服务折价	元	19.05	25.63	26.52	27.51	28.18
9.现金政策性惠农补贴	元	228.37	155.73	77.39	57.56	38.50
（二）转移性支出	元	739.51	746.94	1084.87	1600.20	3014.18

新口径按收入等距五分组的全体居民人均收入构成

指标名称	单位	低收入户	中低收入户	中等收入户	中高收入户	高收入户
可支配收入	%	100.00	100.00	100.00	100.00	100.00
一、工资性收入	%	54.95	53.35	56.29	49.79	52.95
（一）工资	%	53.23	51.75	54.01	46.06	47.89
（二）实物福利	%	0.24	0.47	0.69	0.93	0.92
（三）其他	%	1.47	1.14	1.59	2.80	4.14
二、经营净收入	%	23.87	25.42	15.20	11.88	19.31
（一）第一产业经营净收入	%	23.67	16.20	7.56	3.82	3.76
1.农业	%	31.05	13.11	5.18	1.86	1.65
2.林业	%	1.40	0.48	0.11	0.70	0.01
3.牧业	%	–8.84	2.52	1.73	1.12	1.92
4.渔业	%	0.05	0.10	0.55	0.14	0.17
（二）第二产业经营净收入	%	0.49	0.67	0.52	1.20	2.99
1.采矿业	%	0.09	–0.02	0.00	0.04	0.07
2.制造业	%	0.43	0.33	0.18	1.01	1.85
3.电力、热力、燃气及水生产和供应业	%	0.00	0.00	0.00	0.00	0.00
4.建筑业	%	–0.02	0.37	0.34	0.15	1.07
（三）第三产业经营净收入	%	–0.28	8.56	7.13	6.86	12.56
1.批发和零售业	%	–4.13	3.63	3.64	3.12	6.62
2.交通运输、仓储和邮政业	%	1.35	2.28	1.38	1.05	2.24
3.住宿和餐饮业	%	–0.73	0.43	0.87	0.50	1.31
4.房地产业	%	0.00	0.00	0.00	0.00	0.09
5.租赁和商务服务业	%	0.00	0.01	0.15	0.00	0.47
6.居民服务、修理和其他服务业	%	1.22	1.63	1.20	2.11	1.55

新口径按收入等距五分组的全体居民人均收入构成（续表一）

指标名称	单位	低收入户	中低收入户	中等收入户	中高收入户	高收入户
7.其他	%	0.24	0.02	0.11	0.18	0.25
8.农林牧渔服务业	%	1.78	0.55	–0.23	–0.08	0.03
三、财产净收入	%	2.93	4.29	5.44	6.74	7.77
（一）利息净收入	%	0.12	0.25	0.18	0.06	0.43
（二）红利收入	%	0.27	0.14	0.11	0.23	1.85
（三）储蓄性保险净收益	%	0.00	0.00	0.01	0.01	0.00
（四）转让承包土地经营权租金净收入	%	1.65	0.43	0.28	0.39	0.05
（五）出租房屋财产性收入	%	–0.04	0.24	0.41	0.50	0.54
（六）出租机械、专利、版权等资产的收入	%	0.00	0.00	–0.03	0.01	0.01
（七）其他财产净收入	%	0.03	0.03	–0.05	–0.01	0.00
（八）房屋虚拟租金	%	0.90	3.19	4.53	5.58	4.89
四、转移净收入	%	18.24	16.94	23.06	31.59	19.97
（一）转移性收入	%	34.38	22.76	28.46	37.12	25.49
1.养老金或离退休金	%	14.23	15.25	23.67	33.41	21.53
2.社会救济和补助	%	3.52	0.96	0.42	0.17	0.15
3.政策性生活补贴	%	0.28	0.10	0.08	0.04	0.02
4.报销医疗费	%	1.86	1.10	0.78	1.20	2.10
5.家庭外出从业人员寄回带回收入	%	5.08	1.88	0.63	0.30	0.10
6.赡养收入	%	3.32	1.31	1.69	1.34	1.21
7.其他经常转移收入	%	0.69	0.74	0.67	0.36	0.26
8.从政府和组织得到的实物产品和服务折价	%	0.42	0.20	0.13	0.10	0.05
9.现金政策性惠农补贴	%	4.98	1.21	0.39	0.20	0.07
（二）转移性支出	%	16.14	5.82	5.40	5.53	5.52

新口径按收入等距五分组的全体居民人均生活消费情况

指标名称	单位	低收入户	中低收入户	中等收入户	中高收入户	高收入户
消费支出	元	6681.6	10060.7	14718.7	19745.0	32879.6
（一）食品烟酒	元	2051.5	2959.5	4393.5	6004.1	8316.1
（二）衣着	元	438.7	749.2	1303.6	1747.1	3588.7
（三）居住	元	1270.8	2146.4	3060.7	4374.6	6973.8
（四）生活用品及服务	元	274.7	474.6	793.7	1153.3	2167.2
（五）交通通信	元	763.6	1091.2	1825.2	2056.9	4515.0
（六）教育文化娱乐	元	880.7	1319.2	1772.3	2043.7	3510.2
（七）医疗保健	元	884.6	1089.5	1156.5	1715.2	2484.2
（八）其他用品和服务	元	117.0	231.0	413.3	650.2	1324.5

新口径按收入等距五分组的全体居民人均生活消费构成情况

指标名称	单位	低收入户	中低收入户	中等收入户	中高收入户	高收入户
消费支出	%	100.0	100.0	100.0	100.0	100.0
（一）食品烟酒	%	30.7	29.4	29.9	30.4	25.3
（二）衣着	%	6.6	7.5	8.9	8.9	10.9
（三）居住	%	19.0	21.3	20.8	22.2	21.2
（四）生活用品及服务	%	4.1	4.7	5.4	5.8	6.6
（五）交通通信	%	11.4	10.9	12.4	10.4	13.7
（六）教育文化娱乐	%	13.2	13.1	12.0	10.4	10.7
（七）医疗保健	%	13.2	10.8	7.9	8.7	7.6
（八）其他用品和服务	%	1.8	2.3	2.8	3.3	4.0

新口径按收入等距五分组的城镇居民人均收入情况

指标名称	单位	城镇低收入户	城镇中低收入户	城镇中等收入户	城镇中高收入户	城镇高收入户
可支配收入	元	10950.4	19423.1	25964.5	34188.8	61904.8
一、工资性收入	元	6952.1	11922.8	13001.1	17913.3	35097.9
（一）工资	元	6703.0	11449.3	12149.5	16383.8	31648.6
（二）实物福利	元	70.7	144.5	230.5	350.9	603.7
（三）其他	元	178.4	329.1	621.2	1178.6	2845.6
二、经营净收入	元	1293.8	1658.2	1888.1	3472.7	9897.8
（一）第一产业经营净收入	元	267.4	201.2	126.7	272.6	214.4
1.农业	元	198.4	127.1	121.0	119.5	106.7
2.林业	元	38.1	11.4	–2.0	67.3	8.2
3.牧业	元	24.0	33.5	7.7	56.5	16.7
4.渔业	元	6.9	29.3		29.3	82.8
（二）第二产业经营净收入	元	113.1	139.9	55.7	454.4	2114.3
1.采矿业	元	1.6	0.3	–2.6	17.7	61.9
2.制造业	元	59.8	48.2	50.3	280.0	1259.8
3.电力、热力、燃气及水生产和供应业	元					–2.44
4.建筑业	元	51.7	91.4	8.1	156.7	795.0
（三）第三产业经营净收入	元	913.4	1317.0	1705.7	2745.7	7569.1
1.批发和零售业	元	357.8	684.5	784.5	1337.3	4316.1
2.交通运输、仓储和邮政业	元	240.8	179.3	278.7	500.0	807.5
3.住宿和餐饮业	元	58.5	172.6	125.9	240.0	826.5
4.房地产业	元		0.2	1.9		74.5
5.租赁和商务服务业	元	–0.1	11.4			391.7
6.居民服务、修理和其他服务业	元	242.8	275.3	472.6	623.4	1079.6

新口径按收入等距五分组的城镇居民人均收入情况（续表一）

指标名称	单位	城镇低收入户	城镇中低收入户	城镇中等收入户	城镇中高收入户	城镇高收入户
7.其他	元	9.5	4.3	40.0	36.4	73.3
8.农林牧渔服务业	元	4.0	-10.6	2.16	8.6	-0.2
三、财产净收入	元	683.8	1224.1	1716.3	2479.3	5254.1
（一）利息净收入	元	-5.7	26.2	58.0	57.6	264.3
（二）红利收入	元	12.7	18.0	14.4	78.6	1435.6
（三）储蓄性保险净收益	元	0.0	1.3		5.1	
（四）转让承包土地经营权租金净收入	元	16.9	2.6	15.0	132.8	2.9
（五）出租房屋财产性收入	元	32.5	98.0	102.4	203.1	369.9
（六）出租机械、专利、版权等资产的收入	元	-0.13	-2.2	-0.1	0.1	
（七）其他财产净收入	元	1.4	-16.5	-5.5	-1.4	-2.3
（八）房屋虚拟租金	元	626.2	1096.7	1532.2	2003.4	3183.7
四、转移净收入	元	2020.8	4618.1	9359.0	10323.6	11655.0
（一）转移性收入	元	3245.6	5867.4	10865.0	12351.5	15155.2
1.养老金或离退休金	元	2411.8	5020.3	9885.0	11003.5	12790.4
2.社会救济和补助	元	249.8	106.9	46.5	43.8	75.1
3.政策性生活补贴	元	10.7	7.6	10.2	19.8	9.6
4.报销医疗费	元	95.4	143.2	310.7	658.6	1286.5
5.家庭外出从业人员寄回带回收入	元	30.6	4.5	16.6	67.6	9.1
6.赡养收入	元	263.8	381.1	448.4	408.1	801.3
7.其他经常转移收入	元	117.7	156.9	117.6	116.6	148.3
8.从政府和组织得到的实物产品和服务折价	元	29.2	30.0	23.5	26.7	32.7
9.现金政策性惠农补贴	元	36.7	17.0	6.6	7.0	2.3
（二）转移性支出	元	1224.9	1249.4	1506.0	2027.9	3500.3

新口径按收入等距五分组的城镇居民人均收入构成

指标名称	单位	城镇低收入户	城镇中低收入户	城镇中等收入户	城镇中高收入户	城镇高收入户
可支配收入	%	100.0	100.0	100.0	100.0	100.0
一、工资性收入	%	63.5	61.4	50.1	52.4	56.7
（一）工资	%	61.2	59.0	46.8	47.9	51.1
（二）实物福利	%	0.7	0.7	0.9	1.0	1.0
（三）其他	%	1.6	1.7	2.4	3.5	4.6
二、经营净收入	%	11.8	8.5	7.3	10.2	16.0
（一）第一产业经营净收入	%	2.4	1.0	0.5	0.8	0.4
1.农业	%	1.8	0.7	0.5	0.4	0.2
2.林业	%	0.4	0.1	–0.01	0.2	0.0
3.牧业	%	0.2	0.2	0.03	0.2	0.0
4.渔业	%	0.1	0.2	0.00	0.1	0.1
（二）第二产业经营净收入	%	1.0	0.7	0.21	1.3	3.4
1.采矿业	%	0.0	0.0	–0.01	0.1	0.1
2.制造业	%	0.6	0.3	0.2	0.8	2.0
3.电力、热力、燃气及水生产和供应业	%	0.0	0.0	0.0	0.0	0.0
4.建筑业	%	0.5	0.5	0.0	0.5	1.3
（三）第三产业经营净收入	%	8.3	6.8	6.6	8.0	12.2
1.批发和零售业	%	3.3	3.5	3.0	3.9	7.0
2.交通运输、仓储和邮政业	%	2.2	0.9	1.1	1.5	1.3
3.住宿和餐饮业	%	0.5	0.9	0.5	0.7	1.3
4.房地产业	%	0.0	0.0	0.0	0.0	0.1
5.租赁和商务服务业	%	0.0	0.1	0.0	0.0	0.6
6.居民服务、修理和其他服务业	%	2.2	1.4	1.8	1.8	1.7

新口径按收入等距五分组的城镇居民人均收入构成（续表一）

指标名称	单位	城镇低收入户	城镇中低收入户	城镇中等收入户	城镇中高收入户	城镇高收入户
7.其他	%	0.1	0.0	0.2	0.1	0.1
8.农林牧渔服务业	%	0.0	–0.05	0.0	0.0	0.0
三、财产净收入	%	6.2	6.3	6.6	7.3	8.5
（一）利息净收入	%	–0.05	0.1	0.2	0.2	0.4
（二）红利收入	%	0.1	0.1	0.1	0.2	2.3
（三）储蓄性保险净收益	%	0.0	0.0	0.0	0.0	0.0
（四）转让承包土地经营权租金净收入	%	0.2	0.0	0.1	0.4	0.0
（五）出租房屋财产性收入	%	0.3	0.5	0.4	0.6	0.6
（六）出租机械、专利、版权等资产的收入	%	0.0	–0.01	0.0	0.0	0.0
（七）其他财产净收入	%	0.0	–0.08	–0.02	0.0	0.0
（八）房屋虚拟租金	%	5.7	5.7	5.9	5.9	5.1
四、转移净收入	%	18.5	23.8	36.1	30.2	18.8
（一）转移性收入	%	29.6	30.2	41.9	36.1	24.5
1.养老金或离退休金	%	22.0	25.9	38.1	32.2	20.7
2.社会救济和补助	%	2.3	0.6	0.2	0.1	0.1
3.政策性生活补贴	%	0.1	0.0	0.0	0.1	0.0
4.报销医疗费	%	0.9	0.7	1.2	1.9	2.1
5.家庭外出从业人员寄回带回收入	%	0.3	0.0	0.1	0.2	0.0
6.赡养收入	%	2.4	2.0	1.7	1.2	1.3
7.其他经常转移收入	%	1.1	0.8	0.5	0.3	0.2
8.从政府和组织得到的实物产品和服务折价	%	0.3	0.2	0.1	0.1	0.1
9.现金政策性惠农补贴	%	0.3	0.1	0.0	0.0	0.0
（二）转移性支出	%	11.2	6.4	5.8	5.9	5.7

新口径按收入等距五分组的城镇居民人均生活消费情况

指标名称	单位	城镇低收入户	城镇中低收入户	城镇中等收入户	城镇中高收入户	城镇高收入户
消费支出	元	10629.0	15373.9	19080.9	22785.4	38556.9
（一）食品烟酒	元	3331.9	4614.8	5938.7	6660.1	9417.4
（二）衣着	元	843.8	1388.1	1726.7	2076.7	4367.1
（三）居住	元	2381.6	3281.1	3990.3	5271.3	8005.6
（四）生活用品及服务	元	510.5	885.0	1031.1	1454.7	2571.3
（五）交通通信	元	1030.9	1771.8	2075.1	2224.5	5657.5
（六）教育文化娱乐	元	1344.4	1875.2	2051.9	2325.9	4147.3
（七）医疗保健	元	933.2	1104.1	1602.0	2163.0	2616.8
（八）其他用品和服务	元	252.6	453.8	665.3	609.2	1773.8

新口径按收入等距五分组的城镇居民人均生活消费构成情况

指标名称	单位	城镇低收入户	城镇中低收入户	城镇中等收入户	城镇中高收入户	城镇高收入户
消费支出	%	100.0	100.0	100.0	100.0	100.0
（一）食品烟酒	%	31.4	30.0	31.1	29.2	24.4
（二）衣着	%	7.9	9.0	9.1	9.1	11.3
（三）居住	%	22.4	21.3	20.9	23.1	20.8
（四）生活用品及服务	%	4.8	5.8	5.4	6.4	6.7
（五）交通通信	%	9.7	11.5	10.9	9.8	14.7
（六）教育文化娱乐	%	12.7	12.2	10.8	10.2	10.8
（七）医疗保健	%	8.8	7.2	8.4	9.5	6.8
（八）其他用品和服务	%	2.4	3.0	3.5	2.7	4.6

新口径按收入等距五分组的农村居民人均生活消费情况

指标名称	单位	农村低收入户	农村中低收入户	农村中等收入户	农村中高收入户	农村高收入户
消费支出	元	5754.8	6169.7	7351.6	8934.8	11171.9
（一）食品烟酒	元	1728.6	1859.3	2130.1	2467.5	2950.9
（二）衣着	元	340.1	373.4	488.3	611.4	883.3
（三）居住	元	1129.0	1052.0	1253.9	1951.6	2163.7
（四）生活用品及服务	元	229.2	241.3	314.0	350.6	545.7
（五）交通通信	元	668.1	650.9	796.8	1353.8	1876.4
（六）教育文化娱乐	元	782.4	862.3	1046.8	1003.4	1415.2
（七）医疗保健	元	778.7	1041.6	1161.8	1043.7	1106.2
（八）其他用品和服务	元	98.7	88.8	160.0	152.8	230.6

新口径按收入等距五分组的农村居民人均生活消费构成情况

指标名称	单位	农村低收入户	农村中低收入户	农村中等收入户	农村中高收入户	农村高收入户
消费支出	%	100.0	100.0	100.0	100.0	100.0
（一）食品烟酒	%	30.0	30.1	29.0	27.6	26.4
（二）衣着	%	5.9	6.1	6.6	6.8	7.9
（三）居住	%	19.6	17.1	17.1	21.8	19.4
（四）生活用品及服务	%	4.0	3.9	4.3	3.9	4.9
（五）交通通信	%	11.6	10.6	10.8	15.2	16.8
（六）教育文化娱乐	%	13.6	14.0	14.2	11.2	12.7
（七）医疗保健	%	13.5	16.9	15.8	11.7	9.9
（八）其他用品和服务	%	1.7	1.4	2.2	1.7	2.1

新口径各地区城镇居民

指标名称	单位	沈阳市	大连市	鞍山市	抚顺市	本溪市
可支配收入	元	34232.9	33591.3	27845.9	25035.4	25972.3
一、工资性收入	元	18178.1	20297.9	16255.8	11837.8	14353.0
(一)工资	元	16681.2	18094.6	14695.1	10795.3	12879.4
(二)实物福利	元	311.3	299.8	193.5	393.4	634.9
(三)其他	元	1185.6	1903.6	1367.2	649.1	838.7
二、经营净收入	元	4488.9	2659.7	2623.0	1805.3	2727.0
(一)第一产业经营净收入	元	81.3	612.3	248.7	100.8	210.7
1.农业	元	75.9	174.9	249.5	50.8	174.1
2.林业	元	–0.4	154.9	–0.5	15.2	17.4
3.牧业	元	5.8	53.9	0.2	34.3	19.3
4.渔业	元	–0.02	228.6	–0.4	0.5	0.00
(二)第二产业经营净收入	元	558.4	367.5	38.8	609.9	–1.2
1.采矿业	元	8.4	31.2	0.0	–4.9	0.0
2.制造业	元	298.7	129.6	30.6	615.1	–0.1
3.电力、热力、燃气及水生产和供应业	元	0.00	0.0	0.0	–0.1	–1.14
4.建筑业	元	251.3	206.7	8.2	–0.2	0.0
(三)第三产业经营净收入	元	3849.2	1679.9	2335.4	1094.6	2517.5
1.批发和零售业	元	2304.0	531.6	1448.3	613.8	1341.7
2.交通运输、仓储和邮政业	元	362.5	321.8	412.1	108.0	396.0
3.住宿和餐饮业	元	292.7	223.7	78.4	149.0	587.3
4.房地产业	元	21.5	0.6	0.3	0.4	0.0
5.租赁和商务服务业	元	68.4	133.3	0.2	0.0	0.0
6.居民服务、修理和其他服务业	元	797.3	406.2	317.6	224.1	191.1
7.其他	元	2.2	69.9	67.5	0.0	4.8
8.农林牧渔服务业	元	0.5	–7.2	11.0	–0.7	–3.3
三、财产净收入	元	2980.5	2587.1	1875.8	1556.1	1654.1
(一)利息净收入	元	125.3	–108.6	126.8	81.1	227.9
(二)红利收入	元	511.6	110.2	56.2	0.6	246.3
(三)储蓄性保险净收益	元	11.8	19.2	4.8	3.6	3.1
(四)转让承包土地经营权租金净收入	元	7.5	59.7	127.3	0.6	0.6
(五)出租房屋财产性收入	元	175.0	187.9	99.7	29.8	94.6
(六)出租机械、专利、版权等资产的收入	元	41.8	–41.5	3.6	0.0	–0.5
(七)其他财产净收入	元	10.9	–4.6	1.1	13.5	–0.3
(八)房屋虚拟租金	元	2096.6	2364.7	1456.3	1427.0	1082.1
四、转移净收入	元	8585.4	8046.7	7091.4	9835.9	7238.0
(一)转移性收入	元	10625.1	10820.1	8463.7	10936.5	9137.4
1.养老金或离退休金	元	9253.3	9459.2	7170.5	9010.0	7707.6
2.社会救济和补助	元	50.6	117.4	113.2	201.0	128.5
3.政策性生活补贴	元	21.9	25.5	12.9	11.6	72.6
4.报销医疗费	元	477.4	680.8	412.7	363.2	621.4
5.家庭外出从业人员寄回带回收入	元	3.2	26.3	32.2	11.6	54.0
6.赡养收入	元	524.8	371.6	646.0	683.3	316.3
7.其他经常转移收入	元	233.1	101.0	47.1	551.5	227.7
8.从政府和组织得到的实物产品和服务折价	元	55.1	7.4	16.6	100.6	8.1
9.现金政策性惠农补贴	元	5.7	30.9	12.5	3.8	1.3
(二)转移性支出	元	2039.7	2773.4	1372.3	1100.5	1899.4

人均可支配收入情况

丹东市	锦州市	营口市	阜新市	辽阳市	盘锦市	铁岭市	朝阳市	葫芦岛市
22931.2	25214.2	28222.3	21195.0	24382.3	30857.4	19276.3	19634.0	23009.9
12515.0	13299.9	15888.6	11618.0	14371.3	22419.0	11222.0	11138.0	12572.8
11776.7	12605.6	14833.7	11024.7	12933.6	20894.0	10779.9	10423.0	11818.1
203.3	78.6	111.9	186.2	362.6	323.4	24.1	40.3	57.5
535.0	615.8	942.9	407.1	1074.7	1201.7	418.0	674.7	697.2
2590.0	3508.7	4784.5	1527.0	2542.6	2620.0	2036.0	2278.0	3105.3
140.4	175.4	104.2	170.2	65.5	348.6	33.5	116.7	94.9
70.7	115.3	19.3	−20.5	21.1	378.2	49.7	47.5	63.6
10.7	−1.5	0.00	4.8	−10.9	7.8	2.8	13.7	14.4
59.1	61.6	−0.1	185.9	55.4	−24.7	−19.1	55.4	16.9
0.0	0.0	85.0	0.0	−0.1	−12.8	0.0	0.0	0.0
466.4	500.7	987.0	128.6	303.2	48.5	720.4	259.9	168.9
6.0	0.0	77.9	0.0	0.0	3.0	15.4	19.7	0.0
330.0	139.6	854.2	128.6	−2.9	0.0	746.8	200.0	0.0
3.6	96.2	0.9	0.0	146.6	0.0	0.0	0.0	−0.2
126.9	264.9	54.0	0.0	159.5	45.5	−41.7	40.2	169.1
1983.2	2832.6	3693.3	1228.1	2174.3	2222.9	1282.2	1901.5	2841.6
1036.9	2096.4	1234.3	1212.9	1664.0	1324.5	902.0	1264.5	1404.8
314.3	126.0	1271.01	112.4	73.4	385.3	154.1	214.3	836.7
390.6	223.7	−0.6	0.0	99.3	225.3	−1.1	83.4	8.0
22.8	0.0	4.3	0.6	0.0	0.0	0.0	0.0	0.0
26.3	0.0	74.8	0.0	−0.7	0.0	3.5	−0.02	32.9
192.3	255.5	1004.0	−119.8	323.4	223.8	192.2	315.05	460.7
0.0	138.1	132.6	0.0	−6.0	64.1	31.7	9.37	98.3
0.0	−7.01	−27.0	22.1	20.9	0.0	−0.2	14.94	0.2
1106.4	1644.2	1402.4	1147.0	1628.1	1218.0	1102.8	1137.00	1330.7
37.0	162.1	33.7	72.9	261.8	24.1	60.3	−1.97	77.7
27.9	0.0	0.0	10.1	75.0	8.7	0.0	15.93	3.8
0.0	0.0	0.0	0.0	0.0	0.4	0.7	0.03	0.0
2.1	3.7	0.8	12.6	29.4	6.4	24.3	2.81	7.7
102.8	103.1	76.2	90.1	52.1	59.6	52.3	232.91	95.7
−2.00	0.0	90.7	0.0	4.1	0.0	0.0	−2.05	−99.5
−6.49	0.1	1.5	−0.1	−1.0	−5.8	3.4	16.99	−0.2
945.1	1375.2	1199.4	961.5	1203.1	1124.6	961.9	872.4	1245.4
6720.0	6761.5	6147.0	6903.0	5840.3	4600.0	4916.0	5081.0	6001.1
8148.6	8158.7	7516.2	8270.6	7161.6	6971.4	5570.0	6098.6	7404.0
7281.1	7628.7	6857.4	7223.2	6404.9	6349.1	5235.7	4710.0	6353.4
160.7	139.9	66.8	336.6	60.2	67.8	43.0	178.3	303.5
5.4	7.3	38.3	7.3	4.2	16.5	18.6	2.8	11.4
174.2	117.0	25.7	372.1	264.4	286.1	88.5	239.2	326.5
89.4	0.0	52.9	21.9	88.3	0.0	37.2	69.5	121.9
348.9	235.0	326.2	113.7	242.1	226.7	89.3	800.4	204.8
71.0	18.1	100.3	129.2	86.7	17.3	50.5	66.1	66.9
9.9	0.4	24.8	53.9	4.7	0.7	1.6	11.6	4.4
8.0	12.4	23.8	12.6	6.1	7.3	5.6	20.7	11.3
1428.6	1397.2	1369.2	1367.6	1321.6	2371.4	654.0	1017.6	1402.9

新口径各地区城镇居民

指标名称	单位	沈阳市	大连市	鞍山市	抚顺市	本溪市
可支配收入	%	100.0	100.0	100.0	100.0	100.0
一、工资性收入	%	53.1	60.4	58.4	47.3	55.3
(一)工资	%	48.7	53.9	52.8	43.1	49.6
(二)实物福利	%	0.9	0.9	0.7	1.6	2.4
(三)其他	%	3.5	5.7	4.9	2.6	3.2
二、经营净收入	%	13.1	7.9	9.4	7.2	10.5
(一)第一产业经营净收入	%	0.2	1.8	0.9	0.4	0.8
1.农业	%	0.2	0.5	0.9	0.2	0.7
2.林业	%	0.0	0.5	0.0	0.1	0.1
3.牧业	%	0.0	0.2	0.0	0.1	0.1
4.渔业	%	0.0	0.7	0.0	0.0	0.0
(二)第二产业经营净收入	%	1.6	1.1	0.1	2.4	0.0
1.采矿业	%	0.0	0.1	0.0	–0.02	0.0
2.制造业	%	0.9	0.4	0.1	2.5	0.0
3.电力、热力、燃气及水生产和供应业	%	0.0	0.0	0.0	0.0	0.0
4.建筑业	%	0.7	0.6	0.0	0.0	0.0
(三)第三产业经营净收入	%	11.2	5.0	8.4	4.4	9.7
1.批发和零售业	%	6.7	1.6	5.2	2.5	5.2
2.交通运输、仓储和邮政业	%	1.1	1.0	1.5	0.4	1.5
3.住宿和餐饮业	%	0.9	0.7	0.3	0.6	2.3
4.房地产业	%	0.1	0.0	0.0	0.0	0.0
5.租赁和商务服务业	%	0.2	0.4	0.0	0.0	0.0
6.居民服务、修理和其他服务业	%	2.3	1.2	1.1	0.9	0.7
7.其他	%	0.0	0.2	0.2	0.0	0.0
8.农林牧渔服务业	%	0.0	–0.02	0.0	0.0	–0.01
三、财产净收入	%	8.7	7.7	6.7	6.2	6.4
(一)利息净收入	%	0.4	–0.3	0.5	0.3	0.9
(二)红利收入	%	1.5	0.3	0.2	0.0	1.0
(三)储蓄性保险净收益	%	0.0	0.1	0.0	0.0	0.0
(四)转让承包土地经营权租金净收入	%	0.0	0.2	0.5	0.0	0.0
(五)出租房屋财产性收入	%	0.5	0.6	0.4	0.1	0.4
(六)出租机械、专利、版权等资产的收入	%	0.1	–0.1	0.0	0.0	0.0
(七)其他财产净收入	%	0.0	–0.01	0.0	0.1	0.0
(八)房屋虚拟租金	%	6.1	7.0	5.2	5.7	4.2
四、转移净收入	%	25.1	24.0	25.5	39.3	27.9
(一)转移性收入	%	31.0	32.2	30.4	43.7	35.2
1.养老金或离退休金	%	27.0	28.2	25.8	36.0	29.7
2.社会救济和补助	%	0.2	0.4	0.4	0.8	0.5
3.政策性生活补贴	%	0.1	0.1	0.1	0.1	0.3
4.报销医疗费	%	1.4	2.0	1.5	1.5	2.4
5.家庭外出从业人员寄回带回收入	%	0.0	0.1	0.1	0.1	0.2
6.赡养收入	%	1.5	1.1	2.3	2.7	1.2
7.其他经常转移收入	%	0.7	0.3	0.2	2.2	0.9
8.从政府和组织得到的实物产品和服务折价	%	0.2	0.0	0.1	0.4	0.0
9.现金政策性惠农补贴	%	0.0	0.1	0.0	0.0	0.0
(二)转移性支出	%	6.0	8.3	4.9	4.4	7.3

人均可支配收入构成

丹东市	锦州市	营口市	阜新市	辽阳市	盘锦市	铁岭市	朝阳市	葫芦岛市
100.0	100.0	100.0	100.0	100.0	100.0	100.0	100.0	100.0
54.6	52.8	56.3	54.8	58.9	72.7	58.2	56.7	54.6
51.4	50.0	52.6	52.0	53.1	67.7	55.9	53.1	51.4
0.9	0.3	0.4	0.9	1.5	1.1	0.1	0.2	0.3
2.3	2.4	3.3	1.9	4.4	3.9	2.2	3.4	3.0
11.3	13.9	17.0	7.2	10.4	8.5	10.6	11.6	13.5
0.6	0.7	0.4	0.8	0.3	1.1	0.2	0.6	0.4
0.3	0.5	0.1	-0.1	0.1	1.2	0.3	0.2	0.3
0.1	-0.01	0.0	0.0	-0.04	0.0	0.0	0.1	0.1
0.3	0.2	0.0	0.9	0.2	-0.1	-0.10	0.3	0.1
0.0	0.0	0.3	0.0	0.0	-0.04	0.0	0.0	0.0
2.0	2.0	3.5	0.6	1.2	0.2	3.7	1.3	0.7
0.0	0.0	0.3	0.0	0.0	0.0	0.1	0.1	0.0
1.4	0.6	3.0	0.6	-0.01	0.0	3.9	1.0	0.0
0.0	0.4	0.0	0.0	0.6	0.0	0.0	0.0	0.0
0.6	1.1	0.2	0.0	0.7	0.2	-0.2	0.2	0.7
8.7	11.2	13.1	5.8	8.9	7.2	6.7	9.7	12.4
4.5	8.3	4.4	5.7	6.8	4.3	4.7	6.4	6.1
1.4	0.5	4.5	0.5	0.3	1.3	0.8	1.1	3.6
1.7	0.9	0.0	0.0	0.4	0.7	-0.01	0.4	0.0
0.1	0.0	0.0	0.0	0.0	0.0	0.0	0.0	0.0
0.1	0.0	0.3	0.0	0.0	0.0	0.0	0.0	0.1
0.8	1.0	3.6	-0.6	1.3	0.7	1.0	1.6	2.0
0.0	0.6	0.5	0.0	-0.02	0.2	0.2	0.1	0.4
0.0	-0.03	-0.10	0.1	0.1	0.0	0.0	0.1	0.0
4.8	6.5	5.0	5.4	6.7	4.0	5.7	5.8	5.8
0.2	0.6	0.1	0.3	1.1	0.1	0.31	-0.01	0.3
0.1	0.0	0.0	0.1	0.3	0.0	0.0	0.1	0.0
0.0	0.0	0.0	0.0	0.0	0.0	0.0	0.0	0.0
0.0	0.0	0.0	0.1	0.1	0.0	0.1	0.0	0.0
0.5	0.4	0.3	0.4	0.2	0.2	0.3	1.2	0.4
-0.01	0.0	0.3	0.0	0.0	0.0	0.0	-0.01	-0.4
-0.03	0.0	0.0	0.0	0.0	-0.02	0.0	0.1	0.0
4.1	5.5	4.3	4.5	4.9	3.6	5.0	4.4	5.4
29.3	26.8	21.8	32.6	24.0	14.9	25.5	25.9	26.1
35.5	32.4	26.6	39.0	29.4	22.6	28.9	31.1	32.2
31.8	30.3	24.3	34.1	26.3	20.6	27.2	24.0	27.6
0.7	0.6	0.2	1.6	0.3	0.2	0.2	0.9	1.3
0.0	0.0	0.1	0.0	0.0	0.1	0.1	0.0	0.1
0.8	0.5	0.1	1.8	1.1	0.9	0.5	1.2	1.4
0.4	0.0	0.2	0.1	0.4	0.0	0.2	0.4	0.5
1.5	0.9	1.2	0.5	1.0	0.7	0.5	4.1	0.9
0.3	0.1	0.4	0.6	0.4	0.1	0.3	0.3	0.3
0.0	0.0	0.1	0.3	0.0	0.0	0.0	0.1	0.0
0.0	0.1	0.1	0.1	0.0	0.0	0.0	0.1	0.1
6.2	5.5	4.9	6.5	5.4	7.7	3.4	5.2	6.1

新口径各地区城镇居民

指标名称	单位	沈阳市	大连市	鞍山市	抚顺市	本溪市
消费支出	元	22519.9	24781.6	16975.1	17352.6	20134.1
（一）食品烟酒	元	6246.0	6992.3	5192.4	5505.7	6514.0
（二）衣着	元	2315.6	2061.9	1825.3	1466.6	1824.3
（三）居住	元	4003.0	5935.7	3522.1	3942.2	3250.3
（四）生活用品及服务	元	1579.7	1522.5	947.3	1002.6	1210.4
（五）交通通信	元	3091.3	3394.2	1627.0	1807.4	2169.7
（六）教育文化娱乐	元	2853.8	2447.4	2102.9	1701.5	2246.3
（七）医疗保健	元	1677.9	1663.9	1337.5	1431.3	1963.1
（八）其他用品和服务	元	752.6	763.6	420.7	495.5	956.1

新口径各地区城镇居民

指标名称	单位	沈阳市	大连市	鞍山市	抚顺市	本溪市
消费支出	%	100.0	100.0	100.0	100.0	100.0
（一）食品烟酒	%	27.7	28.2	30.6	31.7	32.4
（二）衣着	%	10.3	8.3	10.8	8.5	9.1
（三）居住	%	17.8	24.0	20.8	22.7	16.1
（四）生活用品及服务	%	7.0	6.1	5.6	5.8	6.0
（五）交通通信	%	13.7	13.7	9.6	10.4	10.8
（六）教育文化娱乐	%	12.7	9.9	12.4	9.8	11.2
（七）医疗保健	%	7.5	6.7	7.9	8.3	9.8
（八）其他用品和服务	%	3.3	3.1	2.5	2.9	4.8

人均生活消费支出

丹东市	锦州市	营口市	阜新市	辽阳市	盘锦市	铁岭市	朝阳市	葫芦岛市
15219.0	15118.3	16674.3	15849.2	15908.2	18882.0	12817.0	12586.0	14181.5
5130.0	4545.9	5085.3	4844.5	4488.7	4909.0	3849.0	3649.0	4196.8
1487.0	1656.3	1919.4	1624.4	1659.3	2269.3	1500.6	1252.0	1202.5
3006.2	3700.5	3626.3	2937.9	3270.0	3489.6	2818.1	2610.0	2889.4
939.0	741.3	1182.5	920.2	1057.0	1340.3	691.2	720.0	785.1
1394.2	1524.4	1748.3	1624.5	1787.6	3051.9	1150.0	1084.0	1517.4
1589.1	1561.4	1610.1	1832.8	1987.9	2122.4	1398.1	1509.0	1522.6
1228.2	1089.1	1064.1	1667.1	1263.3	1009.5	1059.0	1354.0	1665.8
445.0	299.4	438.5	397.8	394.5	689.9	350.9	408.0	402.0

人均生活消费支出构成

丹东市	锦州市	营口市	阜新市	辽阳市	盘锦市	铁岭市	朝阳市	葫芦岛市
100.0	100.0	100.0	100.0	100.0	100.0	100.0	100.0	100.0
33.7	30.1	30.5	30.6	28.2	26.0	30.0	29.0	29.6
9.8	11.0	11.5	10.3	10.4	12.0	11.7	10.0	8.5
19.8	24.5	21.8	18.5	20.6	18.5	22.0	20.7	20.4
6.2	4.9	7.1	5.8	6.6	7.1	5.4	5.7	5.5
9.2	10.1	10.5	10.3	11.2	16.2	9.0	8.6	10.7
10.4	10.3	9.7	11.6	12.5	11.2	10.9	12.0	10.7
8.1	7.2	6.4	10.5	7.9	5.4	8.3	10.8	11.8
2.9	2.0	2.6	2.5	2.5	3.7	2.7	3.2	2.8

新口径各地区农村居民

指标名称	单位	沈阳市	大连市	鞍山市	抚顺市	本溪市
可支配收入	元	12520.9	13547.4	12092.6	10971.4	11725.7
一、工资性收入	元	5021.8	5097.6	3859.1	4290.5	6083.6
(一)工资	元	4727.4	4952.1	3422.9	4028.2	5247.4
(二)实物福利	元	3.0	0.8	55.6	18.4	20.0
(三)其他	元	291.4	144.7	380.6	243.9	816.3
二、经营净收入	元	5894.7	6978.8	6567.1	5204.9	4103.6
(一)第一产业经营净收入	元	4474.8	5106.6	4936.4	4149.6	3134.8
1.农业	元	3624.1	3156.0	4017.1	2750.2	2471.3
2.林业	元	18.4	67.9	50.7	317.6	387.6
3.牧业	元	795.5	839.5	859.5	1081.8	254.1
4.渔业	元	36.8	1043.2	9.1	0.0	21.8
(二)第二产业经营净收入	元	245.0	54.3	131.5	107.4	–0.4
1.采矿业	元	0.0	0.0	0.0	0.0	0.0
2.制造业	元	233.0	20.4	131.8	54.4	–0.4
3.电力、热力、燃气及水生产和供应业	元	0.0	0.8	0.0	0.0	0.0
4.建筑业	元	12.0	33.1	–0.2	53.0	0.0
(三)第三产业经营净收入	元	1174.9	1817.9	1499.2	947.9	969.2
1.批发和零售业	元	345.4	818.6	669.3	465.4	329.9
2.交通运输、仓储和邮政业	元	283.9	776.9	663.6	210.1	272.8
3.住宿和餐饮业	元	404.3	11.1	12.6	8.9	–27.8
4.房地产业	元	0.0	0.0	–0.04	0.0	0.0
5.租赁和商务服务业	元	0.0	–0.84	0.0	0.0	–0.01
6.居民服务、修理和其他服务业	元	94.9	24.2	10.0	29.5	402.3
7.其他	元	0.0	202.5	5.6	8.4	2.6
8.农林牧渔服务业	元	46.4	–14.48	138.1	225.7	–10.4
三、财产净收入	元	330.2	209.1	202.7	167.4	360.6
(一)利息净收入	元	51.2	42.7	44.8	47.8	62.3
(二)红利收入	元	16.2	20.2	0.0	17.1	204.8
(三)储蓄性保险净收益	元	0.8	0.0	1.7	0.5	0.0
(四)转让承包土地经营权租金净收入	元	197.1	106.8	81.8	16.2	29.3
(五)出租房屋财产性收入	元	56.3	28.0	1.0	4.1	35.8
(六)出租机械、专利、版权等资产的收入	元	6.2	13.0	0.0	67.1	0.0
(七)其他财产净收入	元	2.4	–1.64	73.4	14.6	28.4
(八)房屋虚拟租金	元	0.0	0.0	0.0	0.0	0.0
四、转移净收入	元	1274.2	1261.9	1463.7	1308.6	1177.9
(一)转移性收入	元	1484.1	1876.3	2162.7	1497.9	1500.4
1.养老金或离退休金	元	672.1	689.5	1067.5	504.5	703.1
2.社会救济和补助	元	67.5	84.1	53.5	138.8	18.2
3.政策性生活补贴	元	12.5	27.5	1.0	31.4	30.5
4.报销医疗费	元	68.6	182.8	149.2	64.4	21.9
5.家庭外出从业人员寄回带回收入	元	117.3	176.5	363.0	278.8	496.8
6.赡养收入	元	157.0	504.9	269.5	296.3	144.7
7.其他经常转移收入	元	81.0	24.7	71.2	36.5	24.3
8.从政府和组织得到的实物产品和服务折价	元	15.7	21.3	17.3	40.6	3.3
9.现金政策性惠农补贴	元	292.4	165.0	170.6	106.6	57.6
(二)转移性支出	元	209.9	614.4	699.0	189.3	322.5

人均可支配收入情况

丹东市	锦州市	营口市	阜新市	辽阳市	盘锦市	铁岭市	朝阳市	葫芦岛市
11528.4	11722.8	12608.7	10566.3	11156.2	12723.4	10887.9	9753.9	9556.2
5033.5	5189.2	7204.4	3459.1	5081.1	5089.4	2996.1	4195.4	4415.5
4158.4	5082.9	4604.0	2869.0	4600.5	4747.0	2595.7	3670.2	4238.2
24.5	0.0	129.7	49.1	27.6	4.4	14.4	3.1	8.5
850.6	106.4	2470.7	541.0	453.0	338.0	386.1	522.1	168.8
4625.7	5254.2	3877.8	6048.8	4480.1	5698.1	6213.9	4366.3	3591.4
3486.7	3798.5	2572.0	4747.2	3735.6	4765.2	4799.2	3536.5	2477.2
2107.9	2901.6	1791.3	3814.0	2873.2	4210.3	2966.5	2768.0	901.9
807.6	24.0	50.7	92.1	42.4	−0.02	72.3	279.4	199.8
634.7	895.0	537.8	841.2	820.0	250.4	1751.9	490.0	682.9
−63.4	−22.1	192.3	0.0	0.0	304.5	8.4	−0.9	692.6
96.1	209.4	151.4	68.3	−7.7	528.8	358.2	192.1	83.8
0.9	0.0	0.3	30.0	0.0	0.0	91.5	0.0	0.4
27.6	210.1	142.9	38.3	0.0	528.8	73.6	55.1	29.1
−0.3	0.0	0.0	0.0	0.0	0.0	0.0	0.0	−4.4
67.9	−0.7	8.2	0.0	−7.7	0.0	193.1	137.0	58.8
1042.9	1246.3	1154.5	1233.2	752.3	404.1	1056.5	637.8	1030.3
461.4	538.1	635.9	920.6	454.6	258.1	522.2	262.2	536.4
325.2	570.3	191.2	−33.2	194.4	34.0	201.6	104.7	177.8
57.8	0.6	15.4	4.6	−1.3	0.0	−56.5	59.4	53.9
0.0	0.0	0.0	0.0	0.0	0.0	0.0	0.0	−0.1
0.0	8.8	2.3	47.8	0.0	0.0	42.8	18.4	0.0
166.3	24.9	94.1	35.1	28.0	18.7	46.0	103.2	125.1
0.0	−5.5	15.1	45.0	0.0	−2.7	55.8	28.0	129.2
32.2	109.2	200.5	213.4	76.7	96.1	244.6	61.9	8.0
393.1	105.8	116.1	132.5	224.9	160.3	526.3	53.2	97.4
61.3	49.1	44.9	20.5	22.4	−36.2	30.6	19.9	6.8
151.9	0.0	0.0	2.2	29.5	12.9	1.2	0.5	0.0
0.0	0.5	0.0	0.0	0.0	0.0	0.0	0.0	0.0
162.0	35.1	48.2	33.4	105.5	148.3	479.2	19.5	71.8
0.0	14.5	20.6	2.2	11.1	24.0	3.0	12.7	9.3
1.8	0.0	−2.6	70.7	55.0	0.0	8.8	−0.1	0.0
16.1	6.5	4.9	3.6	1.4	11.3	3.2	0.6	9.6
0.0	0.0	0.0	0.0	0.0	0.0	0.3	0.0	0.0
1476.1	1173.6	1410.4	925.9	1370.1	1775.7	1151.6	1139.0	1451.9
2216.0	1506.3	1590.8	1268.5	1775.3	2210.0	1423.7	1440.2	1757.2
913.6	418.1	818.3	265.6	774.1	1836.4	312.9	395.3	726.9
53.3	12.9	48.0	42.6	33.5	8.2	77.2	52.0	82.9
7.2	5.4	11.1	8.8	5.6	10.9	9.9	4.9	23.7
103.6	161.0	11.0	138.3	86.8	39.3	80.1	149.1	124.2
519.5	310.0	453.2	197.9	402.7	25.9	637.7	404.4	494.2
448.0	155.0	136.8	120.9	329.0	59.0	42.9	212.2	101.0
16.0	1.8	38.5	60.9	17.3	6.4	3.5	37.7	3.0
14.6	0.2	7.5	9.3	0.0	0.0	0.1	2.1	6.4
140.2	442.0	66.4	424.1	126.3	223.9	259.6	182.8	194.9
739.9	332.7	180.4	342.7	405.3	434.3	272.1	301.2	305.3

新口径各地区农村居民

指标名称	单位	沈阳市	大连市	鞍山市	抚顺市	本溪市
可支配收入	%	100.0	100.0	100.0	100.0	100.0
一、工资性收入	%	40.1	37.6	31.9	39.1	51.9
(一)工资	%	37.8	36.6	28.3	36.7	44.8
(二)实物福利	%	0.0	0.0	0.5	0.2	0.2
(三)其他	%	2.3	1.1	3.2	2.2	7.0
二、经营净收入	%	47.1	51.5	54.3	47.4	35.0
(一)第一产业经营净收入	%	35.7	37.7	40.8	37.8	26.7
1.农业	%	28.9	23.3	33.2	25.1	21.1
2.林业	%	0.2	0.5	0.4	2.9	3.3
3.牧业	%	6.4	6.2	7.1	9.9	2.2
4.渔业	%	0.3	7.7	0.1	0.0	0.2
(二)第二产业经营净收入	%	2.0	0.4	1.1	1.0	0.0
1.采矿业	%	0.0	0.0	0.0	0.0	0.0
2.制造业	%	1.9	0.2	1.1	0.5	0.0
3.电力、热力、燃气及水生产和供应业	%	0.0	0.0	0.0	0.0	0.0
4.建筑业	%	0.1	0.2	0.0	0.5	0.0
(三)第三产业经营净收入	%	9.4	13.4	12.4	8.6	8.3
1.批发和零售业	%	2.8	6.0	5.5	4.2	2.8
2.交通运输、仓储和邮政业	%	2.3	5.7	5.5	1.9	2.3
3.住宿和餐饮业	%	3.2	0.1	0.1	0.1	–0.2
4.房地产业	%	0.0	0.0	0.0	0.0	0.0
5.租赁和商务服务业	%	0.0	–0.01	0.0	0.0	0.0
6.居民服务、修理和其他服务业	%	0.8	0.2	0.1	0.3	3.4
7.其他	%	0.0	1.5	0.1	0.1	0.0
8.农林牧渔服务业	%	0.4	–0.1	1.1	2.1	–0.1
三、财产净收入	%	2.6	1.5	1.7	1.5	3.1
(一)利息净收入	%	0.4	0.3	0.4	0.4	0.5
(二)红利收入	%	0.1	0.2	0.0	0.2	1.8
(三)储蓄性保险净收益	%	0.0	0.0	0.0	0.0	0.0
(四)转让承包土地经营权租金净收入	%	1.6	0.8	0.7	0.2	0.3
(五)出租房屋财产性收入	%	0.5	0.2	0.0	0.0	0.3
(六)出租机械、专利、版权等资产的收入	%	0.1	0.1	0.0	0.6	0.0
(七)其他财产净收入	%	0.0	–0.01	0.6	0.1	0.2
(八)房屋虚拟租金	%	0.0	0.0	0.0	0.0	0.0
四、转移净收入	%	10.2	9.3	12.1	11.9	10.1
(一)转移性收入	%	11.9	13.9	17.9	13.7	12.8
1.养老金或离退休金	%	5.4	5.1	8.8	4.6	6.0
2.社会救济和补助	%	0.5	0.6	0.4	1.3	0.2
3.政策性生活补贴	%	0.1	0.2	0.0	0.3	0.3
4.报销医疗费	%	0.6	1.4	1.2	0.6	0.2
5.家庭外出从业人员寄回带回收入	%	0.9	1.3	3.0	2.5	4.2
6.赡养收入	%	1.3	3.7	2.2	2.7	1.2
7.其他经常转移收入	%	0.7	0.2	0.6	0.3	0.2
8.从政府和组织得到的实物产品和服务折价	%	0.1	0.2	0.1	0.4	0.0
9.现金政策性惠农补贴	%	2.3	1.2	1.4	1.0	0.5
(二)转移性支出	%	1.7	4.5	5.8	1.7	2.8

人均可支配收入构成

丹东市	锦州市	营口市	阜新市	辽阳市	盘锦市	铁岭市	朝阳市	葫芦岛市
100.0	100.0	100.0	100.0	100.0	100.0	100.0	100.0	100.0
43.7	44.3	57.1	32.7	45.6	40.0	27.5	43.0	46.2
36.1	43.4	36.5	27.2	41.2	37.3	23.8	37.6	44.4
0.2	0.0	1.0	0.5	0.3	0.0	0.1	0.0	0.1
7.4	0.9	19.6	5.1	4.1	2.7	3.6	5.4	1.8
40.1	44.8	30.8	57.3	40.2	44.8	57.1	44.8	37.6
30.2	32.4	20.4	44.9	33.5	37.5	44.1	36.3	25.9
18.3	24.8	14.2	36.1	25.8	33.1	27.3	28.4	9.4
7.0	0.2	0.4	0.9	0.4	0.0	0.7	2.9	2.1
5.5	7.6	4.3	8.0	7.4	2.0	16.1	5.0	7.2
−0.6	−0.2	1.5	0.0	0.0	2.4	0.1	−0.01	7.3
0.8	1.8	1.2	0.7	−0.1	4.2	3.3	2.0	0.9
0.0	0.0	0.0	0.3	0.0	0.0	0.8	0.0	0.0
0.2	1.8	1.1	0.4	0.0	4.2	0.7	0.6	0.3
0.0	0.0	0.0	0.0	0.0	0.0	0.0	0.0	−0.1
0.6	−0.01	0.1	0.0	−0.1	0.0	1.8	1.4	0.6
9.1	10.6	9.2	11.7	6.7	3.2	9.7	6.5	10.8
4.0	4.6	5.0	8.7	4.1	2.0	4.8	2.7	5.6
2.8	4.9	1.5	−0.3	1.7	0.3	1.9	1.1	1.9
0.5	0.0	0.1	0.0	−0.01	0.0	−0.5	0.6	0.6
0.0	0.0	0.0	0.0	0.0	0.0	0.0	0.0	0.0
0.0	0.1	0.0	0.5	0.0	0.0	0.4	0.2	0.0
1.4	0.2	0.8	0.3	0.3	0.2	0.4	1.1	1.3
0.0	−0.1	0.1	0.4	0.0	−0.02	0.5	0.3	1.4
0.3	0.9	1.6	2.0	0.7	0.8	2.3	0.6	0.1
3.4	0.9	0.9	1.3	2.0	1.3	4.8	0.5	1.0
0.5	0.4	0.4	0.2	0.2	−0.3	0.3	0.2	0.1
1.3	0.0	0.0	0.0	0.3	0.1	0.0	0.0	0.0
0.0	0.0	0.0	0.0	0.0	0.0	0.0	0.0	0.0
1.4	0.3	0.4	0.3	1.0	1.2	4.4	0.2	0.8
0.0	0.1	0.2	0.0	0.1	0.2	0.0	0.1	0.1
0.0	0.0	−0.02	0.7	0.5	0.0	0.1	0.0	0.0
0.1	0.1	0.0	0.0	0.0	0.1	0.0	0.0	0.1
0.0	0.0	0.0	0.0	0.0	0.0	0.0	0.0	0.0
12.8	10.0	11.2	8.8	12.3	14.0	10.6	11.7	15.2
19.2	12.9	12.6	12.0	15.9	17.4	13.1	14.8	18.4
7.9	3.6	6.5	2.5	6.9	14.4	2.9	4.1	7.6
0.5	0.1	0.4	0.4	0.3	0.1	0.7	0.5	0.9
0.1	0.1	0.1	0.1	0.1	0.1	0.1	0.1	0.3
0.9	1.4	0.1	1.3	0.8	0.3	0.7	1.5	1.3
4.5	2.6	3.6	1.9	3.6	0.2	5.9	4.2	5.2
3.9	1.3	1.1	1.1	3.0	0.5	0.4	2.2	1.1
0.1	0.0	0.3	0.6	0.2	0.1	0.0	0.4	0.0
0.1	0.0	0.1	0.1	0.0	0.0	0.0	0.0	0.1
1.2	3.8	0.5	4.0	1.1	1.8	2.4	1.9	2.0
6.4	2.8	1.4	3.2	3.6	3.4	2.5	3.1	3.2

新口径各地区农村居民

指标名称	单位	沈阳市	大连市	鞍山市	抚顺市	本溪市
消费支出	元	7950	8830	7375	6681	7454
（一）食品烟酒	元	2202	2688	2310	2000	2283
（二）衣着	元	590	586	517	416	631
（三）居住	元	1761	2033	1374	1401	1520
（四）生活用品及服务	元	376	385	357	329	386
（五）交通通信	元	1027	1140	910	713	830
（六）教育文化娱乐	元	904	825	791	797	889
（七）医疗保健	元	857	861	934	859	709
（八）其他用品和服务	元	234	310	181	166	207

新口径各地区农村居民

指标名称	单位	沈阳市	大连市	鞍山市	抚顺市	本溪市
消费支出	%	100.0	100.0	100.0	100.0	100.0
（一）食品烟酒	%	27.7	30.5	31.3	29.9	30.6
（二）衣着	%	7.4	6.6	7.0	6.2	8.5
（三）居住	%	22.1	23.0	18.6	21.0	20.4
（四）生活用品及服务	%	4.7	4.4	4.9	4.9	5.2
（五）交通通信	%	12.9	12.9	12.3	10.7	11.1
（六）教育文化娱乐	%	11.4	9.4	10.7	11.9	11.9
（七）医疗保健	%	10.8	9.8	12.7	12.9	9.5
（八）其他用品和服务	%	2.9	3.5	2.5	2.5	2.8

人均生活消费支出

丹东市	锦州市	营口市	阜新市	辽阳市	盘锦市	铁岭市	朝阳市	葫芦岛市
8482	7467	7623	8371	7307	7749	6431	7129	7245
2766	2110	2460	2725	2307	2286	2102	2090	2027
570	628	605	582.0	532	541	476	434	483
1504	1491	1856	1081.0	1520	1619	1083	1040	1428
379	309	524	366.0	352	267	285	337	309
1003	1007	924	1188	1152	823	688	1086	813
1021	956	524	1328	568	964	944	882	1032
1022	841	572	961	738	1024	747	1082	1016
219	123	159	140	138	226	106	178	136

人均生活消费支出构成

丹东市	锦州市	营口市	阜新市	辽阳市	盘锦市	铁岭市	朝阳市	葫芦岛市
100.0	100.0	100.0	100.0	100.0	100.0	100.0	100.0	100.0
32.6	28.3	32.3	32.6	31.6	29.5	32.7	29.3	28.0
6.7	8.4	7.9	7.0	7.3	7.0	7.4	6.1	6.7
17.7	20.0	24.3	12.9	20.8	20.9	16.8	14.6	19.7
4.5	4.1	6.9	4.4	4.8	3.4	4.4	4.7	4.3
11.8	13.5	12.1	14.2	15.8	10.6	10.7	15.2	11.2
12.0	12.8	6.9	15.9	7.8	12.4	14.7	12.4	14.3
12.1	11.3	7.5	11.5	10.1	13.2	11.6	15.2	14.0
2.6	1.7	2.1	1.7	1.9	2.9	1.7	2.5	1.9

新口径2014年各地区城乡居民人均可支配收入情况

单位：元

	城镇住户	农村住户
辽宁省	29082	11191
沈阳	34233	12521
大连	33591	13547
鞍山	27846	12093
抚顺	25035	10971
本溪	25972	11726
丹东	22931	11528
锦州	25214	11723
营口	28222	12609
阜新	21195	10566
辽阳	24382	11156
盘锦	30857	12723
铁岭	19276	10888
朝阳	19634	9754
葫芦岛	23010	9556

新口径2014年44县农村居民人均可支配收入

单位：元

	农村居民		农村居民
辽中	12869	北镇	11832
康平	11462	盖州	11825
法库	11790	大石桥	13231
新民	12485	阜新县	11689
长海	24002	彰武	9647
瓦房店	13063	辽阳县	11765
普兰店	12749	灯塔	9785
庄河	12951	大洼	13042
台安	12027	盘山	13045
岫岩	11449	铁岭县	11715
海城	13195	西丰	9593
抚顺县	11542	昌图	10764
新宾	10255	调兵山	11935
清原	10480	开原	12122
本溪县	11732	朝阳县	9589
桓仁	11698	建平	9756
宽甸	11219	喀左	9655
东港	12449	北票	10040
凤城	11752	凌源	9769
黑山	11858	绥中	9668
义县	9659	建昌	9424
凌海	12226	兴城	9774

新口径2014年全体居民人均可支配收入水平及排名

地 区	人均可支配收入	排名
全 国	20167	-
北 京	44489	2
天 津	28832	4
河 北	16647	19
山 西	16538	20
内 蒙	20559	10
辽 宁	22820	8
吉 林	17520	14
黑龙江	17404	16
上 海	45966	1
江 苏	27173	5
浙 江	32658	3
安 徽	16796	17
福 建	23331	7
江 西	16734	18
山 东	20864	9
河 南	15695	24
湖 北	18283	12
湖 南	17622	13
广 东	25685	6
广 西	15557	25
海 南	17476	15
重 庆	18352	11
四 川	15749	23
贵 州	12371	29
云 南	13772	28
西 藏	10730	31
陕 西	15837	22
甘 肃	12185	30
青 海	14374	27
宁 夏	15907	21
新 疆	15097	26

新口径2014年城镇居民人均可支配收入水平及排名

地 区	人均可支配收入	排名
全 国	28844	–
北 京	48532	2
天 津	31506	6
河 北	24141	21
山 西	24069	22
内 蒙	28350	10
辽 宁	29082	9
吉 林	23218	25
黑龙江	22609	27
上 海	48841	1
江 苏	34346	4
浙 江	40393	3
安 徽	24839	14
福 建	30722	7
江 西	24309	18
山 东	29222	8
河 南	23672	23
湖 北	24852	13
湖 南	26570	11
广 东	32148	5
广 西	24669	15
海 南	24487	16
重 庆	25147	12
四 川	24234	20
贵 州	22548	28
云 南	24299	19
西 藏	22016	30
陕 西	24366	17
甘 肃	21804	31
青 海	22307	29
宁 夏	23285	24
新 疆	23214	26

新口径2014年农村居民人均可支配收入水平及排名

地区	人均可支配收入	排名
全国	10489	–
北京	18867	3
天津	17014	4
河北	10186	13
山西	8809	22
内蒙	9976	16
辽宁	11191	9
吉林	10780	11
黑龙江	10453	12
上海	21192	1
江苏	14958	5
浙江	19373	2
安徽	9916	18
福建	12650	6
江西	10117	14
山东	11882	8
河南	9966	17
湖北	10849	10
湖南	10060	15
广东	12246	7
广西	8683	24
海南	9913	19
重庆	9490	20
四川	9348	21
贵州	6671	30
云南	7456	27
西藏	7359	28
陕西	7932	26
甘肃	6277	31
青海	7283	29
宁夏	8410	25
新疆	8724	23

指 标 解 释

可支配收入

指调查户在调查期内获得的、可用于最终消费支出和储蓄的总和，即调查户可以用来自由支配的收入。可支配收入既包括现金，也包括实物收入。按照收入的来源，可支配收入包含四项，分别为：工资性收入、经营净收入、财产净收入和转移净收入。计算公式为：

可支配收入 = 工资性收入 + 经营净收入 + 财产净收入 + 转移净收入

其中：经营净收入 = 经营收入　经营费用　生产性固定资产折旧　生产税

财产净收入 = 财产性收入　财产性支出

转移净收入 = 转移性收入　转移性支出

工资性收入

指就业人员通过各种途径得到的全部劳动报酬和各种福利，包括受雇于单位或个人、从事各种自由职业、兼职和零星劳动得到的全部劳动报酬和福利。

经营净收入

指住户或住户成员从事生产经营活动所获得的净收入，是全部经营收入中扣除经营费用、生产性固定资产折旧和生产税之后得到的净收入。计算公式具体为：

经营净收入 = 经营收入　经营费用　生产性固定资产折旧　生产税

第一产业净收入

指住户或住户成员从事第一产业生产经营活动所获得的净收入，是全部经营收入中扣除经营费用、生产性固定资产折旧和生产税之后得到的净收入。第一产业是指农业、林业、牧业和渔业（不含农林牧渔服务业）。

第二产业净收入

指住户或住户成员从事第二产业的生产经营活动所获得的净收入，是全部经营收入中扣除经营费用、生产性固定资产折旧和生产税之后得到的净收入。第二产业是指采矿业（不含开采辅助活动），制造业（不含金属制品、机械和设备修理业），电力、热力、燃气及水生产和供应业，建筑业。

第三产业净收入

指住户或住户成员从事第三产业生产经营活动所获得的净收入，是全部经营收入中扣除经营费用、生产性固定资产折旧和生产税之后得到的净收入。第三产业即服务业，是指除第一产业、第二产业以外的其他行业。第三产业包括：批发和零售业，交通运输、仓储和邮政业，住宿和餐饮业，信息传输、软件和信息技术服务业，金融业，房地产业，租赁和商务服务业，科学研究和技术服务业，水利、环境和公共设施管理业，居民服务、修理和其他服务业，教育，卫生和社会工作，文化、体育和娱乐业，公共管理、社会保障和社会组织，国际组织，以及农、林、牧、渔业中的农、林、牧、渔服务业，采矿业中的开采辅助活动，制造业中的金属制品、机械和设备修理业。

财产净收入

指住户或住户成员将其所拥有的金融资产、住房等非金融资产和自然资源交由其他机构单位、住户或个人支配而获得的回报并扣除相关的费用之后得到的净收入。财产净收入包括利息净收入、红利收入、储蓄性保险净收益、转让承包土地经营权租金净收入、出租房屋净收入、出租其他资产净收入和自有住房折算净租金等。财产净收入不包括转让资产所有权的溢价所得，这应该计入“非收入所得”。

转移性收入

指国家、单位、社会团体对住户的各种经常性转移支付和住户之间的经常性收入转移。包括政府、非行政事业单位、社会团体对居民转移的养老金或退休金、社会救济和补助、惠农补贴、政策性生活补贴、救灾款、经常性捐赠和赔偿以及报销医疗费等；住户之间的赡养收入、经常性捐赠和赔偿以及农村地区（村委会）在外（含国外）工作的本住户非常住成员寄回带回的收入等。转移性收入不包括住户之间的实物馈赠。

养老金或离退休金

指根据国家有关文件规定或合同约定，在劳动者年老或丧失劳动能力后，根据他们对社会、单位所作的贡献和所具备的享受养老保险资格或退休条件，按月以货币形式或实物产品及服务给予的待遇，主要用于保障因年老或疾病丧失劳动能力的劳动者的基本生活需要。包括离退休人员的养老金或离退休金、生活补贴，农民享有的新型农村养老保险金，城镇居民享有的社会养老保险金，国家或地方政府给予城镇无保障老人的养老金，因工致伤离退休人员的护理费，退休人员异地安家补助费、取暖补贴、医疗费、旅游补贴、书报费、困难补助以及在原工作单位所得的各种其他收入，相当于现金的购物卡券也包含在内。也包括发给的实物和购买指定物品的票证、购物卡券，应同时计入相应的实物产品和服务项目中。

转移性支出

指调查户对国家、单位、住户或个人的经常性或义务性转移支付。包括缴纳的税款、各项社会保障支出、赡养支出、经常性捐赠和赔偿支出以及其他经常转移支出等。

消费支出

指住户用于满足家庭日常生活消费需要的全部支出，包括用于消费品的支出和用于服务性消费的支出。根据用途不同，消费支出可划分为食品烟酒、衣着、居住、生活用品及服务、交通通信、教育文化娱乐、医疗保健、其他用品及服务八大类。根据来源不同，消费支出可划分为现金消费支出、实物消费支出（含自产自用、来自单位、来自政府和其他社会组织）。

食品烟酒

指用于各种食品和烟草、酒类的支出，包括食品和烟酒两个中类。

衣着

指与居民穿着有关的支出，包括服装、服装材料、鞋类、其他衣类及配件、衣着相关加工服务的支出。

居住

指与居住有关的支出，包括房租、水、电、燃料、物业管理等方面的支出，也包括自有住房折算租金。

生活用品及服务

指家庭及个人的各类生活品及家庭服务。包括家具及室内装饰品、家用器具、家用纺织品、家庭日用杂品、个人用品和家庭服务。

交通和通信

指用于交通和通信工具及相关的各种服务费、维修费和车辆保险等支出。

教育、文化和娱乐

指用于教育和文化娱乐方面的支出。

医疗保健

指用于医疗和保健的药品、用品和服务的总费用。包括医疗器具及药品，以及医疗服务。

其他用品及服务

指无法直接归入上述各类支出的其他用品与服务支出。

生产性固定资产折旧

在农业生产经营中，所有使用年限在两年及以上、单位价值在1000元以上的房屋建筑物、机器设备、器具工具、役畜、产品畜等资产应作为固定资产统计。农业生产性固定资产原价是指固定资产当初的购进价、新建价或开始转为固定资产的价值。自繁自养的幼畜成龄转作役畜、产品畜、种畜，按市场同类牲畜的平均价格计价。国家奖励和外单位赠送的固定资产按购置同类固定资产的价格参照其新旧程度酌情计价。农业生产性固定资产折旧按照15年的使用期限来处理。

四、旧口径城乡居民生活统计资料

LIAONINGTONGJIDIAOCHANIANJIAN

旧口径城镇居民家庭人均收入及指数(1978-2014)

年　份	城镇居民家庭人均可支配收入(元)	指数（1978=100）
1978	363.3	100
1979		
1980	493.9	135.95
1981	508.1	139.86
1982	529.4	145.72
1983	548.7	151.03
1984	636.1	175.09
1985	704.3	193.86
1986	881.9	242.75
1987	992.4	273.16
1988	1204	331.41
1989	1417.3	390.12
1990	1551	426.92
1991	1705.6	469.47
1992	1936	532.89
1993	2299.5	632.95
1994	3047	838.70
1995	3691.4	1016.07
1996	4207.2	1158.05
1997	4518.1	1243.62
1998	4617.2	1270.91
1999	4898.6	1348.36
2000	5357.8	1474.76
2001	5797	1595.65
2002	6524.6	1795.93
2003	7240.6	1993.01
2004	8007.6	2204.12
2005	9107.6	2506.90
2006	10369.6	2854.27
2007	12300.4	3385.74
2008	14392.7	3961.66
2009	15761.4	4338.40
2010	17712.58	4875.47
2011	20466.84	5633.59
2012	23222.67	6392.15
2013	25578.17	7040.51
2014	27854.63	7667.11

注：1.1978年可支配收入为推算数。2.1978-1984年为全省城市数。

旧口径各市城镇居民家庭平均每人每年可支配收入

（2010–2014年）

指　标	2010年	2011年	2012年	2013年	2014年
全 省	17713	20467	23223	25578	27855
沈 阳	20541	23326	26431	29074	31662
大 连	21293	24276	27539	30238	32869
鞍 山	18423	21297	24194	26662	28940
抚 顺	15303	18069	20545	22702	24927
本 溪	16775	19752	22466	24960	27506
丹 东	14536	17123	19625	21745	23833
锦 州	17375	20171	22995	25340	27899
营 口	18055	20894	23986	26600	29021
阜 新	12711	14994	17123	19058	20907
辽 阳	16570	19469	22259	24619	26785
盘 锦	21035	24266	27533	30148	32922
铁 岭	13730	16203	18587	20576	22531
朝 阳	12961	14958	17112	18891	20591
葫芦岛	17371	20159	22941	25304	27683

旧口径全国各省（市、区）城镇居民家庭可支配收入情况

（2010-2014年）

地　区	2010年	2011年	2012年	2013年	2014年
全 国	19109	21810	24565	26955	29381
北京市	29073	32903	36469	40321	43910
天津市	24293	26921	29626	32294	35103
河北省	16263	18292	20543	22580	24522
山西省	15648	18124	20412	22456	24275
内蒙古	17698	20408	23150	25497	27791
辽宁省	17713	20467	23223	25578	27855
吉林省	15411	17797	20208	22275	24235
黑龙江	13857	15696	17760	19597	21243
上海市	31838	36230	40188	43851	47710
江苏省	22944	26341	29677	32538	35368
浙江省	27359	30971	34550	37851	41220
安徽省	15788	18606	21024	23114	25194
福建省	21781	24907	28055	30816	33590
江西省	15481	17495	19860	21873	24038
山东省	19946	22792	25755	28264	30723
河南省	15930	18195	20443	22398	24391
湖北省	16058	18374	20840	22906	25105
湖南省	16566	18844	21319	23414	25545
广东省	23898	26897	30227	33090	36002
广西区	17064	18854	21243	23305	25333
海南省	15581	18369	20918	22929	25061
重庆市	17532	20250	22968	25216	27511
四川省	15461	17899	20307	22368	24381
贵州省	14143	16495	18701	20667	22651
云南省	16065	18576	21075	23236	25141
西藏区	14980	16196	18028	20023	21605
陕西省	15695	18245	20734	22858	24916
甘肃省	13189	14989	17157	18965	20804
青海省	13855	15603	17566	19499	21370
宁夏区	15344	17579	19831	21833	23667
新疆区	13644	15514	17921	19874	21881

旧口径全国各省区农村居民纯收入

单位：元/人

地 区	2010年	2011年	2012年	2013年	2014年
全 国	5919	6977	7917	8896	9892
北 京	13262	14736	16476	18337	20226
天 津	10075	12321	14026	15841	17552
河 北	5958	7120	8081	9102	10094
山 西	4736	5601	6357	7154	7926
内蒙古	5530	6642	7611	8596	9541
辽 宁	6908	8297	9384	10523	11585
吉 林	6237	7510	8598	9621	10603
黑龙江	6211	7591	8604	9634	10752
上 海	13978	16054	17804	19595	21613
江 苏	9118	10805	12202	13598	15039
浙 江	11303	13071	14552	16106	17829
安 徽	5285	6232	7161	8098	9070
福 建	7427	8779	9967	11184	12403
江 西	5789	6892	7829	8781	9774
山 东	6990	8342	9447	10620	11809
河 南	5524	6604	7525	8475	9416
湖 北	5832	6898	7852	8867	9922
湖 南	5622	6567	7440	8372	9327
广 东	7890	9372	10543	11669	12906
广 西	4543	5231	6008	6791	7565
海 南	5275	6446	7408	8343	9394
重 庆	5277	6480	7383	8332	9307
四 川	5087	6129	7001	7895	8803
贵 州	3472	4145	4753	5434	6146
云 南	3952	4722	5417	6141	6811
西 藏	4139	4904	5719	6578	7387
陕 西	4105	5028	5763	6503	7270
甘 肃	3425	3909	4507	5108	5736
青 海	3863	4608	5364	6196	6983
宁 夏	4675	5410	6180	6931	7673
新 疆	4643	5442	6394	7296	8114

旧口径各地区农村居民纯收入

单位：元/人

	2010年	2011年	2012年	2013年	2014年
沈阳市	10022	11575	13045	14467	15943
大连市	12317	14213	15990	17717	19438
鞍山市	9250	11146	12617	14207	15728
抚顺市	7203	8780	10062	11310	12351
本溪市	7845	9524	10800	12204	13403
丹东市	8340	10033	11428	12822	14121
锦州市	7756	9447	10788	12137	13367
营口市	8863	10662	12080	13675	15087
阜新市	6372	7615	8772	9939	10974
辽阳市	8095	9844	11183	12379	13559
盘锦市	9750	11437	12935	14462	16024
铁岭市	7739	9271	10569	11869	13119
朝阳市	6142	7536	8689	9949	11004
葫芦岛市	6597	7901	8983	9927	10860

五、农牧业生产统计资料

LIAONINGTONGJIDIAOCHANIANJIAN

LIAONINGTONGJIDIAOCHANIANJIAN

大 牲 畜 头 数

单位：万头

年　份	大牲畜年末头数	#役畜	牛	马	驴	骡
1952	281.1	195.3	131.2	17.2	115.6	17.1
1970	297.1	200.2	146.2	54	74.2	22.7
1975	293.7	197.4	143.4	56.7	61.2	32.4
1978	287.3	193.7	136	61.4	52.7	37.2
1979	283.9	188.3	134.3	61，3	49.9	38.4
1980	279.1	177.3	130.6	61.9	46.9	39.7
1981	265.6	177.3	117.6	59.8	47.9	40.3
1982	255.6	183.5	107.9	57.7	49.5	40.5
1983	261.3	197.4	109	55.5	57.7	39.1
1984	284.7	209.9	123.2	56.9	64.6	40
1985	303.3	216.4	134.9	56.9	70.3	41.2
1986	313.9	219.5	140.2	56.1	75.3	42.3
1987	315.2	254.6	140.7	53.7	77.9	42.9
1988	319.1	217.4	142.8	51.9	80.8	43.6
1989	323.8	217.3	147.7	49.4	83.1	43.6
1990	326.1	217.2	150.9	47	84.4	43.8
1991	326	220.1	149.4	46.1	86.6	43.9
1992	331.6	214.2	155.4	45.1	87.5	43.6
1993	368.3	219.3	192	44.7	89	42.6
1994	438.9	228.6	261.2	44.3	91.2	42.2
1995	476.4	232.3	301.6	42.2	92.6	40
1996	505.4	244.4	330.9	42.2	93.5	38.9
1997	366.7	182.2	193.5	39.5	96.2	37.5
1998	382.1	187.9	209.3	40.6	95.2	37
1999	399.8	198.9	228.1	39.9	95.8	35.9
2000	420.7	212.8	254	37	95.3	34.4
2001	411.7	208	251.1	35.7	93.5	31.5
2002	421.5	198.7	264.8	34.4	92.9	29.4
2003	455	196.6	301.9	33.3	91.9	28
2004	476.9	192.6	329	31.3	91.8	24.8
2005	495.9	193.8	344.7	28.2	98.9	24.1
2006	472.3	175.4	327.3	26.8	95.6	22.6
2007	—	—	332.2	—	—	—
2008	—	—	325.1	—	—	—
2009	—	—	354.0	—	—	—
2010	525.9	127.0	366.7	26.9	112.1	20.1
2011	530.8	118.3	371.2	24.8	116.3	18.5
2012	524.4	89.3	367.1	22.9	117.4	17.0
2013	515.5	75.9	365.4	22.2	111.9	16.1
2014	502.3	—	361.8	20.5	105.5	14.5

畜 牧 业 生 产 情 况

指标	单位	1990年	1995年	2000年	2004年	2005年	2006年	2007年	2008年	2009年	2010年	2011年	2012年	2013年	2014年
一、畜产品产量															
1. 猪牛羊出栏															
猪出栏头数	万头	797.2	1461.6	1413.8	1894.5	2063.2	2232.4	2265.8	2493	2597	2682.7	2652.1	2728.5	2785.8	2839.4
牛出栏头数	万头	22.1	179.1	171.7	247.9	278.8	313.1	257.3	254	270	278.9	281.8	286.9	287.2	283.3
羊出栏只数	万只	109.4	185.1	239.2	636	774.8	841.5	645.6	676.4	721	729.7	725.8	719.7	734.3	797.5
2. 肉类总产量	万吨	90.4	222.4	236.1	316.5	346.1	372.1	348	—	—	406.7	408.2	418.7	420.3	429.2
#猪 肉	万吨	74.1	141.6	127.3	169.6	184.7	199.7	191	210	218.8	228.4	225.9	230.2	233.6	240.3
牛 肉	万吨	3.4	29.7	25.8	37.3	42.2	47.4	38.2	37.7	40.2	41.6	42.0	43.2	43.2	42.8
羊 肉	万吨	1.3	2.6	3.4	9.9	11.9	12.9	7	7.31	7.8	7.9	7.9	7.9	8.1	8.9
禽 肉	万吨	11.2	46.3	76.4	95.6	102.1	106.6	105.4	110.8	115.1	121.9	125.2	130.3	128.1	130.6
兔 肉	万吨	0.1	0.4	0.3	0.3	0.4	0.4	—	—	—	0.4	0.3	0.3	0.2	0.3
3. 其他畜产品产量															
奶 类	万吨	15.3	18.3	21.9	62.3	78.8	97.4	—	—	—	126.7	132.0	130.2	125.7	134.5
#牛 奶	万吨	14.4	17.1	18.9	58.4	74.9	93.7	—	101.2	110	121.2	124.5	124.7	120.9	131.2
山 羊 毛	吨	291.2	740.3	748	1635	1680	1777	—	2256.3	—	2565.1	2169.0	1827.0	1558.2	1468.3
绵 羊 毛	吨	1803.2	9602.7	7567.0	10821	10412	9714	—	8952.8	—	12153.7	13471.0	14660.0	14987.9	14977.4
羊 绒	吨	134.5	293.5	356	894	1053	1354	—	1334.2	—	1292.6	1116.0	1056.0	995.9	1062.6
蜂 蜜	吨	1806.8	3703.4	5819	1788	1942	3780	—	—	—	—	1659.0	1484.0	1187.0	706.3
禽 蛋	万吨	45.2	102.8	140.3	192.4	224	237.4	—	254.2	263.1	275.7	277.4	279.9	278.2	280.1
鹿 茸	吨	10	9.9	—	—	—	—	—	—	—	—	—	—	—	
二、牲畜年末头数															
1. 大 牲 畜	万头	326.1	476.4	420.7	479.9	495.9	472.3	—	—	—	525.9	530.8	524.4	515.5	502.3
#役 畜	万头	217.2	232.3	212.8	192.6	193.8	175.4	—	—	—	127.0	118.3	89.3	75.9	—
牛	万头	150.9	301.6	254	329	344.7	327.3	—	—	—	366.7	371.2	367.1	365.4	361.8
马	万头	47	42.2	37	31.3	28.2	26.8	—	—	—	26.9	24.8	22.9	22.2	20.5
驴	万头	84.4	92.1	95.3	91.8	98.9	95.6	—	—	—	112.1	116.3	117.4	111.9	105.5
骡	万头	43.8	40	34.4	24.8	24.1	22.6	—	—	—	20.1	18.5	17.0	16.1	14.5
2.猪	万头	1093.5	1468.4	1270.7	1498	1642.4	1560.7	1429.4	1584	1606.2	1567.6	1585.4	1592.6	1624.5	1558.8
3.羊	万只	267.2	373.2	386.1	819.2	830.2	818.5	675.9	678.7	717	733.5	725.6	721.8	735.4	793.5
山 羊	万只	73.4	146.5	187.3	387.4	426.3	422.6	—	418.3	—	414.1	401.8	392.3	401.0	427.4
绵 羊	万只	193.8	226.7	198.8	431.8	404	395.9	—	260.4	—	319.4	323.8	329.5	334.4	366.1

全省2007-2014年生猪

名称	存栏								能繁殖母猪							
	2007	2008	2009	2010	2011	2012	2013	2014	2007	2008	2009	2010	2011	2012	2013	2014
合计	841.0	986.3	1024.2	1001.2	972.9	933.4	966.2	941.5	114.9	129.4	136.9	130.6	127.8	121.4	116.3	112.9
辽中县	45.3	38.7	49.0	47.3	45.4	45.4	48.9	50.2	5.2	4.2	4.8	5.2	5.7	5.2	4.9	4.6
康平县	49.0	53.9	51.7	50.3	47.6	45.8	42.3	43.3	3.8	5.6	5.7	5.8	5.9	5.4	4.8	4.6
法库县	44.2	46.9	50.9	51.1	53.6	51.6	50.6	48.4	5.2	6.4	6.5	6.7	7.1	7.0	6.4	6.0
新民市	57.4	67.4	54.3	51.5	48.5	45.3	46.8	44.8	7.0	7.2	7.7	6.5	6.0	5.7	5.7	5.6
普兰店市	76.0	64.5	60.4	57.8	55.4	52.6	57.7	57.0	11.4	8.8	9.4	8.1	7.2	6.9	7.3	7.4
庄河市	54.0	46.0	56.0	53.5	51.0	48.3	45.2	45.0	7.5	5.6	6.1	5.8	5.6	5.6	5.2	5.1
台安县	38.4	42.1	46.4	50.0	52.0	51.4	50.9	49.1	6.5	6.5	6.6	6.8	7.3	7.1	5.9	5.6
黑山县	76.8	65.1	68.7	65.1	60.4	57.1	62.5	60.1	9.2	10.3	10.7	8.8	8.4	8.0	8.2	8.0
义县	31.6	29.1	34.7	33.8	32.7	32.5	35.4	34.3	3.2	3.8	4.2	4.1	4.0	3.9	4.0	4.0
凌海市	55.7	50.1	49.4	50.6	47.0	44.9	48.7	44.8	6.1	6.3	6.3	5.8	5.1	4.9	5.2	5.1
北宁市	43.4	42.7	50.0	47.7	45.8	44.0	45.3	44.7	7.0	6.0	6.5	6.2	6.2	5.9	5.6	5.5
阜新县	57.0	68.8	81.1	77.8	79.4	77.0	84.4	81.8	9.1	10.9	12.6	12.0	11.1	10.8	11.5	10.9
彰武县	48.0	54.9	58.8	60.5	60.2	57.1	49.4	52.1	5.8	6.8	7.0	7.2	6.7	6.4	6.2	6.0
昌图县	65.1	167.9	162.4	157.2	149.1	142.4	162.2	149.0	14.7	22.2	21.6	21.1	22.6	20.6	18.1	17.5
开原县	38.8	38.8	35.5	34.0	34.9	33.0	36.2	38.4	4.5	4.7	5.7	5.1	4.7	4.5	4.6	4.5
北票市	17.9	44.5	46.5	45.9	48.2	45.7	46.8	49.5	2.3	5.4	5.6	5.8	5.6	5.3	5.7	5.7
绥中县	42.4	65.0	68.5	67.2	62.0	59.5	53.1	49.2	6.4	8.6	10.0	9.7	8.6	8.2	7.2	6.9

大县生产情况

出栏								猪肉产量							
2007	2008	2009	2010	2011	2012	2013	2014	2007	2008	2009	2010	2011	2012	2013	2014
1359.7	1483.8	1567.6	1610.2	1587.3	1533.2	1575.3	1577.6	112.8	117.4	124.3	133.6	130.9	126.2	129.5	130.7
88.1	96.9	97.5	98.7	91.9	91.9	97.3	100.0	8.8	7.0	7.2	7.9	7.4	7.4	7.8	8.1
66.2	71.4	71.5	72.8	63.0	62.0	58.6	57.2	5.2	5.6	5.6	5.8	5.1	5.0	4.8	4.8
60.5	70.3	72.7	76.3	83.5	76.7	69.6	69.8	4.2	5.3	5.4	5.6	6.4	5.9	5.4	5.6
106.5	90.4	98.3	94.3	89.8	88.2	87.3	85.0	8.1	7.0	7.3	7.6	7.4	7.3	7.3	7.2
120.5	75.2	81.8	79.6	77.7	77.9	82.6	85.2	10.2	6.3	6.9	7.5	6.9	6.9	7.2	7.3
85.7	72.3	74.5	77.5	71.6	65.1	72.0	74.2	7.2	6.3	6.5	7.3	6.9	5.7	6.3	6.3
56.6	62.2	66.2	70.6	72.2	66.7	61.6	62.1	4.8	5.0	5.2	5.3	5.5	5.1	4.8	4.9
107.8	92.7	102.7	103.5	94.2	99.4	97.2	94.7	9.2	7.2	8.0	8.7	7.5	7.9	7.7	7.7
59.4	64.4	65.6	67.8	70.3	64.2	68.8	68.9	4.8	4.9	5.0	5.4	5.6	5.2	5.5	5.7
95.2	101.2	96.1	98.2	90.9	86.1	94.6	95.8	7.4	8.1	8.2	8.6	7.4	7.4	8.0	8.1
68.7	94.7	95.6	97.3	91.8	87.0	89.5	88.9	6.2	8.1	8.1	8.8	8.0	7.5	7.7	7.6
91.4	108.0	121.0	129.0	141.3	138.0	158.1	152.3	7.8	8.1	9.0	10.2	11.0	10.8	12.3	12.2
87.3	81.0	82.2	86.3	86.3	86.8	90.3	92.0	7.4	6.9	7.3	7.1	7.1	7.1	7.3	7.4
113.2	170.5	190.9	202.2	206.5	208.0	211.4	211.0	9.5	13.3	14.8	16.6	17.5	17.6	17.9	17.7
56.0	60.2	70.0	73.4	69.3	61.6	60.7	65.1	4.0	4.9	5.7	6.0	5.8	5.2	5.1	5.5
28.3	70.4	70.7	71.0	72.1	72.3	75.8	78.3	2.4	5.6	5.7	5.9	6.0	6.0	6.2	6.5
68.4	102.3	110.5	111.5	115.0	101.3	99.9	96.9	5.6	7.8	8.4	9.2	9.5	8.3	8.3	8.1

主 要 农 产 品 产 量

（1952–2014）

年　　份	粮食 (万吨)	水稻	小麦	玉米	高粱	谷子	薯类	大豆	其他杂粮
1952	544	29.9	11.4	125.9	193.3	75.9	20.9	55.4	31.3
1957	587	59.6	2.7	149.5	166.1	64.9	33.8	76.7	33.7
1965	670.7	88.7	6.5	248.3	163.4	61.1	34.2	44.5	24
1970	870.3	148.9	5.6	270	197.1	62.8	40.7	58	87.2
1975	1119.4	194.5	15.2	436	291.2	30.9	8.1	45.2	98.3
1978	1117.2	206.8	9.4	560	225.2	30	18.5	53.5	13.8
1980	1221.6	235.3	5.5	653.6	226.8	23.3	10.5	53.6	13
1981	1160.6	248.8	5.7	581.8	217.4	22.4	9.4	62.4	12.7
1982	1151.8	253.8	4.9	558.2	225.9	29.3	9.4	57.8	12.5
1983	1485.2	290.3	4.4	736.9	305.7	45	15	69.3	18.6
1984	1425.8	331	2.5	715.5	248.6	33.1	17.7	63.4	14
1985	976	263	2.8	448.1	150.7	29.9	15.8	54.6	11.2
1986	1222.2	323.8	4	607.3	168.4	27.9	15.3	63.5	12
1987	1276.2	340.7	5.6	671.5	159	25.7	13.5	49.2	11.1
1988	1307.2	340.2	8.2	680.6	161.6	20	18.8	44.4	13.6
1989	1018.2	283.8	15.3	496.7	106.9	16.2	12.1	24.1	13.1
1990	1494.7	375.7	44.3	812.3	180.8	30.5	19.4	43.5	14.5
1991	1532.4	403.4	49.8	848.6	181.2	23.3	24.6	37.5	13.1
1992	1568.4	417.7	65.5	864.5	152.7	18.5	26.2	32.4	11.1
1993	1696	389.6	66.5	989.1	178.1	24.4	34.5	52.2	14
1994	1337.1	297.7	49.5	613.9	181.5	25.5	28.3	48.3	14.4
1995	1423.5	255.3	63.3	804.5	156.6	22.2	35.9	40.3	12.4
1996	1660.1	366.1	59.4	1047.3	183	29.1	42.5	43.6	15.8
1997	1313.5	389.4	56.5	674.7	100.3	18.7	39.5	35.1	11.3
1998	1828.9	407.5	61.4	1205.3	141.6	28.6	47.8	52.8	15
1999	1648.8	415.8	59.2	988.3	77.1	13.2	51	39.3	9.5
2000	1140	375.5	35.4	547.9	51.6	9.3	61.5	47.9	8.7
2001	1394.4	341.2	15.7	833.7	74.5	25.7	54.7	55.2	19.2
2002	1510.4	359.2	11.5	889.4	83.1	23.3	60.3	52.6	31
2003	1498.3	351.4	6.2	907.2	60.1	24.9	67.2	64.6	16.7
2004	1720	401.5	8.9	1079.7	80.1	34.7	44.5	52.1	18.5
2005	1745.8	416.5	7.9	1135.5	62.8	27.3	41.9	38.4	15.5
2006	1797	426.6	3.1	1211.5	41	17.1	48.2	938	10.7
2007	1835	505	5.3	1167.8	38.7	23.2	50.8	32	12.2
2008	1860.3	505.6	4.93	1189	31.9	20.1	47.5	48.8	12.5
2009	1591	506	4.5	963.1	22.9	15.1	41.7	30	7.7
2010	1765.4	457.6	3.7	1150.5	35.2	24.7	51.3	34.1	8.8
2011	2035.5	505.1	3.7	1360.3	36.3	22.1	65	34.1	8.9
2012	2070.5	507.8	3.2	1423.5	30.5	16.5	49.8	31.2	8
2013	2195.6	506.9	2.7	1563.2	29.5	16.5	41.6	28.4	6.8
2014	1753.9	451.5	2.8	1170.5	27.95	17.4	53.45	22.3	8

农 作 物 播 种 面 积

（1978–2014）

年 份	粮食作物	水 稻	小 麦	玉 米	高 粱	谷 子	薯 类	大 豆	其他杂粮
1978	3327.3	376.4	67.7	1340.7	630.7	211.5	76.7	515.9	107.2
1980	3221.1	385.7	40.9	1416.2	558.3	190.1	42.5	472.9	114.7
1981	3139.3	397.3	34.6	1267.8	594.9	211.3	39.6	461.4	132.3
1982	3145.9	405.6	29.5	1155.5	645.5	272.4	41.1	458.4	137.8
1983	3172.1	403.2	21.3	1219.9	656.3	273.7	54	408.5	135.1
1984	3099	432.2	15.2	1230.8	593.9	254.6	65.7	372.5	134.1
1985	2889.5	480.2	11.8	1198	416.7	210.1	72.3	393	107.5
1986	3036.9	510.1	20.5	1258.5	441.3	205.9	65.7	410.3	124.6
1987	3130.8	548.4	27.2	1341.1	448.4	188.7	64	395.2	117.8
1988	3101.3	553.7	34.4	1318	450.5	179.4	70.6	381.5	113.3
1989	3083.5	553.4	55	1313.2	420.3	177.3	73.6	370.3	120.5
1990	3121.6	543.3	112.8	1365.7	395	169.3	73.7	349	112.8
1991	3089.9	542.2	147.2	1372.4	367.5	147.2	78.8	326.2	81.6
1992	3051.5	556.6	165.7	1384	342	120.4	88	302.3	74.8
1993	3049.2	484.1	183.1	1416.2	326	120.1	99.9	325.1	94.5
1994	3026.4	458.7	162.4	1464.6	321.7	109	95.9	318.6	95.4
1995	3030.9	472.6	171.3	1517.5	308.3	102.8	102.5	273	82.9
1996	3073.1	478.1	177.9	1576.7	300.2	104.9	110	239.2	86.1
1997	3037.1	491.7	167.9	1573.4	257.6	106.1	105.6	249.2	85.5
1998	3039.2	496	150.2	1638	222.8	100.8	109.6	249.6	72.2
1999	3055.3	501.5	152.9	1677.8	202.5	89.6	130.5	235.1	65.2
2000	2858.6	489.7	117.5	1422.5	188.6	86.9	167.1	301.9	84.5
2001	2758.1	449.5	86.1	1366.3	163	130.5	151.1	290.4	121.2
2002	2658.6	457.1	47.2	1395.1	168.8	101.6	145.1	266.6	77.1
2003	2563.6	392	19.8	1401.4	125.3	111.2	138.8	285.2	89.9
2004	2965.9	492.1	19.9	1835.9	106.4	94.2	103.4	244.4	69.6
2005	3179.7	538.1	21.4	2076.7	107.8	86.6	93.2	184.9	71
2006	3089.7	624.9	8.0	1983.1	95.7	82.8	103.5	128.9	41.8
2007	3127.2	660.6	12.4	1998.6	85.1	82.2	96.3	130.4	40.4
2008	3035.9	658.7	10.3	1884.9	72.7	76.1	92.8	181	59.4
2009	3124.1	656.7	8.8	1964.1	95.2	87.4	91.9	164.1	55.9
2010	3179.3	677.5	7.5	2093	70.6	76.8	80	123.4	50.5
2011	3169.8	659.6	6.9	2134.6	58.9	63.5	83.1	120.2	43
2012	3217.3	661.8	6.8	2206.7	51.1	52	82	115.8	41.1
2013	3226.4	649.2	5.6	2245.6	47.1	51.9	78.9	114.9	33.2
2014	3235.13	562.1	5.8	2330.07	55.6	61.93	85.73	106.4	27.5

2014年辽宁产粮大县

地区	粮食作物合计		一、谷物			
					稻谷	
	播种面积	产量	播种面积	产量	播种面积	产量
苏家屯区	28367	220000	27827	218354	8850	85561
东陵区	19380	130000	18410	127676	990	5328
沈北新区	27667	203500	27365	202894	11270	97740
辽中县	74500	625000	72540	618520	36270	335184
康平县	64953	517411	57513	488246	2393	18965
法库县	96733	659000	92643	640150	4450	40000
新民市	143733	1001500	137033	961435	35270	280921
旅顺口区	366	1252	292	1060	0	0
瓦房店市	74633	233000	56063	196788	840	6930
普兰店市	76020	243000	61650	229405	6103	31934
庄河市	93260	542500	77720	495233	18217	133400
台安县	70960	440000	70150	437801	16040	115488
岫岩县	47700	223000	43810	214939	1500	10350
海城市	82220	468000	81030	464569	18060	134970
抚顺县	14020	77000	13229	72401	2167	14485
新宾县	34130	176500	31737	169599	8816	57361
清原县	33810	171000	32550	166409	7000	37750
本溪县	20067	88000	18015	81476	1222	6965
桓仁县	22773	115000	21097	109918	7452	46162
东港市	69720	525000	67590	514176	42980	328797
凤城市	49900	255000	45780	246372	3750	21533
黑山县	130250	865000	128210	855262	5450	50480
义县	62570	181000	59739	174426	47	355
凌海市	80050	361500	74950	340086	13420	96448
北镇市	67160	452500	66310	450522	10060	78393
大石桥市	51620	456000	50990	451437	33300	347820
阜新县	197010	1070000	187240	1048090	20	120
彰武县	105030	750500	99630	735800	3600	22680
辽阳县	59040	336000	57010	325146	17740	133050
灯塔市	50000	395000	49060	389945	22000	174800
大洼县	58570	520000	55396	508576	54753	504559
盘山县	56890	510000	55420	506142	40200	373860
铁岭县	73450	510000	71200	494377	19130	132829
西丰县	48870	230500	47330	223570	4730	21285
昌图县	251031	2006000	237320	1841930	11300	101700
开原市	75490	513500	71790	499775	22530	174044
朝阳县	69300	309500	68670	301844	0	0
建平县	140313	755000	134503	746001	30	234
喀左县	40540	140000	39010	135888	0	0
北票市	66760	402500	66220	401159	0	0
绥中县	61010	211200	50730	177078	6120	26199
建昌县	44667	86000	40967	75489	0	0
兴城市	43280	81800	39920	66326	480	3600

粮食作物生产情况表

单位：公顷、吨

小麦		玉米		谷子		高粱		其他谷物	
播种面积	产量	播种面积	产量	播种面积	产量	播种面积	产量	播种面积	产量
0	0	18977	132793	0	0	0	0	0	0
0	0	17420	122348	0	0	0	0	0	0
0	0	16088	105121	0	0	0	0	7	33
580	2335	35690	281001	0	0	0	0	0	0
140	727	53810	461596	250	759	850	6052	70	147
410	1100	87033	593830	240	700	500	4500	10	20
230	725	101533	679789	0	0	0	0	0	0
0	0	289	1053	0	0	0	0	3	7
0	0	53563	185906	920	1402	320	2400	420	150
0	0	54863	197100	496	257	188	114	0	0
0	0	59383	361400	70	230	50	203	0	0
100	450	53880	321233	0	0	60	315	70	315
0	0	41960	203701	70	179	210	630	70	79
0	0	62670	328555	110	215	170	786	20	43
0	0	11001	57750	18	36	43	130	0	0
0	0	22804	112007	11	19	75	168	31	44
0	0	25540	128636	0	0	10	23	0	0
0	0	16067	73117	458	900	43	200	225	294
0	0	13534	63468	35	101	49	150	27	37
0	0	24580	185307	0	0	10	45	20	27
0	0	41810	224461	20	23	80	245	120	110
0	0	120980	791850	100	542	1610	12075	70	315
0	0	54606	166838	1278	2021	1808	5210	2000	2
0	0	57740	232343	380	497	3410	10798	0	0
0	0	55860	371360	50	59	230	621	110	89
0	0	17520	102582	80	420	70	525	20	90
0	0	177230	1000896	5020	21084	4290	25740	680	250
50	120	93930	704475	720	1839	1020	6579	310	107
0	0	39190	191788	20	38	60	270	0	0
0	0	27060	215145	0	0	0	0	0	0
0	0	643	4017	0	0	0	0	0	0
0	0	15110	131457	0	0	110	825	0	0
0	0	52070	361548	0	0	0	0	0	0
0	0	41110	201580	0	0	0	0	1490	705
150	112	225301	1737115	196	882	310	1860	63	261
0	0	49260	325731	0	0	0	0	0	0
800	36000	65940	257563	530	1193	1330	6983	70	105
30	121	91883	600772	28450	77016	10460	59600	3650	8258
300	1575	34960	126657	2900	5668	420	1148	430	840
160	866	64090	395448	880	1584	830	2988	260	273
0	0	44020	149954	310	367	220	480	60	78
0	0	38067	73172	2000	1572	500	526	400	219
0	0	39190	62562	80	36	170	128	0	0

2014年辽宁产粮大县

地区	二、豆类					
	播种面积	产量	大豆		绿豆	
			播种面积	产量	播种面积	产量
苏家屯区	490	1211	490	1211	0	0
东陵区	560	1175	560	1175	0	0
沈北新区	302	606	302	606	0	0
辽中县	1610	4188	0	0	0	0
康平县	3440	9425	3060	8716	160	310
法库县	2720	6350	2570	6100	100	150
新民市	2400	6480	2400	6480	0	0
旅顺口区	46	130	46	130	0	0
瓦房店市	9120	10540	8890	10285	150	135
普兰店市	11130	9920	10870	9783	113	58
庄河市	10120	22667	10000	22500	20	27
台安县	770	2079	770	2079	0	0
岫岩县	2820	4611	2780	4587	10	6
海城市	960	2334	950	2326	10	8
抚顺县	302	332	257	290	9	9
新宾县	1758	2599	1670	2505	50	61
清原县	740	1110	700	1050	20	30
本溪县	1219	1686	1215	1680	0	0
桓仁县	1014	1248	991	1207	0	0
东港市	520	1230	490	1176	0	0
凤城市	3070	4052	3010	4013	10	5
黑山县	1200	3780	1200	3780	0	0
义县	2188	2624	2188	2624	0	0
凌海市	2610	4617	2550	4532	50	32
北镇市	650	838	650	838	0	0
大石桥市	530	1038	520	1026	10	12
阜新县	9440	17950	6680	15030	1910	2300
彰武县	4600	9660	3400	9071	300	293
辽阳县	750	1511	730	1474	10	16
灯塔市	380	1149	380	1149	0	0
大洼县	3174	11424	3174	11424	0	0
盘山县	1470	3858	1470	3858	0	0
铁岭县	1340	9304	1340	9304	0	0
西丰县	600	2700	590	2655	0	0
昌图县	3780	16953	3742	16839	8	24
开原市	3500	11428	3500	11428	0	0
朝阳县	130	156	70	84	30	36
建平县	3620	2324	1640	666	1730	1332
喀左县	1060	1644	970	1527	40	52
北票市	430	827	350	749	60	63
绥中县	3720	5438	3690	5403	10	10
建昌县	1900	907	1700	862	0	0
兴城市	1190	266	1180	266	0	0

粮食作物生产情况表（续表一）

二、豆类		三、薯类（折粮）					
红小豆		播种面积	产量	马铃薯		甘薯	
播种面积	产量			播种面积	产量	播种面积	产量
0	0	50	435	50	435	0	0
0	0	410	1149	0	0	410	1149
0	0	0	0	0	0	0	0
0	0	350	2292	330	2190	20	102
220	399	4000	19740	3500	18275	500	1465
50	100	1370	12500	1240	11200	130	1300
0	0	4300	33585	4300	33585	0	0
0	0	28	62	0	0	28	62
80	120	9450	25672	1510	13590	7940	12082
147	79	3240	3675	439	231	2801	3444
100	140	5420	24600	3330	14200	2090	10400
0	0	40	120	0	0	40	120
30	18	1070	3450	0	0	1070	3450
0	0	230	1097	160	790	70	307
36	32	489	4267	426	4000	63	267
38	33	635	4302	621	4221	14	81
20	30	520	3481	500	3361	20	120
4	6	833	4838	772	4488	61	350
23	41	662	3834	602	3510	60	324
30	54	1610	9594	1390	8340	220	1254
50	34	1050	4576	870	3758	180	818
0	0	840	5958	720	4968	120	990
0	0	643	3950	566	3493	77	457
10	8	2490	16797	2240	15199	250	1598
0	0	200	1140	200	1140	0	0
0	0	100	3525	70	2625	30	900
830	620	330	3960	0	0	330	3960
280	672	800	5040	0	0	800	5040
10	21	1280	9343	1250	9270	30	73
0	0	560	3906	550	3831	10	75
0	0	0	0	0	0	0	0
0	0	0	0	0	0	0	0
0	0	910	6319	900	6249	10	70
10	45	940	4230	900	4050	40	180
30	90	9931	147117	9315	139725	616	7392
0	0	200	2297	200	2297	0	0
20	24	500	7500	410	6150	90	1350
60	326	2190	6675	2160	6575	30	100
50	65	470	2468	370	1942	100	526
20	14	110	514	100	450	10	64
20	25	6560	28684	6100	26711	460	1973
200	45	1800	9604	1500	8740	300	864
10	0	2170	15208	1930	14127	240	1081

辽宁省主要农产品生产价格指数

（上年=100）

农产品名称	2006年	2007年	2008年	2009年	2010年	2011年	2012年	2013年	2014年
合计	105.8	116.6	109.8	102.9	110.6	114.2	106.6	101.1	101.7
一、农业产品	110.2	112.1	103.6	104.6	115.5	107.2	109.4	100.3	101.4
1.谷物及其他作物	110.2	112.2	103.7	102.8	113.8				
1.1.谷物(原粮)	110.8	110.9	103.0	104.4	113.9	111.2	106.7	99.1	102.0
1.1.2.稻 谷	106.5	101.4	99.7	112.4	119.1	110.4	99.7	103.1	96.1
粳 稻	106.5	101.4	99.7	112.4	119.1	110.4	99.7	103.1	96.1
1.1.3.玉 米	133.0	113.9	104.0	101.9	112.4	112.0	110.5	96.2	103.5
黄玉米	133.0	113.9	104.0	101.9	112.4	112.0	110.5	96.2	103.5
1.1.4.杂 粮	97.7	119.1	105.7	99.2	101.1				
谷 子	102.3	118.0	104.1	97.3	97.1	106.2	105.4	137.9	185.0
高 粱	88.6	121.5	108.7	102.9	109.2	92.7	106.2	109.6	97.3
1.2.薯 类	110.7	116.5	102.4	104.7	146.1	114.9	111.6	111.2	114.9
红 薯	104.3	119.1	102.9	105.4	148.0		113.5		
马铃薯	145.6	102.1	99.8	100.9	135.8	99.2	89.3	111.2	114.9
1.3.油 料	110.6	129.9	102.8	89.1	108.1	107.9	114.4	89.2	95.3
花 生	110.6	129.9	102.8	89.1	108.1	107.8	116.2	89.2	95.3
1.4.豆 类	104.5	113.6	115.3	93.2	112.3	108.7	110.8	111.1	102.3
大 豆	104.5	113.6	115.3	93.2	112.3	108.7	110.8	111.1	102.3
绿 豆	103.3	98.4	146.3	93.3	156.3				
红小豆	97.6	105.9	99.0	116.8	133.3	104.8		102.0	
1.8.烟 草	75.6	117.8	115.0	79.4	99.0				103.2
烤烟叶	75.6	117.8	115.0	79.4	99.0	112.2		102.3	103.2
晒烟叶		97.0	111.4	112.0	102.8	118.8			
2.蔬菜、园艺作物	108.3	113.9	98.4	101.1	127.4		129.0	106.4	96.6
2.1.蔬 菜	108.3	113.9	98.4	101.1	127.4		129.0	106.2	96.0
2.1.1.叶菜类	132.1	115.9	89.3	103.0	132.2	84.3	158.9	106.5	94.8
菠 菜	109.6	110.5	100.3	102.2	108.7	46.6	178.3	105.2	104.1
芹 菜	138.1	95.8	104.6	104.7	111.6	87.1	140.6	107.0	85.7

辽宁省主要农产品生产价格指数（续表一）

（上年=100）

农产品名称	2006年	2007年	2008年	2009年	2010年	2011年	2012年	2013年	2014年
大白菜	149.5	132.8	74.5	101.6	155.7	62.3	117.3	98.4	107.9
元白菜	94.7	87.1	105.2	112.0	112.4				
2.1.2.瓜菜类	115.1	111.7	112.5	106.2	103.7	98.3	123.2	109.4	97.7
黄 瓜	115.1	111.7	112.5	106.2	103.7	98.3	123.2	109.4	97.7
西葫芦	104.4		161.8	102.9	133.3	146.7		29.9	
2.1.3.块根、块茎菜类	112.7	87.0	99.7	96.4	175.0	56.4	101.4	105.8	100.0
萝 卜	107.4	103.7	89.1	96.4	175.0	56.4	101.4	105.8	100.0
2.1.4.茄果菜类	94.7	119.6	95.4	100.3	122.5	100.7	123.4	106.0	88.3
茄 子	87.8	132.5	104.0	88.2	121.0	90.6	121.0	108.5	78.8
西红柿	104.6	109.0	89.0	111.3	127.0	108.4	128.2	105.3	95.8
辣 椒	81.5	109.2	85.4	105.6	109.2	111.7	113.0	98.4	96.7
青 椒	103.3	140.7			115.3	105.1	123.1	101.9	99.5
2.1.5.葱蒜类	90.1	111.6	106.7	101.9	130.2	85.9	108.0	104.8	110.7
大 葱	55.8	111.6	106.7	103.7	130.2	85.9	108.0	104.8	102.1
2.1.6.菜用豆类	116.6	120.7	116.6	105.0	103.5	108.7	119.6	134.8	
四季豆	99.9	111.6	105.5	105.0	103.5	114.8	126.6	134.8	91.3
豇 豆	146.4	129.7	127.7	100.1	108.3	102.7	112.7		101.2
2.1.8.食用菌（干鲜混合）	88.7	126.6	112.6	86.0	110.4	103.7	92.4	113.0	117.5
蘑菇（鲜品）	88.7	126.6	112.6	86.0	110.4	103.7			104.7
3.水果、坚果、饮料和香料	113.1	109.0	109.7	119.2	111.5	119.6	103.7	101.2	110.9
3.1.水果、坚果	113.1	109.0	109.7	119.2	111.5	119.6	103.7	101.2	110.9
3.1.1.园林水果	120.4	106.2	106.5	100.1	119.7	121.2	95.1	100.8	111.1
苹 果	135.9	113.6	91.9	104.6	128.4	114.7	95.7	97.1	114.2
红富士苹果	129.2	116.5	102.5	111.2	141.2	111.5	94.5	91.5	106.7
国光苹果	142.6	110.7	81.4	97.9	115.5	122.4	98.7	110.5	132.1
元帅苹果	100.0	117.9		109.1	133.3	112.5		100.0	
其他苹果	95.4	111.2	59.4		133.3	107.6	97.6	98.4	122.6
梨	106.3	103.6	98.3	85.7	101.8				107.0

辽宁省主要农产品生产价格指数（续表二）

（上年=100）

农产品名称	2006年	2007年	2008年	2009年	2010年	2011年	2012年	2013年	2014年
苹果梨	110.8	103.6	107.7	102.9	101.8		97.6		
其他梨	89.4		111.1	86.2	131.9		91.0	103.7	102.2
其他水果	110.0	98.8	129.5	103.6	120.1	119.5	105.6	106.8	107.2
桃	111.4	116.4	115.2	105.7	123.7	116.1	109.5	102.1	115.0
红 枣	96.7	75.2	173.0	97.0	109.2		100.0	58.9	65.6
李 子	107.8	106.3	97.1	100.0	155.0	120.0		93.1	110.0
其他园林水果	102.0	117.4	121.2	113.9	107.6	116.7			
3.1.2.瓜果类	104.5	112.2	113.5	141.4	102.0	118.8	144.4	96.3	102.6
西 瓜	104.7	96.0	146.8	141.4	102.0	129.3	173.6	78.2	115.9
二、林业产品	101.8	109.7	109.0	94.8	110.5	119.5	113.6	74.9	106.0
2.2.竹木采运	118.5	114.3	117.8	90.8	115.4	120.6	130.8	70.8	107.0
2.2.1.木材采运	118.5	114.3	117.8	90.8	115.4	120.6	130.8	70.8	107.0
2.2.1.1 原 木	118.5	114.3	117.8	90.8	115.4	120.6	130.8	70.8	107.0
落叶松	118.6	114.3	117.8	90.8	115.4	120.6	130.8	70.8	107.0
2.3.林产品的采集	70.5	104.7	92.3	102.1	101.5				
2.3.1.天然和人工林的果实	70.5	104.7	92.3	102.1	101.5				
板 栗	70.5	104.7	92.3	102.1	101.5				
三、牧业(畜产品)	97.6	126.4	122.3	98.3	101.8	122.3	102.6	102.3	102.0
3.1.牲畜的饲养	100.1	116.1	121.0	101.2	106.9	127.6		101.8	95.9
3.1.1.牛的饲养	97.4	115.2	121.2	103.4	101.3	103.1	115.4	112.2	116.2
活牛（毛重）	97.4	115.2	121.2	103.4	101.3	103.1	115.4	112.2	116.2
3.1.2.羊的饲养	108.9	119.6	119.5	95.6	123.7	113.2	130.1	107.8	99.3
活羊（毛重）	108.8	119.6	119.4	95.6	123.8	113.2	130.1	107.8	99.3
3.2.猪的饲养	95.1	143.9	134.9	85.0	97.2	134.0	99.4	99.1	91.0
活猪（毛重）	95.2	144.2	134.4	84.9	97.2	134.0	99.4	99.1	91.0
猪 肉	84.9	121.1	165.5	90.8	99.3				
3.3.家禽	92.0	128.1	105.0	104.3	107.5				107.8
3.3.1.肉禽（毛重）	88.5	121.1	113.4	106.3	106.4	112.4	104.9	101.6	107.8

辽宁省主要农产品生产价格指数（续表三）

（上年=100）

农产品名称	2006年	2007年	2008年	2009年	2010年	2011年	2012年	2013年	2014年
鸡	88.5	121.0	114.8	106.4	106.1	112.3	104.7	101.5	107.9
鸭	89.4	116.5	110.3	94.7	107.0	119.0	102.5	105.3	115.9
鹅	89.4	124.0	93.8	107.1	110.8	110.1	117.9	102.4	100.8
3.3.2.禽 蛋	94.2	132.7	99.5	103.0	108.2	118.8	98.1	102.8	112.8
鸡 蛋	94.3	132.8	99.2	102.9	108.4	118.8	98.0	102.8	112.9
鸭 蛋	93.1	112.3	110.5	105.7	105.1	124.0	100.8	108.8	105.9
鹅 蛋	90.0	128.4	118.1	108.4	99.7		93.4		106.6
3.9.其他畜牧业	109.0	102.3	70.1	196.2	121.0				
3.9.5.活的家畜产品	109.1	102.3	70.1	196.2	121.0				
蚕 茧	109.1	102.3	70.1	196.2	121.0				100.1
四、渔业	104.1	105.5	102.4	120.0	102.2	107.9	113.7	102.2	101.3
4.1.海水水产品	101.2	105.4	102.6	122.0	97.2	108.5			100.2
鲅 鱼	100.0	103.7	100.5	95.9	112.5	110.6	144.9	89.3	100.0
其他海水鱼类	95.8	112.5	103.4	104.6	117.1	126.6			
4.1.2.海水虾蟹类	112.1	105.4	103.6	94.6	90.4	104.2			
爬 虾	103.9	107.6	105.6	94.6	113.5				
梭子蟹	119.9	103.9	102.6	100.6	90.4				
其他海水虾蟹类	114.9	110.3	101.3	92.6	81.3				
蛤	166.8	107.0	105.6	87.9	100.8	86.7	94.3		109.7
海 螺	102.4	104.1	106.9	98.3	95.4				
4.1.5.其他海水产品	100.4	97.0	100.6	123.9	105.2		111.1		110.0
鱿 鱼	96.0	101.9	100.6	123.9	105.2		111.1		110.0
4.2.内陆水域水产品	109.7	105.9	102.1	116.2	111.9	103.9	107.2	98.8	103.4
4.2.1.淡水鱼类	109.7	105.9	102.1	116.2	111.9	103.8	104.0	98.3	103.5
草 鱼	112.7	103.1	102.0	112.7	108.1	101.6	104.7	125.2	100.0
鲤 鱼		108.6	102.0	104.2	88.2	107.7	108.2	82.9	110.8
鲢 鱼	106.7	108.6	102.3	119.7	115.8	102.5	97.7	91.2	98.6

肉类产量和猪羊头数

（1952–2014）

年份	猪牛羊肉产量（万吨）	肉猪出栏头数（万头）	猪年末存栏头数（万头）	羊年末存栏数（万只）	山羊	绵羊
1952	—	198.6	409	104.2	45.3	58.9
1970	—	99.6	533	174	37.8	136.2
1975	—	453.5	1031.8	175.8	39.9	135.9
1978	—	554.3	1184.6	138.2	28.1	110.1
1979	—	592.9	1188.9	167.1	31.4	135.7
1980	42.9	656.3	1057.5	194.7	36.6	158.1
1981	49.1	664.3	1046.2	210.4	36.2	174.2
1982	56	711.3	1069.9	207.8	33.6	174.2
1983	54.9	710	993.2	207.7	35.9	171.8
1984	54.9	685.2	892.9	193.9	36	157.9
1985	57	647.4	1035.6	193.6	35.5	158.1
1986	58.1	650.9	1031.7	215.5	39.5	176
1987	57.3	626.4	930.4	233.7	47	186.7
1988	68.9	691.4	1065.4	274.2	60.9	213.3
1989	71.9	733.4	1089.6	294.9	74.3	220.6
1990	78.8	797.2	1093.5	267.2	73.4	193.8
1991	88.8	865	1137.7	239.5	75.7	163.8
1992	99.7	5.4	1222	247.9	73.7	174.2
1993	115.4	1020.9	1228.6	264.4	88.8	175.6
1994	144.5	1254.4	134001	302	115.8	186.2
1995	173.9	1461.6	1468.4	373.2	146.5	226.7
1996	190.4	1640.6	1426.5	403.1	164.1	238.9
1997	126.9	1131	953.3	292.6	133.7	158.9
1998	138.8	1223.9	1039.9	318.1	146.3	171.7
1999	148.4	1320.3	1123.4	347.8	159.3	188.5
2000	156.5	1413.8	1270.7	386.1	187.3	198.8
2001	169	1525.2	1291.8	449.4	212.6	236.8
2002	182.8	1648.7	1304.3	548.4	251.9	296.5
2003	198.6	1754.3	1365.8	730.8	319.7	411.1
2004	216.8	1894.5	1498	819.2	387.4	431.8
2005	238.8	2063.2	1642.4	830.2	426.2	404
2006	260	2232.4	1560.7	818.5	422.6	395.9
2007	236.2	2265.8	1429.4	675.9	—	—
2008	255	2493	1584	678.7	418.3	260.4
2009	266.8	2597	1606.2	717	—	—
2010	277.9	2682.7	1567.6	733.5	414.1	319.4
2011	275.8	2652.1	1585.4	725.6	401.8	323.8
2012	281.3	2728.5	1592.6	721.8	392.3	329.5
2013	284.9	2785.8	1624.5	735.4	401.0	334.4
2014	292.0	2839.4	1558.8	793.5	427.4	366.1

六、农民工统计调查资料

LIAONINGTONGJIDIAOCHANIANJIAN

LIAONINGTONGJIDIAOCHANIANJIAN

农民工基本情况

指标	单位	2009年	2010年	2011年	2012年	2013年	2014年
（一）性别	—						
1.男性	%	68.6	68.6	70.2	69.8	68.0	68.7
2.女性	%	31.4	31.4	29.8	30.2	32.0	31.3
（二）年龄	—						
1.16–18岁	%	1.5	1.5	2.5	1.4	4.3	2.0
2.19–22岁	%	12.0	9.1	9.6	7.8	10.6	6.5
3.23–25岁	%	10.7	12.6	11.6	10.7	11.5	9.0
4.26–30岁	%	13.7	12.6	9.6	10.5	9.9	10.9
5.31–40岁	%	21.4	21.4	22.3	21.8	13.1	21.7
6.41–50岁	%	22.7	23.7	26.9	29.1	29.6	28.5
7.51–60岁	%	15.5	16.1	14.8	15.4	16.4	16.8
8.61–65岁	%	1.8	2.2	1.7	1.9	3.1	3.2
9.66岁及以上	%	0.8	0.8	1.1	1.1	1.4	1.3
（三）婚姻状况	—						
1.已婚	%	71.9	71.5	72.7	74.1	74.2	73.5
2.未婚	%	26.3	26.5	25.3	24.2	22.3	23.3
3.离异	%	1.2	1.3	1.2	0.9	2.3	2.4
4.丧偶	%	0.5	0.6	0.8	0.6	1.2	0.9
5.其他	%	0.1	0.0	0.1	0.1	0.0	0.0
（四）文化程度	—						
1.不识字或识字很少	%	0.5	0.4	0.1	0.2	0.4	0.4
2.小学	%	9.6	9.4	12.6	13.0	12.7	12.1

农民工基本情况（续表一）

指标	单位	2009年	2010年	2011年	2012年	2013年	2014年
3.初中	%	69.1	68.8	73.8	72.2	71.5	70.6
4.高中及中专	%	14.4	14.5	9.1	9.2	9.8	10.2
5.大专及以上	%	6.5	6.9	4.4	5.4	5.7	6.8
（五）是否接受过农业技术培训	—						
1.是	%	4.9	5.3	14.8	13.8	7.0	5.8
2.否	%	95.1	94.7	85.2	86.2	93.0	94.2
（六）是否接受过非农职业技能培训	—						
1.是	%	17.2	16.9	31.1	30.5	25.6	28.6
2.否	%	82.8	83.1	68.9	69.5	74.4	71.4
（七）参加医疗保险情况	—						
1.农村新型农村合作医疗	%	86.0	86.9	88.6	88.7	86.5	86.5
2.城镇医疗保险	%	5.7	5.7	5.9	6.0	9.6	10.0
3.商业医疗保险	%	1.1	0.7	1.7	1.9	0.7	0.9
4.其他医疗保险	%	0.9	0.9	0.3	0.7	0.7	0.8
5.没有参加任何医疗保险	%	6.5	6.4	4.9	4.5	3.4	3.4
（八）参加养老保险情况	—						
1.农村社会养老保险	%	5.0	9.9	35.2	38.6	54.9	53.6
2.城镇基本养老保险	%	10.6	11.2	8.3	9.1	14.6	15.3
3.商业养老保险	%	2.5	2.7	2.2	2.4	1.2	1.1
4.其他养老保险	%	2.6	2.9	2.7	2.6	2.4	2.6
5.没有参加任何养老保险	%	79.5	73.7	52.3	48.0	27.0	27.8

农民工从业情况

指标	单位	2009年	2010年	2011年	2012年	2013年	2014年
（一）农民工	—						
其中：1.整劳动力	%	78.5	77.5	78.1	77.0	73.2	73.6
2.半劳动力	%	21.5	22.5	21.9	23.0	26.8	26.4
（二）从业地区	—						
1.乡内	%	51.3	51.1	56.4	57.5	56.0	54.4
2.县内乡外	%	12.5	14.0	11.5	11.6	15.5	13.6
3.省内县外	%	29.5	28.8	25.9	24.6	23.2	25.3
4.国内省外	%	5.4	4.5	5.9	5.8	4.8	6.5
5.国外	%	1.3	1.5	0.3	0.5	0.5	0.3
（三）从事的行业	—						
1.第一产业	%	0.9	1.0	0.8	0.7	0.9	0.7
（1）农、林、牧、渔业	%	0.9	1.0	0.8	0.7	0.9	0.7
2.第二产业	%	43.3	42.8	56.4	54.7	49.3	49.0
（2）采矿业	%	5.1	5.4	5.4	5.8	4.1	3.8
（3）制造业	%	22.1	19.7	30.9	29.6	25.5	25.8
（4）电力、燃气及水的生产和供应业	%	1.1	1.5	1.6	1.8	1.9	2.4
（5）建筑业	%	15.0	16.2	18.4	17.5	17.8	17.0
3.第三产业	%	55.8	56.2	42.8	44.5	49.8	50.3
（6）交通运输、仓储和邮政业	%	9.6	9.9	8.9	9.9	14.2	15.0
（7）信息传输、计算机服务和软件业	%	2.1	1.6	0.7	1.2	9.8	9.6
（8）批发和零售业	%	13.7	14.2	13.7	12.0	8.1	7.7
（9）住宿和餐饮业	%	6.7	6.6	5.9	5.9	1.3	1.5
（10）金融业	%	0.3	0.3	0.1	0.3	0.5	0.4
（11）房地产业	%	0.2	0.5	0.2	0.3	0.4	0.3
（12）租赁和商务服务业	%	0.6	0.5	0.6	0.7	0.2	0.3
（13）科学研究、技术服务和地质勘察业	%	0.0	0.0	0.3	0.2	0.0	0.2
（14）水利、环境和公共设施管理业	%	0.3	0.3	0.3	0.3	0.3	0.4
（15）居民服务和其他服务业	%	15.1	15.8	8.8	9.6	10.7	10.0
（16）教育	%	2.0	1.8	0.4	1.1	1.4	1.5
（17）卫生、社会保障和社会福利业	%	1.5	1.4	1.5	1.5	1.8	1.9
（18）文化、体育和娱乐业	%	0.7	0.7	0.9	1.0	0.4	0.4
（19）公共管理和社会组织	%	3.0	2.6	0.3	0.5	0.7	1.2
（20）国际组织	%	0.0	0.0	0.0	0.0	0.0	0.0
（四）工作种类	—						
1.国家机关、党群组织、企业、事业单位负责人	%	1.8	1.6	1.2	1.3	0.8	0.6
2.专业技术人员	%	5.5	7.6	10.7	12.3	11.5	11.8
3.办事人员和有关人员	%	3.5	4.2	2.2	3.1	5.8	8.2
4.商业、服务业人员	%	35.0	34.0	30.9	29.9	26.8	26.7
5.农、林、牧、渔、水利业生产人员	%	1.8	0.8	0.9	0.6	1.8	0.9
6.生产、运输设备操作人员及有关人员	%	33.2	33.6	43.0	41.4	39.3	39.1
7.不便分类的其他从业人员	%	19.2	18.1	11.0	11.3	13.9	12.6
（五）从业时间	—						
1.本地非农自营	月	10.7	10.2	10.3	10.4	9.3	9.3
2.本地非农务工	月	12.1	11.7	10.8	10.2	9.0	8.8
3.外出从业	月	11.6	11.1	10.9	10.7	9.0	9.2
（六）从业收入	—						
1.本地非农自营	元	14443	16109	29245	32434	35949	39944
2.本地非农务工	元	15300	16890	21080	23297	19976	22489
3.外出从业	元	19729	22160	27069	30624	29547	31115
其中：寄回带回	元	11091	12098	13424	15374	17996	18305

本地农民工基本情况

指标	单位	2009年	2010年	2011年	2012年	2013年	2014年
（一）姓别	—						
1.男劳动力	%	66.5	65.4	68.8	69.4	65.2	66.3
2.女劳动力	%	33.5	34.6	31.2	30.6	34.8	33.7
（二）年龄	—						
1.16–18岁	%	0.3	0.6	1.2	0.6	1.3	1.0
2.19–22岁	%	3.6	1.9	3.1	2.5	3.5	1.3
3.23–25岁	%	3.6	7.0	3.4	3.3	7.4	2.5
4.26–30岁	%	9.0	6.7	7.3	7.1	7.8	7.6
5.31–40岁	%	23.3	22.8	27.3	24.5	15.5	23.4
6.41–50岁	%	32.3	32.0	33.8	36.8	35.9	35.4
7.51–60岁	%	23.8	23.7	20.1	20.7	21.4	21.8
8.60–65岁	%	2.6	3.7	1.8	2.8	4.8	4.7
9.65岁及以上	%	1.6	1.5	1.9	1.9	2.4	2.4
（三）婚姻状况	—						
1.已婚	%	91.9	89.8	90.9	91.1	87.8	89.8
2.未婚	%	6.7	8.4	6.5	6.9	7.8	6.6
3.离异	%	0.6	0.8	1.5	1.2	2.7	2.4
4.丧偶	%	0.8	1.1	0.9	0.7	1.8	1.2
5.其他	%	0.0	0.0	0.1	0.1	0.0	0.0
（四）文化程度	—						
1.不识字或识字很少	%	0.5	0.1	0.1	0.4	0.5	0.6
2.小学	%	11.5	10.9	15.3	16.6	15.1	14.7
3.初中	%	71.0	70.1	77.2	75.0	72.9	71.8
4.高中及中专	%	9.2	9.6	4.7	4.6	8.7	9.2
5.大专及以上	%	4.3	4.6	1.9	2.2	2.9	3.7
（五）是否接受过农业技术培训	—						
1.是	%	6.7	6.4	14.9	14.8	8.0	6.5
2.否	%	93.3	93.6	85.1	85.2	92.0	93.5
（六）是否接受过非农职业技能培训	—						
1.是	%	16.8	16.2	28.0	29.2	24.5	24.5
2.否	%	83.2	83.8	72.0	70.8	75.5	75.5
（七）参加医疗保险情况	—						
1.农村新型农村合作医疗	%	85.8	87.3	89.5	89.8	84.0	85.1
2.城镇医疗保险	%	7.5	8.2	6.0	5.7	13.2	12.5
3.商业医疗保险	%	0.9	0.4	0.9	0.8	0.8	1.2
4.其他医疗保险	%	0.5	0.6	0.0	0.4	0.3	0.1
5.没有参加任何医疗保险	%	6.6	6.5	4.7	4.3	2.7	2.3
（八）参加养老保险情况	—						
1.农村社会养老保险	%	5.1	9.0	36.9	41.1	52.7	52.9
2.城镇基本养老保险	%	13.2	14.8	8.3	7.8	18.9	17.5
3.商业养老保险	%	1.6	2.1	1.7	2.2	1.3	1.1
4.其他养老保险	%	2.3	2.4	2.5	2.5	1.7	2.9
5.没有参加任何养老保险	%	78.1	72.3	51.2	47.0	25.7	26.2

本地农民工从业情况

指标	单位	2009年	2010年	2011年	2012年	2013年	2014年
（一）从事的行业	—						
1.第一产业	%						
（1）农、林、牧、渔业	%						
2.第二产业	%	38.4	36.2	55.4	54.1	48.1	47.5
（2）采矿业	%	7.6	9.0	7.7	8.5	5.4	6.1
（3）制造业	%	21.6	18.3	33.7	32.9	29.6	27.8
（4）电力、燃气及水的生产和供应业	%	1.2	1.9	1.5	1.6	1.9	2.9
（5）建筑业	%	7.9	7.0	12.4	11.1	11.1	10.6
3.第三产业	%	61.6	63.8	44.6	45.9	51.9	52.5
（6）交通运输、仓储和邮政业	%	10.2	10.9	10.7	13.0	18.9	19.8
（7）信息传输、计算机服务和软件业	%	0.3	0.1	0.0	0.2	11.8	12.0
（8）批发和零售业	%	17.4	18.7	17.5	14.7	5.3	4.8
（9）住宿和餐饮业	%	4.3	2.7	3.3	2.8	0.1	0.1
（10）金融业	%	0.2	0.3	0.1	0.1	0.5	0.1
（11）房地产业	%	0.0	0.1	0.0	0.0	0.1	0.0
（12）租赁和商务服务业	%	0.3	0.3	0.2	0.4	0.1	0.3
（13）科学研究、技术服务和地质勘察业	%	0.0	0.0	0.0	0.0	0.0	0.3
（14）水利、环境和公共设施管理业	%	0.5	0.4	0.6	0.4	0.3	0.4
（15）居民服务和其他服务业	%	17.7	20.2	8.6	9.7	9.7	8.7
（16）教育	%	2.6	2.7	0.5	1.3	1.9	2.1
（17）卫生、社会保障和社会福利业	%	2.3	1.9	2.4	2.2	1.6	1.9
（18）文化、体育和娱乐业	%	0.8	0.9	0.5	0.7	0.2	0.3
（19）公共管理和社会组织	%	5.0	4.3	0.2	0.5	1.3	1.9
（20）国际组织	%						
（二）工作种类	—						
1.国家机关、党群组织、企业、事业单位负责人	%	2.0	2.2	1.0	0.4	1.1	0.9
2.专业技术人员	%	3.3	4.6	5.4	7.7	7.5	8.2
3.办事人员和有关人员	%	3.4	4.6	2.0	2.8	7.0	10.9
4.商业、服务业人员	%	40.7	40.7	34.2	35.6	29.0	28.0
5.农、林、牧、渔、水利业生产人员	%	2.2	0.0	0.2	0.1	1.5	0.4
6.生产、运输设备操作人员及有关人员	%	28.0	27.4	40.3	38.6	42.4	40.8
7.不便分类的其他从业人员	%	20.5	20.4	16.9	14.8	11.5	10.8

外出农民工基本情况

指标	单位	2009年	2010年	2011年	2012年	2013年	2014年
（一）性别	—						
1.男性	%	70.9	71.9	72.1	70.3	71.5	71.5
2.女性	%	29.1	28.1	27.9	29.7	28.5	28.5
（二）年龄	—						
1.16–18岁	%	2.8	2.4	4.1	2.5	8.2	3.3
2.19–22岁	%	20.9	16.6	17.9	15.0	19.7	12.9
3.23–25岁	%	18.2	18.3	22.1	20.9	16.8	16.8
4.26–30岁	%	18.7	18.8	12.7	15.2	12.5	14.9
5.31–40岁	%	19.4	19.9	15.8	18.2	10.0	19.7
6.41–50岁	%	12.5	15.0	17.9	18.8	21.4	20.2
7.51–60岁	%	6.7	8.2	7.8	8.4	10.0	10.8
8.61–65岁	%	0.8	0.6	1.5	0.9	1.0	1.4
9.66岁及以上	%	0.0	0.2	0.0	0.2	0.2	0.0
（三）婚姻状况	—						
1.已婚	%	50.6	52.3	48.9	51.0	56.8	53.9
2.未婚	%	47.3	45.6	49.7	47.7	40.8	43.3
3.离异	%	1.8	1.9	0.8	0.6	1.9	2.4
4.丧偶	%	0.2	0.2	0.6	0.5	0.5	0.4
5.其他	%	0.2	0.0	0.0	0.2	0.0	0.0
（四）文化程度	—						
1.不识字或识字很少	%	0.5	0.6	0.2	0.0	0.2	0.2
2.小学	%	7.6	7.8	9.2	8.2	9.7	9.0
3.初中	%	67.2	67.4	69.3	68.2	69.7	69.0
4.高中及中专	%	8.0	8.2	7.5	8.1	11.2	11.3
5.大专及以上	%	7.2	6.7	4.8	4.4	9.3	10.4
（五）是否接受过农业技术培训	—						
1.是	%	3.6	4.1	14.6	12.5	5.8	5.0
2.否	%	96.4	95.9	85.4	87.5	94.2	95.0
（六）是否接受过非农职业技能培训	—						
1.是	%	18.6	17.7	35.0	32.2	26.9	33.5
2.否	%	81.4	82.3	65.0	67.8	73.1	66.5
（七）参加医疗保险情况	—						
1.农村新型农村合作医疗	%	86.4	86.6	87.4	87.0	89.6	88.2
2.城镇医疗保险	%	4.9	5.1	5.8	6.5	4.9	7.0
3.商业医疗保险	%	1.3	0.9	2.8	3.3	0.5	0.7
4.其他医疗保险	%	1.3	1.3	0.8	1.3	1.2	1.7
5.没有参加任何医疗保险	%	6.4	6.2	5.2	4.7	4.3	4.7
（八）参加养老保险情况	—						
1.农村社会养老保险	%	4.9	10.8	32.8	35.4	57.8	54.6
2.城镇基本养老保险	%	7.9	7.4	8.3	10.7	9.1	12.7
3.商业养老保险	%	3.4	3.3	2.9	2.5	1.1	1.2
4.其他养老保险	%	3.0	3.4	2.9	2.8	3.3	2.2
5.没有参加任何养老保险	%	81.0	75.1	53.7	49.3	28.8	29.8

外出农民工从业情况

指标	单位	2009年	2010年	2011年	2012年	2013年	2014年
（一）外出从业人员	--						
其中: 1.整劳动力	%	91.0	89.5	88.0	88.5	85.0	84.5
2.半劳动力	%	9.0	10.5	12.0	11.5	15.0	15.5
其中：1.本年新外出的人数	%	16.4	14.1	20.7	12.8	22.1	11.7
2.上年外出从业过的人数	%	83.6	85.9	79.3	87.2	77.9	88.3
（二）外出地区	--						
1.本省	%	86.2	87.6	85.7	85.0	88.1	85.1
（1）乡外县内	%	25.6	28.7	26.5	27.2	34.9	29.7
（2）县外省内	%	60.6	58.9	59.2	57.8	53.2	55.4
2.省外	%	13.8	12.4	14.3	15.0	11.9	14.9
（三）输入地区	--						
（1）东部地区	%	93.6	93.7	93.4	92.6	94.6	94.8
北 京	%	1.8	2.0	2.5	2.2	2.8	3.5
天 津	%	1.0	0.5	0.5	0.6	0.2	0.7
河 北	%	0.8	0.8	1.2	2.4	1.5	2.7
辽 宁	%	86.2	87.6	85.7	85.0	88.1	85.1
上 海	%	0.5	0.5	0.5	0.3	0.6	0.8
江 苏	%	0.7	0.5	0.8	0.8	0.2	0.2
浙 江	%	0.5	0.5	0.5	0.3	0.3	0.3
福 建	%	0.0	0.2	0.2	0.2	0.3	0.2
山 东	%	1.1	0.6	1.5	0.5	0.5	0.6
广 东	%	1.0	0.6	0.2	0.3	0.2	0.6
海 南	%	0.0	0.0	0.0	0.0	0.0	0.0
（2）中部地区	%	2.6	1.9	2.9	3.2	2.2	2.7
山 西	%	0.3	0.3	0.0	0.0	0.3	0.6
吉 林	%	1.3	0.5	2.3	2.1	0.6	1.5
黑龙江	%	0.5	0.6	0.3	0.9	1.1	0.2
安 徽	%	0.3	0.0	0.0	0.0	0.0	0.0
江 西	%	0.0	0.0	0.0	0.0	0.0	0.2
河 南	%	0.2	0.3	0.0	0.2	0.2	0.0
湖 北	%	0.0	0.0	0.2	0.0	0.0	0.2

外出农民工从业情况（续表一）

指标	单位	2009年	2010年	2011年	2012年	2013年	2014年
湖 南	%	0.0	0.2	0.2	0.0	0.0	0.0
（3）西部地区	%	1.1	1.3	3.1	3.0	2.0	1.9
内蒙古	%	1.0	0.5	1.7	1.7	1.9	1.5
广 西	%	0.0	0.0	0.2	0.0	0.0	0.2
重 庆	%	0.0	0.0	0.0	0.0	0.2	0.1
四 川	%	0.0	0.2	0.3	0.3	0.0	0.0
贵 州	%	0.0	0.2	0.0	0.0	0.0	0.0
云 南	%	0.0	0.0	0.0	0.0	0.0	0.0
西 藏	%	0.0	0.0	0.2	0.0	0.0	0.0
陕 西	%	0.0	0.2	0.3	0.3	0.0	0.0
甘 肃	%	0.0	0.0	0.3	0.3	0.0	0.0
青 海	%	0.0	0.0	0.0	0.0	0.0	0.0
宁 夏	%	0.0	0.0	0.0	0.0	0.0	0.0
新 疆	%	0.2	0.3	0.2	0.3	0.0	0.2
（4）其他地区	%	2.6	3.1	0.6	1.3	1.2	0.6
（四）外出地区类型	--						
1.直辖市	%	3.6	3.1	4.8	3.9	4.5	5.8
2.省会城市	%	21.2	21.8	21.2	20.2	20.6	18.5
3.地级市	%	38.4	38.1	38.8	38.1	32.6	35.1
4.县级市	%	19.2	20.4	23.9	23.1	33.2	30.8
5.建制镇	%	8.9	8.6	9.2	10.4	4.9	7.0
6.其他地区	%	8.7	8.0	2.1	4.3	4.1	2.7
（五）外出方式	--						
1.政府（单位）组织	%	2.3	1.3	2.0	1.6	0.8	0.5
2.中介组织介绍	%	4.8	4.2	2.6	2.4	2.9	2.4
3.亲朋好友介绍	%	53.2	52.5	47.2	45.7	42.5	40.6
4.自发	%	36.3	36.4	43.1	47.2	51.6	49.6
5.其他	%	3.4	5.6	5.1	3.2	2.2	7.0
（六）外出从事行业	--						
1.第一产业	%	1.8	2.0	1.8	1.7	2.2	1.5
（1）农、林、牧、渔业	%	1.8	2.0	1.8	1.7	2.2	1.5

外出农民工从业情况（续表二）

指标	单位	2009年	2010年	2011年	2012年	2013年	2014年
2.第二产业	%	47.5	49.7	57.4	55.5	50.6	50.8
（2）采矿业	%	1.6	1.7	2.5	2.1	2.5	1.1
（3）制造业	%	22.7	21.2	27.1	25.3	20.2	23.5
（4）电力、燃气及水的生产和供应业	%	0.7	1.1	1.7	2.1	2.0	1.9
（5）建筑业	%	22.5	25.7	26.1	26.1	26.0	24.3
3.第三产业	%	50.7	48.3	40.8	42.8	47.2	47.8
（6）交通运输、仓储和邮政业	%	9.2	8.8	6.6	5.7	8.3	9.2
（7）信息传输、计算机服务和软件业	%	3.8	3.1	1.7	2.5	7.3	6.8
（8）批发和零售业	%	9.7	9.4	9.5	8.4	12.0	11.3
（9）住宿和餐饮业	%	10.2	10.7	8.9	10.3	2.8	3.2
（10）金融业	%	0.3	0.3	0.2	0.5	0.4	0.7
（11）房地产业	%	0.7	0.8	0.6	0.6	0.5	0.7
（12）租赁和商务服务业	%	0.8	0.8	1.1	1.3	0.3	0.3
（13）科学研究、技术服务和地质勘察业	%	0.0	0.0	0.8	0.5	0.0	0.0
（14）水利、环境和公共设施管理业	%	0.2	0.2	0.0	0.2	0.4	0.3
（15）居民服务和其他服务业	%	12.2	11.3	8.9	9.5	11.7	11.6
（16）教育	%	1.5	0.9	0.3	0.8	0.7	0.8
（17）卫生、社会保障和社会福利业	%	0.7	0.8	0.5	0.6	2.0	1.9
（18）文化、体育和娱乐业	%	0.7	0.5	1.4	1.4	0.8	0.6
（19）公共管理和社会组织	%	1.0	0.8	0.5	0.6	0.0	0.3
（20）国际组织	%	0.0	0.0	0.0	0.0	0.0	0.0
（七）外出从事的工作种类	--						
1.国家机关、党群组织、企业、事业单位负责人	%	1.1	0.9	1.2	1.3	0.4	0.3
2.专业技术人员	%	8.5	10.7	15.0	16.3	16.5	15.8
3.办事人员和有关人员	%	4.4	3.8	2.5	3.5	4.2	5.1
4.商业、服务业人员	%	28.7	27.0	27.0	25.6	24.3	25.2
5.农、林、牧、渔、水利业生产人员	%	1.3	1.7	1.8	1.4	2.3	1.6
6.生产、运输设备操作人员及有关人员	%	37.8	40.1	40.6	38.5	35.4	37.3
7.不便分类的其他从业人员	%	18.1	15.8	11.8	13.4	16.8	14.7
（八）外出从业住所类型	--						
1.单位宿舍	%	32.3	32.8	37.1	34.3	26.7	32.2
2.工地工棚	%	14.0	13.3	13.7	14.5	15.5	9.7

外出农民工从业情况（续表三）

指标	单位	2009年	2010年	2011年	2012年	2013年	2014年
3.生产经营场所	%	6.9	6.7	6.1	6.2	4.1	2.4
4.与人合租住房	%	12.5	12.2	10.6	10.6	12.0	11.2
5.独立租赁住房	%	10.2	10.5	6.3	7.0	7.7	5.9
6.务工地自购房	%	2.3	3.4	2.1	1.4	0.2	1.2
7.乡外从业但回家居住（老家）	%	16.3	15.8	19.2	21.6	31.1	35.2
8.其他	%	5.6	5.2	4.9	4.4	2.7	2.3
（九）外出从业时间	--						
1.从事这份工作的时间	月/人	32.5	35.1	28.6	29.4	40.4	41.1
其中：1年以下	%	33.5	23.0	34.7	28.6	28.0	23.1
1-2年	%	19.5	40.6	30.1	25.4	21.3	24.0
2-5年	%	34.2	25.2	24.2	36.5	29.2	31.6
5年及以上	%	12.8	11.1	11.0	9.5	21.6	21.3
2.每月平均工作的天数	天/人	26.9	26.8	26.3	25.9	25.7	25.8
3.每天平均工作的小时数	小时/人	9.1	9.2	8.9	8.9	8.9	8.8
其中：6小时以下	%	0.0	0.2	0.8	0.8	0.7	0.7
6-8小时	%	1.3	0.5	0.8	0.9	1.6	1.3
8-10小时	%	57.8	56.1	58.6	60.2	59.9	65.8
其中：8小时	%	54.0	49.8	53.2	57.8	50.8	58.2
10-12小时	%	31.2	33.4	36.2	32.5	32.6	28.0
12小时及以上	%	9.7	9.9	3.7	5.5	5.1	4.1
（十）外出收支情况	--						
1.总收入	元/人	16327.4	19316.3	23713.8	27240.4	30432.7	31459.2
2.月收入	元/人	1719.8	2127.6	2494.2	2779.7	3069.7	3132.0
其中：800元以下	%	5.7	1.6	0.9	0.8	0.6	0.9
800-1200元	%	25.9	16.6	7.1	3.3	1.1	0.8
1200-1600元	%	27.6	22.9	19.6	13.9	6.0	3.2
1600-2400元	%	23.8	28.4	28.1	28.4	12.3	11.2
2400-3000元	%	6.4	11.1	11.2	13.7	31.9	31.3
3000元及以上	%	10.5	19.4	33.1	39.8	48.0	52.6
3.生活消费总支出	元/人	4160.2	5117.0	5893.1	7310.6	7006.2	7847.3
4.每月平均居住支出	元/人	156.4	146.2	95.2	127.4	178.8	162.4

外出农民工社会保障与福利情况

指标	单位	2009年	2010年	2011年	2012年	2013年	2014年
（一）外出从业的劳动关系	--						
1.无固定期限劳动合同工	%	16.4	17.7	16.6	13.4	11.5	9.1
2.一年及以上劳动合同工	%	14.4	11.6	15.0	16.7	14.4	17.6
3.一年以下劳动合同工	%	2.1	1.6	4.8	3.9	2.5	1.1
4.没有劳动合同	%	61.7	61.4	59.0	62.6	67.7	67.1
5.自营	%	3.9	5.8	4.4	3.2	3.7	4.7
6.其他	%	1.3	1.9	0.2	0.2	0.3	0.4
（二）单位或雇主提供伙食情况	--						
1.每天提供三顿	%	34.1	35.8	38.4	32.2	28.6	31.2
2.每天提供两顿	%	6.4	5.9	6.4	7.0	6.3	4.2
3.每天提供一顿	%	17.3	18.3	25.9	26.5	20.6	24.0
4.不提供，但补贴部分伙食费	%	3.1	3.1	3.4	3.6	3.6	2.0
5.不提供，也没有补贴	%	39.0	36.8	25.9	30.7	40.8	38.6
（三）单位或雇主提供住宿情况	--						
1.提供住宿	%	54.6	47.2	64.1	58.5	48.5	47.4
2.不提供住宿，但住房有补贴	%	3.6	7.6	4.3	5.2	5.1	2.8
3.不提供住宿，也没有住房补贴	%	41.8	45.2	31.5	36.3	46.4	49.8
（四）单位或雇主拖欠工资情况	--						
1.被拖欠工资人数	%	3.3	3.1	2.4	2.6	4.3	4.9
2.不被拖欠工资人数	%	96.7	96.9	97.6	97.4	95.7	95.1
（五）单位或雇主上养老保险情况	--						
1.上养老保险	%	7.3	8.3	10.8	12.3	9.3	11.3

外出农民工社会保障与福利情况（续表一）

指标	单位	2009年	2010年	2011年	2012年	2013年	2014年
2.不上养老保险	%	88.0	88.8	85.7	85.8	90.7	88.7
3.不知道	%	4.7	2.9	3.5	2.0		
（六）单位或雇主上工伤保险情况	--						
1.上工伤保险	%	18.4	18.5	17.5	19.0	13.6	14.9
2.不上工伤保险	%	74.9	75.9	77.8	78.9	86.4	85.1
3.不知道	%	6.8	5.6	4.7	2.1		
（七）单位或雇主上医疗保险情况	--						
1.上医疗保险	%	13.5	13.6	13.0	13.9	11.1	12.0
2.不上医疗保险	%	79.9	81.3	82.8	84.5	88.9	88.0
3.不知道	%	6.6	5.1	4.2	1.6		
（八）单位或雇主上失业保险情况	--						
1.上失业保险	%	5.7	5.8	9.0	10.3	7.7	9.4
2.不上失业保险	%	86.8	89.5	86.3	87.6	92.3	90.6
3.不知道	%	7.5	4.8	4.7	2.1		
（九）单位或雇主上生育保险情况	--						
1.上生育保险	%	4.5	5.3	8.2	9.5	6.2	6.8
2.不上生育保险	%	87.0	90.0	87.1	88.1	93.8	93.2
3.不知道	%	8.5	4.8	4.7	2.5		
（十）单位或雇主缴纳住房公积金的情况	--						
1.上住房公积金	%	4.5	5.3	7.1	9.2	6.9	7.3
2.不上住房公积金	%	88.9	90.8	88.9	88.4	93.1	92.7
3.不知道	%	6.6	3.9	4.0	2.5		

按年龄分组的

指 标	单位	16-19岁	20-24岁	25-29岁
（一）性别	—			
1.男性	%	58.6	67.2	66.4
2.女性	%	41.4	32.8	33.6
（二）婚姻状况	—			
1.未婚	%	100.0	93.5	56.5
2.有配偶	%	0.0	6.4	42.0
3.离婚	%	0.0	0.0	1.5
4.丧偶	%	0.0	0.0	0.0
5.其他	%	0.0	0.0	0.0
（三）文化程度	—			
1.未上过学	%	0.0	0.0	0.6
2.小学	%	1.4	4.3	6.3
3.初中	%	74.7	61.4	61.8
4.高中	%	23.9	12.7	14.6
5.大学专科	%	0.0	14.4	8.3
6.大学本科	%	0.0	7.2	8.5
7.研究生	%	0.0	0.0	0.0
（四）是否接受过农业技术培训	—			
1.是	%	0.0	4.7	4.4
2.否	%	100.0	95.3	95.6
（五）是否接受过非农职业技能培训	—			
1.是	%	36.3	38.5	34.6
2.否	%	63.7	61.5	65.4
（六）参加医疗保险情况	—			
1.新型农村合作医疗	%	99.7	84.9	83.9
2.城镇职工基本医疗保险	%	3.2	6.9	7.2
3.(城镇)居民基本医疗保险	%	0.0	0.5	0.1
4.公费医疗	%	0.0	0.0	0.0
5.商业医疗保险	%	0.0	1.5	0.0
6.其他医疗保险	%	0.0	2.8	1.8
7.没有参加任何医疗保险	%	0.3	6.7	8.4
（七）参加养老保险情况	—			
1.新型农村社会养老保险	%	48.2	44.1	51.9
2.城镇职工基本养老保险	%	3.2	12.8	12.1
3.（城镇）居民社会养老保险	%	0.0	1.6	2.8
4.商业养老保险	%	2.3	2.2	0.6
5.其他养老保险	%	0.0	3.1	2.3
6.没有参加任何养老保险	%	46.3	36.9	30.4

农民工基本情况

30-34岁	35-40岁	41-50岁	51-60岁	61-65岁	66岁以上
69.7	63.7	68.5	75.0	69.3	92.0
30.3	36.3	31.5	25.0	30.7	8.0
17.1	1.3	1.2	1.1	0.0	0.0
75.3	94.2	95.8	95.6	94.3	91.1
5.7	4.5	2.4	1.4	3.2	0.0
1.8	0.0	0.6	1.8	2.5	8.9
0.0	0.0	0.0	0.0	0.0	0.0
0.0	0.4	0.0	1.1	0.4	5.1
6.2	9.2	11.5	24.2	28.9	52.8
79.3	79.8	79.6	59.7	57.6	42.1
5.4	7.6	8.0	11.2	11.8	0.0
6.4	2.4	0.8	3.8	1.3	0.0
1.9	0.5	0.1	0.0	0.0	0.0
0.8	0.0	0.0	0.0	0.0	0.0
6.3	9.8	5.9	5.9	5.0	0.0
93.7	90.2	94.1	94.1	95.0	100.0
33.4	28.7	24.5	23.4	13.7	17.3
66.6	71.3	75.5	76.6	86.3	82.7
86.8	87.1	89.5	81.4	81.4	89.1
7.5	7.4	4.2	10.3	14.5	10.9
0.9	4.9	4.4	5.6	3.5	0.0
0.0	0.0	0.0	0.0	0.0	0.0
0.0	1.8	0.9	1.6	0.5	0.0
0.8	0.0	0.8	0.0	0.0	0.0
5.1	0.9	1.4	3.1	0.6	0.0
47.2	44.6	61.2	55.5	66.2	77.6
10.5	13.8	10.8	14.3	15.1	15.7
0.4	4.7	3.9	5.2	6.2	0.0
0.0	2.1	1.0	0.7	2.4	0.0
3.0	1.4	1.4	4.6	6.1	6.7
38.8	33.4	22.6	20.1	7.0	0.0

按年龄分组的

指　标	单位	16-19岁	20-24岁	25-29岁
（一）农民工	—			
其中：1.整劳动力	%	81.1	100.0	100.0
2.半劳动力	%	18.9	0.0	0.0
（二）从业地区	—			
1.乡内	%	18.5	13.4	29.2
2.县内乡外	%	10.0	18.3	15.7
3.省内县外	%	52.3	57.5	40.5
4.国内省外	%	19.1	10.1	12.9
5.国外	%	0.0	0.7	1.6
（三）从事的行业	—			
1.第一产业	%	0.0	0.0	0.0
（1）农、林、牧、渔业	%	0.0	0.0	0.0
2.第二产业	%	33.1	40.6	42.6
（2）采矿业	%	0.0	1.4	1.8
（3）制造业	%	21.8	27.1	27.2
（4）电力、燃气及水的生产和供应业	%	4.3	1.3	1.8
（5）建筑业	%	6.9	10.7	11.8
3.第三产业	%	66.9	59.4	57.4
（6）交通运输、仓储和邮政业	%	8.0	8.1	19.4
（7）信息传输、计算机服务和软件业	%	2.3	3.7	10.0
（8）批发和零售业	%	22.7	20.9	8.9
（9）住宿和餐饮业	%	3.9	3.0	3.6
（10）金融业	%	0.0	0.8	1.9
（11）房地产业	%	0.0	2.2	0.5
（12）租赁和商务服务业	%	1.7	0.0	0.0
（13）科学研究、技术服务和地质勘察业	%	0.0	0.0	0.0
（14）水利、环境和公共设施管理业	%	0.0	0.6	0.0
（15）居民服务和其他服务业	%	24.2	15.8	7.3
（16）教育	%	1.9	1.5	1.0
（17）卫生、社会保障和社会福利业	%	0.0	1.4	2.7
（18）文化、体育和娱乐业	%	2.2	0.0	0.1
（19）公共管理和社会组织	%	0.0	1.3	1.9
（20）国际组织	%	0.0	0.0	0.0
（四）工作种类	—			
1.国家机关、党群组织、企业、事业单位负责人	%	0.0	0.8	0.0
2.专业技术人员	%	9.0	13.2	20.6
3.办事人员和有关人员	%	4.1	8.7	7.1
4.商业、服务业人员	%	40.9	38.4	29.1
5.农、林、牧、渔、水利业生产人员	%	0.0	0.6	0.0
6.生产、运输设备操作人员及有关人员	%	29.7	28.6	33.4
7.不便分类的其他从业人员	%	16.3	9.7	9.7
（五）从业时间	—			
1.本地非农自营	月		6.0	8.1
2.本地非农务工	月	8.2	8.4	9.2
3.外出从业	月	9.4	9.7	9.9
（六）从业收入	—			
1.本地非农自营	元		27810	18720
2.本地非农务工	元	17698	17486	21663
3.外出从业	元	22828	28348	32976
其中：寄回带回	元	4258	8804	13717

农民工从业情况

30-34岁	35-40岁	41-50岁	51-60岁	61-65岁	66岁以上
100.0	100.0	84.6	0.0	0.0	0.0
0.0	0.0	15.4	100.0	100.0	100.0
44.9	69.6	67.7	70.9	79.9	100.0
20.7	10.9	12.1	11.8	7.9	0.0
27.0	15.5	15.5	15.0	10.2	0.0
7.3	4.0	4.7	2.3	2.0	0.0
0.0	0.0	0.0	0.0	0.0	0.0
1.5	2.2	0.5	0.5	0.0	0.0
1.5	2.2	0.5	0.5	0.0	0.0
49.6	51.7	53.4	54.8	44.8	38.5
3.5	3.9	5.0	6.1	3.7	0.0
28.0	29.2	24.0	24.9	23.6	28.9
1.9	4.7	2.3	2.0	0.0	4.9
16.2	13.9	22.1	21.8	17.6	4.8
48.9	46.1	46.1	44.7	55.2	61.5
12.2	13.4	16.7	14.9	24.2	21.0
14.3	11.5	12.0	7.8	5.5	0.0
3.5	7.4	3.0	6.8	2.6	7.1
1.4	1.0	1.2	0.0	0.0	0.0
0.0	0.0	0.3	0.0	0.0	0.0
0.0	0.0	0.0	0.0	0.0	0.0
0.8	0.1	0.6	0.0	0.0	0.0
0.0	0.0	0.3	0.5	0.0	0.0
0.0	0.7	0.5	0.1	0.6	0.0
9.6	5.0	9.5	8.1	16.1	20.6
2.4	0.8	1.5	1.7	1.3	6.7
3.9	3.5	0.4	1.7	4.9	0.0
0.8	1.1	0.0	0.5	0.0	0.0
0.0	1.7	0.2	2.6	0.0	6.0
0.0	0.0	0.0	0.0	0.0	0.0
0.5	0.0	0.8	1.4	0.0	0.0
21.8	10.2	9.6	5.6	5.1	6.3
7.7	12.5	6.3	7.7	8.3	32.2
16.5	22.2	23.2	27.1	40.0	28.9
0.9	2.2	1.2	0.8	0.0	0.0
38.9	44.8	44.3	43.7	33.9	0.0
13.8	8.1	14.5	13.6	12.7	32.6
8.7	10.5	9.0	9.2	10.3	10.1
8.4	8.5	8.9	8.7	8.3	11.1
9.6	8.9	8.4	8.9	8.5	1.0
46345	40237	49872	35524	14371	7743
23168	22985	25707	20115	16287	15422
32695	32880	32254	32382	31830	1100
19167	26612	26474	27487	27652	1000

按年龄分组的本地

指 标	单位	16-19岁	20-24岁	25-29岁
(一)性别	—			
1.男性	%	55.5	69.1	66.6
2.女性	%	44.5	30.9	33.4
(二)婚姻状况	—			
1.未婚	%	100.0	65.1	30.0
2.有配偶	%	0.0	34.9	65.6
3.离婚	%	0.0	0.0	4.4
4.丧偶	%	0.0	0.0	0.0
5.其他	%	0.0	0.0	0.0
(三)文化程度	—			
1.未上过学	%	0.0	0.0	0.0
2.小学	%	0.0	11.1	14.7
3.初中	%	77.7	82.0	67.1
4.高中	%	22.3	4.4	7.7
5.大学专科	%	0.0	2.5	7.0
6.大学本科	%	0.0	0.0	3.6
7.研究生	%	0.0	0.0	0.0
(四)是否接受过农业技术培训	—			
1.是	%	0.0	8.6	10.8
2.否	%	100.0	91.4	89.2
(五)是否接受过非农职业技能培训	—			
1.是	%	0.0	25.1	29.3
2.否	%	100.0	74.9	70.7
(六)参加医疗保险情况	—			
1.新型农村合作医疗	%	98.4	91.7	87.8
2.城镇职工基本医疗保险	%	0.0	5.4	2.2
3.(城镇)居民基本医疗保险	%	0.0	2.8	0.2
4.公费医疗	%	0.0	0.0	0.0
5.商业医疗保险	%	0.0	0.0	0.0
6.其他医疗保险	%	0.0	0.0	0.0
7.没有参加任何医疗保险	%	1.6	0.0	9.9
(七)参加养老保险情况	—			
1.新型农村社会养老保险	%	26.2	52.7	58.3
2.城镇职工基本养老保险	%	0.0	7.9	2.9
3.(城镇)居民社会养老保险	%	0.0	6.5	4.6
4.商业养老保险	%	0.0	5.7	0.0
5.其他养老保险	%	0.0	0.0	1.2
6.没有参加任何养老保险	%	73.8	27.2	33.0

农民工基本情况

30-34岁	35-40岁	41-50岁	51-60岁	61-65岁	66岁以上
62.8	62.7	64.5	71.3	64.3	92.0
37.2	37.3	35.5	28.7	35.7	8.0
8.5	1.1	1.5	0.7	0.0	0.0
83.7	97.4	95.6	95.6	92.9	91.1
6.2	1.5	2.4	1.2	4.0	0.0
1.6	0.0	0.6	2.5	3.1	8.9
0.0	0.0	0.0	0.0	0.0	0.0
0.0	0.6	0.0	1.5	0.6	5.1
6.7	8.4	11.0	21.7	32.2	52.8
81.5	80.4	77.3	60.6	52.4	42.1
3.2	7.6	10.4	10.8	14.8	0.0
7.5	3.0	1.2	5.3	0.0	0.0
1.0	0.0	0.1	0.0	0.0	0.0
0.1	0.0	0.0	0.0	0.0	0.0
5.5	9.2	6.0	5.4	3.7	0.0
94.5	90.8	94.0	94.6	96.3	100.0
32.2	31.0	24.0	19.6	15.5	17.3
67.8	69.0	76.0	80.4	84.5	82.7
88.9	84.0	87.3	77.8	81.9	89.1
6.2	8.1	5.5	13.9	13.0	10.9
1.2	7.1	5.0	6.1	4.3	0.0
0.0	0.0	0.0	0.0	0.0	0.0
0.0	2.6	1.2	1.3	0.6	0.0
0.0	0.0	0.4	0.0	0.0	0.0
3.7	0.9	1.8	2.1	0.8	0.0
48.0	39.6	57.0	50.6	71.0	77.6
5.4	14.2	13.3	18.5	13.8	15.7
0.3	6.7	4.6	6.3	2.0	0.0
0.0	2.4	1.0	0.3	3.0	0.0
3.6	1.6	1.5	5.5	6.8	6.7
42.7	35.6	23.4	19.2	6.3	0.0

按年龄分组的本地

指 标	单位	16-19岁	20-24岁	25-29岁
（一）从事的行业	—			
1.第一产业	%	0.0	0.0	0.0
（1）农、林、牧、渔业	%	0.0	0.0	0.0
2.第二产业	%	52.5	63.0	42.3
（2）采矿业	%	0.0	10.8	4.1
（3）制造业	%	40.4	26.7	30.3
（4）电力、燃气及水的生产和供应业	%	12.1	2.5	0.0
（5）建筑业	%	0.0	23.0	7.9
3.第三产业	%	47.5	37.0	57.7
（6）交通运输、仓储和邮政业	%	1.0	13.6	28.9
（7）信息传输、计算机服务和软件业	%	0.0	12.1	9.6
（8）批发和零售业	%	19.1	11.2	4.7
（9）住宿和餐饮业	%	0.0	0.0	0.0
（10）金融业	%	0.0	0.0	0.0
（11）房地产业	%	0.0	0.0	0.0
（12）租赁和商务服务业	%	0.0	0.0	0.0
（13）科学研究、技术服务和地质勘察业	%	0.0	0.0	0.0
（14）水利、环境和公共设施管理业	%	0.0	0.0	0.0
（15）居民服务和其他服务业	%	17.3	0.0	6.1
（16）教育	%	10.2	0.0	1.9
（17）卫生、社会保障和社会福利业	%	0.0	0.0	0.0
（18）文化、体育和娱乐业	%	0.0	0.0	0.0
（19）公共管理和社会组织	%	0.0	0.0	6.6
（20）国际组织	%	0.0	0.0	0.0
（二）工作种类	—			
1.国家机关、党群组织、企业、事业单位负责人	%	0.0	0.0	0.0
2.专业技术人员	%	17.3	6.2	8.2
3.办事人员和有关人员	%	10.0	5.5	11.9
4.商业、服务业人员	%	30.3	14.8	28.2
5.农、林、牧、渔、水利业生产人员	%	0.0	0.0	0.0
6.生产、运输设备操作人员及有关人员	%	42.5	69.1	36.6
7.不便分类的其他从业人员	%	0.0	4.4	15.1

农民工从业情况

30-34岁	35-40岁	41-50岁	51-60岁	61-65岁	66岁以上
0.0	0.0	0.0	0.0	0.0	0.0
0.0	0.0	0.0	0.0	0.0	0.0
45.3	50.0	46.4	50.5	41.2	38.5
4.3	5.1	6.8	7.7	4.6	0.0
29.2	29.4	26.3	28.4	26.1	28.9
4.3	5.1	2.7	2.0	0.0	4.9
7.5	10.5	10.6	12.4	10.4	4.8
54.7	50.0	53.6	49.5	58.8	61.5
14.0	15.3	21.4	19.8	26.8	21.0
21.4	13.6	14.4	6.8	6.9	0.0
2.1	6.1	3.0	6.2	3.3	7.1
0.0	0.7	0.0	0.0	0.0	0.0
0.0	0.0	0.4	0.0	0.0	0.0
0.0	0.0	0.0	0.0	0.0	0.0
0.0	0.1	0.9	0.0	0.0	0.0
0.0	0.0	0.4	0.6	0.0	0.0
0.0	1.0	0.4	0.2	0.8	0.0
10.7	6.0	9.7	6.8	14.9	20.6
3.0	0.5	2.2	2.3	0.0	6.7
3.6	3.5	0.5	2.4	6.1	0.0
0.0	0.7	0.0	0.7	0.0	0.0
0.0	2.5	0.2	3.7	0.0	6.0
0.0	0.0	0.0	0.0	0.0	0.0
1.0	0.0	1.2	1.5	0.0	0.0
17.9	9.1	8.1	5.4	2.3	6.3
13.7	16.0	8.0	9.5	7.3	32.2
16.3	25.0	28.5	32.0	40.6	28.9
0.0	0.0	1.1	0.0	0.0	0.0
42.1	43.0	42.6	39.0	39.1	0.0
9.0	6.9	10.4	12.6	10.7	32.6

按年龄分组的外出

指 标	单位	16-19岁	20-24岁	25-29岁
（一）性别	—			
1.男性	%	59.3	66.9	66.4
2.女性	%	40.7	33.1	33.6
（二）婚姻状况	—			
1.未婚	%	100.0	97.9	67.6
2.有配偶	%	0.0	2.1	32.2
3.离婚	%	0.0	0.0	0.2
4.丧偶	%	0.0	0.0	0.0
5.其他	%	0.0	0.0	0.0
（三）文化程度	—			
1.未上过学	%	0.0	0.0	0.8
2.小学	%	1.7	3.2	2.8
3.初中	%	74.0	58.3	59.5
4.高中	%	24.2	14.0	17.4
5.大学专科	%	0.0	16.3	8.9
6.大学本科	%	0.0	8.3	10.5
7.研究生	%	0.0	0.0	0.0
（四）是否接受过农业技术培训	—			
1.是	%	0.0	4.2	1.7
2.否	%	100.0	95.8	98.3
（五）是否接受过非农职业技能培训	—			
1.是	%	44.6	40.5	36.9
2.否	%	55.4	59.5	63.1
（六）参加医疗保险情况	—			
1.新型农村合作医疗	%	100.0	83.8	82.2
2.城镇职工基本医疗保险	%	4.0	7.1	9.3
3.(城镇)居民基本医疗保险	%	0.0	0.1	0.1
4.公费医疗	%	0.0	0.0	0.0
5.商业医疗保险	%	0.0	1.7	0.0
6.其他医疗保险	%	0.0	3.3	2.5
7.没有参加任何医疗保险	%	0.0	7.8	7.8
（七）参加养老保险情况	—			
1.新型农村社会养老保险	%	53.2	42.7	49.2
2.城镇职工基本养老保险	%	4.0	13.6	15.9
3.（城镇）居民社会养老保险	%	0.0	0.8	2.0
4.商业养老保险	%	2.8	1.6	0.8
5.其他养老保险	%	0.0	3.6	2.7
6.没有参加任何养老保险	%	40.1	38.3	29.3

农民工基本情况

30-34岁	35-40岁	41-50岁	51-60岁	61-65岁	66岁以上
75.4	66.2	77.0	84.0	89.0	
24.6	33.8	23.0	16.0	11.0	
24.1	1.7	0.5	2.3	0.0	
68.5	86.9	96.2	95.6	100.0	
5.4	11.4	2.5	1.9	0.0	
2.0	0.0	0.8	0.2	0.0	
0.0	0.0	0.0	0.0	0.0	
0.0	0.0	0.0	0.0	0.0	
5.7	11.1	12.7	30.3	15.6	
77.5	78.6	84.3	57.4	78.0	
7.3	7.8	2.9	12.2	0.0	
5.4	0.9	0.1	0.2	6.3	
2.7	1.6	0.0	0.0	0.0	
1.4	0.0	0.0	0.0	0.0	
7.0	11.3	5.6	7.0	9.7	
93.0	88.7	94.4	93.0	90.3	
34.4	23.3	25.6	32.7	6.3	
65.6	76.7	74.4	67.3	93.7	
85.1	94.3	94.1	90.1	79.5	
8.5	5.6	1.4	1.4	20.5	
0.7	0.0	3.2	4.2	0.0	
0.0	0.0	0.0	0.0	0.0	
0.0	0.0	0.4	2.3	0.0	
1.5	0.0	1.7	0.0	0.0	
6.2	1.0	0.4	5.6	0.0	
46.6	56.2	70.1	67.3	46.9	
14.7	12.8	5.6	4.0	20.5	
0.5	0.0	2.4	2.4	22.8	
0.0	1.6	0.9	1.7	0.0	
2.5	1.1	1.1	2.3	3.4	
35.7	28.3	21.1	22.3	9.7	

按年龄分组的外出

指 标	单位	16-19岁	20-24岁	25-29岁
（一）外出从业人员	--			
其中: 1.整劳动力	%	77.0	100.0	100.0
2.半劳动力	%	23.0	0.0	0.0
其中：1.本年新外出的人数	%	20.6	12.5	6.4
2.上年外出从业过的人数	%	79.4	87.5	93.6
（二）外出地区	--			
1.本省	%	76.6	87.5	79.4
（1）乡外县内	%	12.3	21.1	22.7
（2）县外省内	%	64.3	66.3	56.7
2.省外	%	23.4	12.5	20.6
（三）输入地区	--			
（1）东部地区	%	100.0	97.6	94.4
北 京	%	18.2	3.2	6.3
天 津	%	0.0	1.0	1.6
河 北	%	2.4	0.6	3.5
辽 宁	%	76.6	87.5	79.4
上 海	%	2.8	1.5	0.9
江 苏	%	0.0	0.0	0.8
浙 江	%	0.0	0.0	1.1
福 建	%	0.0	0.0	0.9
山 东	%	0.0	2.3	0.0
广 东	%	0.0	1.5	0.0
海 南	%	0.0	0.0	0.0
（2）中部地区	%	0.0	1.1	2.4
山 西	%	0.0	0.0	2.4
吉 林	%	0.0	0.4	0.0
黑龙江	%	0.0	0.0	0.0
安 徽	%	0.0	0.0	0.0
江 西	%	0.0	0.0	0.0
河 南	%	0.0	0.0	0.0
湖 北	%	0.0	0.7	0.0
湖 南	%	0.0	0.0	0.0

农民工从业情况

30-34岁	35-40岁	41-50岁	51-60岁	61-65岁	66岁以上
100.0	100.0	91.0	0.0	0.0	
0.0	0.0	9.0	100.0	100.0	
14.2	6.1	12.4	15.0	9.7	
85.8	93.9	87.6	85.0	90.3	
86.7	86.6	85.4	92.1	89.9	
37.6	35.1	37.4	40.4	39.4	
49.0	51.5	47.9	51.7	50.5	
13.3	13.4	14.6	7.9	10.1	
92.5	93.5	91.5	96.2	100.0	
2.7	2.0	0.0	0.0	0.0	
0.0	0.0	0.0	1.5	0.0	
1.2	4.9	3.5	2.6	10.1	
86.7	86.6	85.4	92.1	89.9	
0.0	0.0	0.9	0.0	0.0	
0.0	0.0	0.0	0.0	0.0	
0.0	0.0	0.6	0.0	0.0	
0.0	0.0	0.0	0.0	0.0	
0.0	0.0	0.8	0.0	0.0	
1.9	0.0	0.4	0.0	0.0	
0.0	0.0	0.0	0.0	0.0	
3.3	2.9	5.3	2.3	0.0	
0.0	1.1	0.0	0.0	0.0	
2.5	0.9	5.0	0.0	0.0	
0.8	0.0	0.3	0.0	0.0	
0.0	0.0	0.0	0.0	0.0	
0.0	0.0	0.0	2.3	0.0	
0.0	0.0	0.0	0.0	0.0	
0.0	0.9	0.0	0.0	0.0	
0.0	0.0	0.0	0.0	0.0	

按年龄分组的外出

指 标	单位	16-19岁	20-24岁	25-29岁
（3）西部地区	%	0.0	0.5	0.9
内蒙古	%	0.0	0.0	0.9
广 西	%	0.0	0.0	0.0
重 庆	%	0.0	0.5	0.0
四 川	%	0.0	0.0	0.0
贵 州	%	0.0	0.0	0.0
云 南	%	0.0	0.0	0.0
西 藏	%	0.0	0.0	0.0
陕 西	%	0.0	0.0	0.0
甘 肃	%	0.0	0.0	0.0
青 海	%	0.0	0.0	0.0
宁 夏	%	0.0	0.0	0.0
新 疆	%	0.0	0.0	0.0
（4）其他地区	%	0.0	0.8	2.3
（四）外出地区类型	--			
1.直辖市	%	17.0	6.2	7.5
2.省会城市	%	12.3	30.5	23.2
3.地级市	%	43.2	36.1	32.4
4.县级市	%	24.4	19.5	28.9
5.建制镇	%	3.1	5.4	5.4
6.村委会	%	0.0	0.4	0.3
7.其他地区		0.0	1.9	2.3
（五）外出方式	--			
1.政府（单位）组织	%	0.0	2.5	0.0
2.中介组织介绍	%	0.0	2.5	5.1
3.亲朋好友介绍	%	44.4	38.7	33.8
4.自发	%	53.2	47.2	53.5
5.其他	%	2.4	9.1	7.7
（六）外出从事行业	--			
1.第一产业	%	0.0	0.0	0.0
（1）农、林、牧、渔业	%	0.0	0.0	0.0
2.第二产业	%	32.2	37.1	42.1

农民工从业情况（续表一）

30-34岁	35-40岁	41-50岁	51-60岁	61-65岁	66岁以上
4.2	3.6	3.2	1.6	0.0	
2.8	3.6	3.2	0.0	0.0	
1.4	0.0	0.0	0.0	0.0	
0.0	0.0	0.0	0.0	0.0	
0.0	0.0	0.0	0.0	0.0	
0.0	0.0	0.0	0.0	0.0	
0.0	0.0	0.0	0.0	0.0	
0.0	0.0	0.0	0.0	0.0	
0.0	0.0	0.0	0.0	0.0	
0.0	0.0	0.0	0.0	0.0	
0.0	0.0	0.0	0.0	0.0	
0.0	0.0	0.0	0.0	0.0	
0.0	0.0	0.0	1.6	0.0	
0.0	0.0	0.0	0.0	0.0	
3.9	2.0	4.4	4.1	0.0	
19.4	15.0	9.9	9.8	11.0	
33.0	34.5	34.7	35.8	46.2	
33.2	33.5	42.3	34.7	22.8	
7.3	11.5	7.0	11.6	6.3	
3.2	1.9	1.5	4.1	13.6	
0.0	1.7	0.3	0.0	0.0	
0.0	0.0	0.0	0.1	0.0	
2.9	2.1	1.1	0.7	0.0	
32.5	46.3	45.7	48.8	49.3	
54.3	41.2	49.8	46.2	44.4	
10.3	10.5	3.4	4.1	6.3	
2.8	7.2	1.6	1.8	0.0	
2.8	7.2	1.6	1.8	0.0	
53.1	55.7	67.3	64.0	65.6	

按年龄分组的外出

指 标	单位	16-19岁	20-24岁	25-29岁
（2）采矿业	%	0.0	0.0	0.9
（3）制造业	%	21.1	27.2	25.2
（4）电力、燃气及水的生产和供应业	%	2.6	1.1	2.5
（5）建筑业	%	8.5	8.8	13.4
3.第三产业	%	67.8	62.9	57.9
（6）交通运输、仓储和邮政业	%	9.5	6.5	16.1
（7）信息传输、计算机服务和软件业	%	2.8	2.4	10.1
（8）批发和零售业	%	23.5	22.4	10.7
（9）住宿和餐饮业	%	4.8	3.4	5.1
（10）金融业	%	0.0	0.9	2.7
（11）房地产业	%	0.0	2.6	0.7
（12）租赁和商务服务业	%	2.1	0.0	0.0
（13）科学研究、技术服务和地质勘察业	%	0.0	0.0	0.0
（14）水利、环境和公共设施管理业	%	0.0	0.7	0.0
（15）居民服务和其他服务业	%	22.4	19.0	7.8
（16）教育	%	0.0	1.7	0.6
（17）卫生、社会保障和社会福利业	%	0.0	1.6	3.9
（18）文化、体育和娱乐业	%	2.8	0.0	0.2
（19）公共管理和社会组织	%	0.0	1.5	0.0
（20）国际组织	%	0.0	0.0	0.0
（七）外出从事的工作种类	--			
1.国家机关、党群组织、企业、事业单位负责人	%	0.0	0.9	0.0
2.专业技术人员	%	7.1	14.3	25.1
3.办事人员和有关人员	%	6.2	9.2	5.1
4.商业、服务业人员	%	39.8	41.3	30.2
5.农、林、牧、渔、水利业生产人员	%	0.0	0.7	0.0
6.生产、运输设备操作人员及有关人员	%	26.8	23.1	32.1
7.不便分类的其他从业人员	%	20.0	10.5	7.5
（八）外出从业住所类型	--			
1.单位宿舍	%	57.8	46.0	41.5
2.工地工棚	%	0.0	7.3	3.6
3.生产经营场所	%	8.5	2.7	2.2

农民工从业情况（续表二）

30-34岁	35-40岁	41-50岁	51-60岁	61-65岁	66岁以上
2.9	1.2	1.2	2.3	0.0	
27.0	28.7	19.1	16.4	13.4	
0.0	3.9	1.6	2.1	6.3	
23.2	21.9	45.4	43.3	45.9	
44.1	37.0	31.1	34.2	34.4	
10.8	9.2	6.9	3.0	13.6	
8.5	6.4	6.8	10.2	0.0	
4.6	10.4	3.8	8.5	0.0	
2.5	1.5	3.6	0.2	0.0	
0.0	0.0	0.0	0.0	0.0	
0.0	0.0	0.0	0.0	0.0	
1.4	0.0	0.0	0.0	0.0	
0.0	0.0	0.0	0.0	0.0	
0.0	0.0	0.9	0.0	0.0	
8.7	2.5	9.1	12.3	20.7	
1.9	1.7	0.0	0.0	0.0	
4.1	3.5	0.0	0.0	0.0	
1.5	1.9	0.0	0.0	0.0	
0.0	0.0	0.0	0.0	0.0	
0.0	0.0	0.0	0.0	0.0	
0.0	0.0	0.0	1.2	0.0	
24.9	13.0	11.9	6.2	16.1	
2.8	4.3	2.7	3.5	12.3	
16.7	15.8	12.9	15.1	37.5	
1.7	7.2	1.5	2.9	0.0	
36.2	49.0	48.0	54.9	13.4	
17.6	10.8	23.0	16.2	20.7	
24.6	28.0	15.1	20.7	9.7	
6.7	9.5	17.9	17.1	26.4	
1.1	0.0	1.7	3.4	0.0	

按年龄分组的外出

指　标	单位	16-19岁	20-24岁	25-29岁
4.与人合租住房	%	18.8	21.4	20.5
5.独立租赁住房	%	11.8	3.4	7.3
6.务工地自购房	%	0.0	3.4	0.7
7.乡外从业但回家居住（老家）	%	0.0	12.4	22.8
8.其他	%	3.0	3.4	1.3
（九）外出从业时间	--			
1.从事这份工作的时间	月/人	18.9	22.5	35.5
其中：1年以下	%	32.4	30.0	22.8
1-2年	%	30.6	35.8	19.9
2-5年	%	37.0	29.9	44.1
5年及以上	%	0.0	4.3	13.2
2.每月平均工作的天数	天/人	25.8	25.8	26.1
3.每天平均工作的小时数	小时/人	8.5	8.6	8.5
其中：6小时以下	%	0.0	0.0	0.0
6-8小时	%	5.1	1.0	0.2
8-10小时	%	70.5	71.5	79.5
其中：8小时	%	65.8	66.3	72.7
10-12小时	%	19.8	26.9	19.0
12小时及以上	%	4.6	0.7	1.3
（十）外出收支情况	--			
1.总收入	元/人	22828	28348	33154
2.月收入	元/人	2339	2800	3162
其中：800元以下	%	0.0	0.2	0.0
800-1000元	%	3.5	0.8	0.0
1000-1500元	%	3.0	2.0	1.7
1500-2000元	%	24.8	12.0	8.2
2000-3000元	%	39.3	38.7	31.6
3000-5000元	%	25.9	38.9	45.1
5000元及以上		3.5	7.3	13.4
3.生活消费总支出	元/人	11711	12337	9979
4.每月平均居住支出	元/人	255	150	266

农民工从业情况（续表三）

30-34岁	35-40岁	41-50岁	51-60岁	61-65岁	66岁以上
5.2	0.9	3.1	1.8	0.0	
11.2	4.0	6.3	0.0	0.0	
2.7	0.0	0.0	0.0	0.0	
47.4	56.0	54.3	53.4	52.8	
1.2	1.7	1.6	3.6	11.0	
45.2	43.5	59.3	59.7	33.5	
18.9	9.7	23.4	19.9	23.9	
25.4	21.1	18.3	17.0	22.3	
24.8	43.9	22.6	23.8	30.4	
30.9	25.3	35.6	39.3	23.4	
25.4	26.1	25.7	25.7	26.2	
8.8	9.0	9.1	8.9	9.9	
1.4	0.0	1.0	3.1	0.0	
3.0	2.6	0.8	0.0	0.0	
65.2	56.3	54.6	60.6	33.4	
58.4	49.2	46.4	44.0	33.4	
23.5	34.8	37.5	31.6	42.7	
6.8	6.3	6.0	4.7	23.9	
32695	31582	33727	33246	32989	
3279	3161	3513	3246	3228	
3.1	0.0	1.0	2.9	0.0	
0.0	0.0	0.3	3.2	0.0	
4.2	3.3	4.7	2.6	16.1	
9.7	5.7	10.7	14.8	10.1	
27.9	37.2	22.9	27.0	28.5	
37.8	37.8	40.0	35.8	22.0	
17.3	16.0	20.4	13.7	23.4	
7323	4010	4401	3448	3465	
163	84	110	109	84	

按年龄分组的外出农民

指　标	单位	16-19岁	20-24岁	25-29岁
（一）外出从业的劳动关系	--			
1.无固定期限劳动合同工	%	5.5	9.9	14.8
2.一年及以上劳动合同工	%	15.0	25.3	29.0
3.一年以下劳动合同工	%	2.1	0.8	1.0
4.没有劳动合同	%	73.9	62.6	49.9
5.自营	%	3.5	1.4	5.3
6.其他	%	0.0	0.0	0.0
（二）单位或雇主提供伙食情况	--			
1.每天提供三顿	%	55.3	39.4	29.0
2.每天提供两顿	%	8.3	7.8	3.1
3.每天提供一顿	%	15.6	24.8	34.3
4.不提供，但补贴部分伙食费	%	0.0	2.3	2.6
5.不提供，也没有补贴	%	20.8	25.7	31.0
（三）单位或雇主提供住宿情况	--			
1.提供住宿	%	69.5	59.6	47.1
2.不提供住宿，但住房有补贴	%	2.6	4.0	1.4
3.不提供住宿，也没有住房补贴	%	27.8	36.4	51.5
（四）单位或雇主拖欠工资情况	--			
1.被拖欠工资人数	%	2.8	3.1	1.4
2.不被拖欠工资人数	%	97.2	96.9	98.6
（五）单位或雇主上养老保险情况	--			
1.上养老保险	%	8.3	14.4	18.8
2.不上养老保险	%	91.7	85.6	81.2
（六）单位或雇主上工伤保险情况	--			
1.上工伤保险	%	8.3	21.1	19.6
2.不上工伤保险	%	91.7	78.9	80.4
（七）单位或雇主上医疗保险情况	--			
1.上医疗保险	%	8.3	17.4	19.7
2.不上医疗保险	%	91.7	82.6	80.3
（八）单位或雇主上失业保险情况	--			
1.上失业保险	%	5.7	13.0	14.5
2.不上失业保险	%	94.3	87.0	85.5
（九）单位或雇主上生育保险情况	--			
1.上生育保险	%	5.7	9.4	13.0
2.不上生育保险	%	94.3	90.6	87.0
（十）单位或雇主缴纳住房公积金的情况	--			
1.上住房公积金	%	4.3	12.0	11.7
2.不上住房公积金	%	95.7	88.0	88.3

工社会保障与福利情况

30-34岁	35-40岁	41-50岁	51-60岁	61-65岁	66岁以上
8.4	13.9	5.3	5.0	0.0	
29.2	6.9	5.2	4.1	0.0	
3.2	0.0	0.1	1.7	0.0	
55.5	70.3	82.4	82.7	86.4	
3.7	4.9	6.9	6.3	13.6	
0.0	4.0	0.0	0.1	0.0	
18.5	18.0	27.8	35.9	29.1	
1.4	6.3	1.9	1.6	14.2	
30.1	25.1	15.4	15.5	30.2	
1.2	0.0	2.3	1.9	11.3	
48.8	50.7	52.6	45.1	15.2	
38.0	39.0	38.3	44.5	54.6	
3.5	4.1	2.7	1.6	0.0	
58.5	56.9	59.1	53.9	45.4	
2.9	7.0	9.7	5.8	0.0	
97.1	93.0	90.3	94.2	100.0	
21.1	5.7	1.9	6.0	0.0	
78.9	94.3	98.1	94.0	100.0	
21.7	2.7	11.1	9.3	0.0	
78.3	97.3	88.9	90.7	100.0	
22.5	5.7	1.3	4.3	0.0	
77.5	94.3	98.7	95.7	100.0	
20.7	4.0	1.8	2.4	0.0	
79.3	96.0	98.2	97.6	100.0	
13.8	0.0	0.2	1.5	0.0	
86.2	100.0	99.8	98.5	100.0	
14.3	2.1	0.4	1.5	0.0	
85.7	97.9	99.6	98.5	100.0	

农民工：在年底推算农民工数量时，“农民工”是有着明确口径定义的时期概念。农民工即户口性质为本地农业户口且在本年度的从业状况属于以下几种情况：（1）外出农民工，即外出从业6个月及以上的农村劳动力；（2）本地农民工，即从事本地非农活动（包括本地非农务工和非农自营活动）6个月及以上的农村劳动力。（3）期末举家外出的农村劳动力。

本地务农：指在住户所属乡镇地域范围内从事农、林、牧、渔业生产活动。在本地受雇于单位或个人从事农业生产也算做“本地务农”。

本地非农自营：指在本地（本乡镇）不受雇于任何单位或雇主，而是自己单独经营或者与家人或他人联合经营、进行生产或服务性工作的人员。比如开办工厂、小商小贩等。在本地从事与农业相关的自营活动比如办养鸡场，不属于本地非农自营的范畴。

本地非农务工：指在住户所属乡镇地域范围内从事受雇于单位或个人获得工资性收入的工作。不包括受雇于他人从事农业生产活动的情况，但在本地农业企业或农场中从事非农工作应算做“本地非农务工”

外出从业：指在住户所在乡镇地域范围以外务工或从事自营活动。

本年度实际外出从业总时间：指本年度该住户成员实际外出从业的总时间。如果从事过几种外出从业活动，将各种活动的时间进行累计计算。累计时间不足一个月的，将从业天数折算为月数，保留1位小数，折算时每月按30天计算，每3天折合0.1个月。一天的工作时间不论是否超过8小时，均按1天计算，30天累计为1个月。连续从业的人员，法定的节假日也算劳动时间。

本年度外出从业实际得到的收入：指本年度该住户成员从事所有外出从业活动实际得到的总收入。应得而未得的收入，不应计算在内。如果从事过几种外出从业活动，将收入进行累计计算。外出务工人员收入包括劳动报酬和各种实物福利；外出自营人员收入是指从事生产经营活动所获得的净收入，是全部经营收入中扣除经营费用、生产性固定资产折旧和生产税净额（生产税减去生产补贴）之后得到的净收入。

本年度寄回和带回家中总金额：指该住户成员在本年度外出从业期间寄回和带回的现金和实物折价的总金额。如果是在家居住，则直接填写外出从业期间得到的总收入。

七、附录

LIAONINGTONGJIDIAOCHANIANJIAN

国民经济和社会

指标	单位	总量指标					
		2009年	2010年	2011年	2012年	2013年	2014年
人口与就业							
人　口							
年底总人口	万人	4256.0	4251.7	4255.0	4244.8	4238.0	4244.2
男性人口	万人	2149.9	2144.7	2143.6	2136.5	2131.4	2132.2
女性人口	万人	2106.1	2107.0	2111.4	2108.3	2106.6	2112.0
就　业							
从业人员数	万人	2277.1	2317.5	2364.9	2423.8	2518.9	2562.2
#职工人数	万人	572.1	572.8	557.2	572.3	648.1	626.9
城镇登记失业人数	万人	41.6	39.5	39.4	38.1	39.6	41.0
宏观经济							
地区生产总值（现价）	亿元	15212.5	18457.3	22226.7	24846.4	27213.2	28626.6
第一产业	亿元	1414.9	1631.1	1915.6	2155.8	2216.2	2285.8
第二产业	亿元	7906.3	9976.8	12152.2	13230.5	13963.9	14384.6
第三产业	亿元	5891.3	6849.4	8159.0	9460.1	11033.1	11956.2
人均地区生产总值	元	35149	42355	50760	56649	61996	65201
固定资产投资							
全社会固定资产投资总额	亿元	12292.6	16043.0	17726.3	21836.3	25107.7	24730.8
#国有经济	亿元	2845.6	3875.5	3718.6	4492.9	5160.3	4944.7
集体经济	亿元	480.7	504.4	457.9	505.3	363.2	290.7
私营个体	亿元	4108.3	5437.5	6637.7	8402.8	10214.2	10607.7
其他经济	亿元	4858.0	6225.7	6912.1	8435.3	9369.9	8887.7
财　政							
地方财政一般预算收入	亿元	1591.2	2004.8	2643.2	3105.4	3343.8	3192.8
地方财政一般预算支出	亿元	2682.4	3195.8	3905.9	4558.6	5197.4	5080.5
物价总指数（上年=100）							
商品零售价格总指数	%	99.8	103.2	105.0	102.2	101.6	101.0
居民消费价格总指数	%	100.0	103.0	105.2	102.8	102.4	101.7
利用外资							
签订利用外资协议额	亿美元	281.8	256.4	196.4	247.7	216.3	188.0
实际外商直接投资额	亿美元	154.4	207.5	242.7	267.9	290.4	274.2
产　业							
农　业							
乡村从业人员	万人	1180.4	1208.5	1223.1	1217.8	1217.1	1222.0
农林牧渔业总产值（现价）	亿元	2704.6	3106.5	3633.6	4062.4	4349.7	4498.4

注：1.本表总量指标中的价值量指标除邮电业务总量指标外均按当年价格计算。
2.本表速度指标中，地区生产总值和三次产业及人均生产总值、农林牧渔业总产值、邮电业务总量指标均按可比价格计算。

发展总量与速度指标

速度指标（%）							
指数（2014为以下各年）					平均增长速度		
2009年	2010年	2011年	2012年	2013年	2006~2010年	2003~2012年	2009~2014年
99.7	99.8	99.7	100.0	100.1	0.3	0.2	0.0
99.2	99.4	99.5	99.8	100.0	0.2	0.1	-0.1
100.3	100.2	100.0	100.2	100.3	0.4	0.3	0.1
112.5	110.6	108.3	105.7	101.7	1.8	1.8	2.6
109.6	109.4	112.5	109.5	96.7	-1.2	-1.8	1.1
98.6	103.8	104.1	107.6	103.5	-8.1	-6.6	0.8
161.4	141.3	125.9	115.0	105.8	14.0	12.8	10.5
126.6	119.7	112.4	106.9	102.2	5.1	6.0	4.5
167.5	143.4	125.7	114.6	105.2	16.7	15.0	11.6
160.9	143.1	128.9	117.1	107.2	12.7	11.9	10.3
159.1	140.3	125.6	114.8	105.7	13.2	12.4	10.2
236.7	181.4	139.5	113.3	98.5	30.5	32.0	19.4
227.0	166.6	133.0	110.1	95.8	25.5	24.6	17.2
72.1	68.8	63.4	57.5	80.0	-0.9	13.2	-4.0
282.7	213.5	159.9	126.3	103.9	46.0	44.0	24.4
183.1	142.8	128.7	105.4	94.9	30.5	31.6	14.5
200.7	159.3	120.8	102.8	95.5	24.3	22.8	15.3
189.4	159.0	130.1	111.4	97.8	21.6	20.8	15.4
113.7	110.1	104.9	102.6	101.0	2.8	2.2	2.1
116.0	112.7	107.1	104.1	101.7	2.8	2.8	2.5
66.7	73.3	95.7	75.9	86.9	18.4	13.2	-1.3
177.6	132.2	113.0	102.4	94.4	42.0	21.2	14.7
103.5	101.1	99.9	100.3	100.4	1.7	2.1	0.8
125.6	118.7	112.0	106.7	102.4	5.3	6.0	4.4

国民经济和社会

指标	单位	总量指标					
		2009年	2010年	2011年	2012年	2013年	2014年
主要农产品产量							
粮　食	万吨	1591.0	1765.4	2035.5	2070.5	2195.6	1753.9
棉　花	吨	956.0	655.0	736.0	560.0	999.0	100.0
油　料	万吨	55.3	99.6	119.8	120.9	113.6	63.7
甜　菜	万吨	6.2	4.9	7.8	9.7	17.1	10.1
水　果	万吨	477.2	521.6	574.4	632.9	661.4	592.1
肉　类	万吨	389.2	406.7	408.2	418.7	420.3	429.2
水产品	万吨	534.7	429.1	453.9	480.8	504.9	515.7
工　业							
主要工业产品产量							
布	亿米	5.0	7.2	7.2	4.6	4.1	6.8
机制纸及纸板	万吨	77.2	88.5	76.2	73.3	48.8	41.2
糖	万吨	5.6	6.1	2.3	5.4	4.1	4.5
家用电冰箱	万台	96.2	87.8	102.2	101.5	84.8	157.0
彩色电视机	万台	441.4	576.9	557.5	500.4	440.6	338.2
原　油	万吨	1000.0	950.0	1000.0	1000.0	1001.0	1021.9
发电量	亿千瓦小时	1162.5	1295.1	1369.9	1453.1	1516.0	1607.0
钢	万吨	4783.2	5202.7	5424.8	5178.4	6356.5	6507.8
成品钢材	万吨	4943.4	5669.4	5761.1	5924.2	6863.0	6962.2
水　泥	万吨	4704.8	4785.8	5791.1	5809.0	6066.3	5875.6
全部规模以上工业企业主要指标							
固定资产原价	亿元	15419.8	18742.1	19977.7	21748.4	25688.1	26848.3
利润总额	亿元	1382.0	2371.4	2511.2	2435.7	2976.2	2107.6
建筑业							
建筑业企业人数	万人	132.6	165.8	171.7	203.2	197.9	174.4
建筑业总产值	亿元	3384.6	4690.3	6218.3	7543.3	8629.7	7851.1
施工房屋面积	万平方米	18760.5	26807.0	34906.3	40040.9	42289.0	47861.0
竣工房屋面积	万平方米	9228.4	13003.3	16692.1	17466.1	19786.4	16514.4
交通运输							
货运量合计	万吨	139541	163303	190329	212957	212306	231743
铁　路	万吨	18262	18622	18716.2	17388	17817	19103
公　路	万吨	105088	127361	151773	174355	172923	189174
水　运	万吨	9651	10434	11632	12631	13379	13810
空　运	万吨	9.5	10.2	8.87	9.6	9.6	12.0
管　道	万吨	6531	6876	8198.93	8573	8177	9644

发展总量与速度指标（续表一）

速度指标（%）							
指数（2014为以下各年）					平均增长速度		
2009年	2010年	2011年	2012年	2013年	2006~2010年	2003~2012年	2009~2014年
110.2	99.3	86.2	84.7	79.9	0.2	3.2	-1.0
10.5	15.3	13.6	17.9	10.0	-24.6	-15.4	-41.1
115.2	63.9	53.2	52.7	56.0	22.0	7.9	-4.4
163.5	206.9	130.0	104.2	59.3	-4.6	-13.1	5.2
124.1	113.5	103.1	93.6	89.5	9.6	10.4	5.8
110.3	105.5	105.1	102.5	102.1	3.3	4.5	2.4
96.4	120.2	113.6	107.3	102.1	0.2	2.5	0.7
136.0	94.4	94.4	147.8	165.9	4.8	-0.8	6.3
53.4	46.6	54.1	56.2	84.4	1.2	3.5	-5.2
80.4	73.8	195.7	84.1	109.8	7.7	2.5	14.5
163.2	178.8	153.6	154.6	185.1	-6.1	7.0	2.0
76.6	58.6	60.7	67.6	76.8	1.0	2.1	-6.3
102.2	107.6	102.2	102.2	102.1	-5.5	-3.0	-2.6
138.2	124.1	117.3	110.6	106.0	7.5	7.2	5.9
136.1	125.1	120.0	125.7	102.4	11.2	10.3	8.1
140.8	122.8	120.8	117.5	101.4	11.9	11.0	8.4
124.9	122.8	101.5	101.1	96.9	12.3	10.5	6.3
174.1	143.3	134.4	123.4	104.5	18.0	12.8	13.2
152.5	88.9	83.9	86.5	70.8	46.1	31.6	21.4
131.6	105.2	101.6	85.9	88.2	12.6	7.9	8.1
232.0	167.4	126.3	104.1	91.0	25.9	24.6	21.0
255.1	178.5	137.1	119.5	113.2	21.3	12.7	21.9
179.0	127.0	98.9	94.6	83.5	20.5	10.8	16.2
166.1	141.9	121.8	108.8	109.2	10.8	9.8	10.6
104.6	102.6	102.1	109.9	107.2	5.5	2.9	1.6
180.0	148.5	124.6	108.5	109.4	11.2	10.5	12.6
143.1	132.4	118.7	109.3	103.2	12.7	15.2	6.9
126.3	117.6	135.3	125.5	125.0	1.6	1.7	2.4
147.7	140.3	117.6	112.5	117.9	18.5	10.1	4.7

国民经济和社会

指标	单位	总量指标					
		2009年	2010年	2011年	2012年	2013年	2014年
客运量合计	万人	96172	102241	99328.4	104113	92629	95364
铁　路	万人	13336	13298	12016.4	12018	13012	12820
公　路	万人	81585	87699	86013	90650	78168	80789
水　运	万人	543	490	549	588	534	542
空　运	万人	708	754	750	857	915	1213
沿海主要港口货物吞吐量	万吨	55513	67952	78374	88501.9996	98354	103675
邮电通信业							
函　件	亿件	0.8	0.8	0.9	0.7	0.7	1.0
报刊期发数	万份	356.1	383.7	554.6	404.0	365.9	327.0
国内商业							
社会消费品零售总额	亿元	5812.6	6809.6	8003.6	9256.6	10524.4	11793.1
对外贸易							
进出口总额	亿美元	629.2	806.7	959.6	1039.9	1142.8	1139.6
进口额	亿美元	294.8	375.5	449.2	460.4	497.4	552.0
出口额	亿美元	334.4	431.2	510.4	579.5	645.4	587.6
国际旅游							
接待旅游人数	万人	293.2	361.8	410.3	473.1	503.1	260.7
旅游外汇收入	亿美元	18.6	22.6	27.1	31.8	34.8	16.2
金　融							
金融机构各项存款余额	亿元	22758.6	27372.5	30832.4	35303.5	39418.0	42053.1
金融机构各项贷款余额	亿元	15549.6	18689.8	22831.7	26306.5	29722.0	33023.5
教育、科技、文化							
教　育							
专任教师数							
普通高等学校	万人	5.6	5.7	5.9	6.1	6.3	6.4
中等学校	万人	14.5	14.5	14.7	14.8	14.8	14.8
小　学	万人	15.0	14.7	14.5	14.5	14.3	14.1
在校学生数							
普通高等学校	万人	85.2	88.0	90.2	93.4	96.8	99.8
中等学校	万人	207.8	198.8	190.9	183.1	173.9	170.8
小　学	万人	225.6	218.3	216.8	213.0	204.4	198.5
科　技							
科技活动人数	万人	23.5	21.9	23.8	25.5	27.6	28.2
研究与发展经费支出	亿元	241.1	287.5	363.8	390.9	445.9	435.2
技术市场成交额	亿元	119.8	130.7	159.7	230.7	180.0	250.9

发 展 总 量 与 速 度 指 标 （续表二）

速 度 指 标（%）							
指数（2014为以下各年）					平均增长速度		
2009年	2010年	2011年	2012年	2013年	2006~2010年	2003~2012年	2009~2014年
99.2	93.3	96.0	91.6	103.0	11.0	6.7	0.8
96.1	96.4	106.7	106.7	98.5	7.0	2.2	1.2
99.0	92.1	93.9	89.1	103.4	11.9	7.6	0.7
99.8	110.6	98.7	92.2	101.5	–5.5	–0.6	–1.6
171.3	160.9	161.7	141.5	132.6	7.3	6.5	10.6
186.8	152.6	132.3	117.1	105.4	17.6	18.2	13.4
125.0	125.0	113.6	135.1	142.9	–9.3	–8.0	3.8
91.8	85.2	59.0	80.9	89.4	2.5	–0.3	–2.3
202.9	173.2	147.3	127.4	112.1	17.8	15.2	15.7
181.1	141.3	118.8	109.6	99.7	14.5	16.9	7.8
187.2	147.0	122.9	119.9	111.0	16.4	17.3	10.5
175.7	136.3	115.1	101.4	91.0	13.0	16.7	5.7
88.9	72.1	63.5	55.1	51.8	22.7	17.7	1.3
87.0	71.6	59.7	50.8	46.5	25.0	19.2	0.9
184.8	153.6	136.4	119.1	106.7	18.0	16.6	15.0
212.4	176.7	144.6	125.5	111.1	18.6	15.5	18.7
114.7	112.7	109.4	106.2	102.0	5.3	5.9	3.3
101.9	101.7	100.2	99.6	99.9	0.1	0.4	0.4
94.0	96.0	97.0	97.5	98.6	–2.2	–1.9	–1.1
117.2	113.4	110.6	106.9	103.1	6.0	7.6	3.3
82.2	85.9	89.5	93.3	98.2	–3.0	–2.7	–3.8
88.0	90.9	91.5	93.2	97.1	–3.9	–3.6	–2.9
120.0	128.8	118.5	110.6	102.2	3.3	4.9	5.5
180.5	151.4	119.6	111.3	97.6	18.1	19.9	14.4
209.4	192.0	157.1	108.8	139.4	8.6	16.3	16.6

国民经济和社会

指标	单位	总量指标					
		2009年	2010年	2011年	2012年	2013年	2014年
家庭、生活、环境							
家　庭							
家庭总户数	万户	1473.3	1488.8	1498.7	1508.8	1505.5	1515.1
城镇居民平均每户家庭人口	人	2.7	2.7	2.6	2.7	2.5	2.5
农村居民平均每户家庭人口	人	3.2	3.2	3.2	3.2	3.0	2.8
婚　姻							
结婚数	万对	38.2	32.2	37.3	37.3	37.0	34.5
离婚数	万对	10.1	10.0	11.1	11.3	12.4	12.6
居　住							
城市居民人均住宅建筑面积	平方米	26.6	26.9	27.3	27.3	28.8	29.0
农村居民人均住房面积	平方米	27.0	27.3	29.0	29.5	30.8	32.0
生　活							
城镇居民人均可支配收入	元	15761.4	17712.6	20466.8	23222.7	25578.0	29081.7
农村居民人均纯收入	元	5958.0	6908.0	8297.5	9383.7	10523.0	11191.5
城乡储蓄存款余额	亿元	12030.9	13690.3	15529.6	17967.4	19857.9	21396.8
工资和福利							
职工工资总额	亿元	1552.5	1771.8	2171.6	2466.9	3078.3	3135.9
在岗职工平均工资	元	31104	35057	38713	42503	46310	49110
卫　生							
医疗机构数	个	3711	3879	4001	4171	4743	4810
医　生	万人	9.2	9.4	9.9	10.1	10.3	10.2
医疗床位数	万张	19.2	20.4	21.7	23.4	24.2	25.6
市政建设							
自来水供应量	亿吨	28.9	26.2	26.6	27.5	27.9	27.3
排水管道长度	公里	13350	14070	14906	15944.74	16420	16783
城市煤气和天然气供气量	亿立方米	11.4	12.1	13.4	14.6	15.7	19.1
道路长度	公里	12866	14238	14468	15513.3	16244	16692
园林绿地面积	公顷	84145	92751	95968	118297	120514	121982
环境、灾害							
工业固体废物综合利用量	万吨	8240.7	8417.5	10747.8	11861.8	11742.3	10719.2
火灾发生数	起	3785	5601	4080	8012	32618	30293
火灾损失	万元	2773	3587	16047	5542.5	21207	17665
交通事故发生数	起	6973	6758	6446	5979	5778	5656
交通事故损失	万元	3145.6	3061.8	2745.2	2917.8	2887	2024.9

发展总量与速度指标（续表三）

速度指标（%）							
指数（2014为以下各年）					平均增长速度		
2009年	2010年	2011年	2012年	2013年	2006~2010年	2003~2012年	2009~2014年
102.8	101.8	101.1	100.4	100.6	1.2	1.2	0.7
93.3	93.3	95.4	94.4	100.4	−0.7	−1.2	−1.1
87.5	88.1	87.5	88.8	92.2	−1.3	−1.1	−2.7
90.3	107.2	92.5	92.6	93.3	4.6	4.7	1.2
124.9	126.2	113.7	111.5	101.8	4.6	10.7	5.4
109.2	108.0	106.5	106.4	100.9	4.1	3.5	2.1
118.6	117.3	110.4	108.5	104.1	1.7	2.5	3.3
176.7	157.2	136.0	119.9	108.9	14.2	13.5	11.6
194.4	167.7	139.6	123.4	110.1	13.4	13.1	13.0
177.8	156.3	137.8	119.1	107.7	14.5	14.4	13.3
202.0	177.0	144.4	127.1	101.9	15.5	14.5	14.4
157.9	140.1	126.9	115.5	106.0	15.1	13.8	10.0
129.6	124.0	120.2	115.3	101.4	2.3	2.0	4.5
110.5	108.1	102.7	100.9	98.7	3.5	2.2	1.9
133.1	125.3	117.8	109.0	105.6	2.8	3.0	5.7
94.5	104.2	102.6	99.3	97.8	−1.5	−0.2	−1.3
125.7	119.3	112.6	105.3	102.2	6.0	6.0	5.5
167.5	157.9	142.5	130.8	121.7	3.9	4.7	8.1
129.7	117.2	115.4	107.6	102.8	6.2	4.6	5.5
145.0	131.5	127.1	103.1	101.2	4.5	6.8	7.5
130.1	127.3	99.7	90.4	91.3	14.6	14.2	5.9
800.3	540.8	742.5	378.1	92.9	−26.1	−9.6	34.4
637.0	492.4	110.1	318.7	83.3	−5.5	4.9	28.5
81.1	83.7	87.7	94.6	97.9	−8.1	−3.6	−4.0
64.4	66.1	73.8	69.4	70.1	−12.3	−4.0	−9.8